JOHN BAYLEY

DAS HAUS DES WITWERS

JOHN BAYLEY

DAS HAUS DES WITWERS

AUS DEM ENGLISCHEN VON
BARBARA ROJAHN-DEYK

VERLAG C.H.BECK

Titel der Originalausgabe:
Widower's House

ISBN 3 406 48701 7

www.beck.de
Gesamtherstellung: fgb · freiburger graphische betriebe
Gedruckt auf säurefreiem, alterungsbeständigem Papier
(hergestellt aus chlorfrei gebleichtem Zellstoff)
Printed in Germany

Für Audi

I MARGOT UND MELLA

1. Bei Margot zu Hause

«Komm, jetzt iß, solange es noch schön heiß ist!» befahl Margot und tat mir einen Berg Schmorfleisch auf den Teller.

Ich habe diese Schmorgerichte noch nie gemocht. In den vierundvierzig Jahren unserer Ehe haben Iris und ich nicht ein einziges Mal einen Schmortopf gemacht. Und auch nicht gegessen, es sei denn gezwungenermaßen, wenn wir eingeladen waren.

Ich war in Versuchung, unhöflich zu sein und zu sagen, ich würde es lieber schön kalt essen. Statt dessen ertappte ich mich dabei, wie ich blitzschnell den größten Fleischklumpen herausfischte – Margot stand mit dem Rücken zu mir am Herd – und ihn in die Hosentasche steckte.

So etwas hatte ich noch nie getan. Nicht in den über vier Jahrzehnten glücklichen häuslichen Essens, in denen ich für gewöhnlich selbst gekocht hatte. Ich war über mich selbst erstaunt, über die Schnelligkeit und Sinnlosigkeit dieses Täuschungsmanövers. Warum benahm ich mich so? War es, weil ich jetzt ein anderer war?

Das mußte es sein. Mein instinktiver Wunsch war es zu flüchten, allem auszuweichen, mich allem zu entziehen, was mir aufgedrängt wurde, ob es nun Anrufe oder geschmorte Fleischstücke waren.

Aber in mein altes Selbst konnte ich mich nicht zurückflüchten, weil es mein altes Selbst nicht mehr gab. Wenn man verwitwet ist, hat man nicht nur seinen geliebten Partner verloren, sondern auch viel von sich selbst. Und es gab niemanden Neues, der die Stelle meines alten Selbst eingenommen hätte. Nur dieses konturenlose Geschöpf, das gerade eben das Essen, welches ihm aufgedrängt worden war, in die Tasche gesteckt hatte, statt es zu essen, das ein Gegenstand der Fürsorge und ein Opfer der Launen wohlmeinender Frauen war.

Witwer sind – wie Witwen auch – von Selbstmitleid erfüllt. Was mich betraf, so war mein verstärktes Selbstmitleid der einzige erkennbare Zug, der von meiner früheren Persönlichkeit übriggeblieben war. Diese wirren Gedanken gingen mir durch den Kopf, während ich das Taschentuch in meiner Hosentasche um den fettigen Fleischbrocken zu drapieren versuchte. Ich war früher ein anderer Mensch gewesen – der Mensch, der vierzig Jahre lang mit Iris gelebt hatte, der so ganz anders als sie gewesen war und so separat, dabei aber doch so vollständig ein Teil von dem, was sie gewesen war, was wir beide zusammen gewesen waren.

So blitzschnell laufen unsere Denkprozesse ab, daß ich, während sich Margot, mit dem Rücken zu mir, über ihren tadellos sauberen Herd beugte (der so ganz anders aussah als mein mitgenommener Herd zu Hause), endlos Zeit hatte, über die Tatsache nachzudenken, daß Freunde, egal, wie gut man sie kennt, unzuverlässige und in ihrem Verhalten schwer vorhersehbare Geschöpfe sind. Ich hatte Angst vor Margot. Ich nahm mich vor ihr in acht, weil ich nicht wußte, was sie war, ob ärgerlich oder gereizt, verliebt oder rührselig. Was immer sie tat oder war – es würde mir verborgen bleiben. Iris war für mich, egal, ob krank oder verrückt, immer dieselbe gewesen, immer «meine alte Katze». Sie hatte mein Sein bestimmt.

Aber jetzt war sie tot. Und ich konnte nicht mehr der sein, der ich gewesen war, der, welcher ein Teil von ihr war, als sie an der Alzheimerschen Krankheit starb. Sie hatte nicht nur ihr, sondern auch mein Selbst mit sich genommen. Ich war mir über mein altes Selbst völlig im klaren, aber nur als einer geschichtlichen Tatsache, die nichts mit dem zu tun hatte, was ich allem Anschein nach geworden war.

Und was war das? Ein neuer Mensch? Ich fühlte mich nicht im geringsten wie ein neuer Mensch. Vielleicht versuchte Margot ja, und sei es unbewußt, einen neuen Menschen aus mir zu machen, vielleicht versuchte ich unbewußt selbst, einer zu sein. Aber das schien nicht zu klappen. Und als Margot sich wieder zu mir umwandte, dachte ich noch als letztes, daß ich froh darüber war.

Ja, ich hatte inzwischen wirklich Angst vor Margot. Aber das war äußerst unfair! Ich kannte sie schon seit vielen, vielen Jahren. Das heißt, wir – Iris und ich – kannten Margot seit vielen, vielen Jahren. Eine ihrer Töchter hatte bei Iris studiert, die damals am St. Anne's College in Oxford Philosophie lehrte. Die Tochter war als Studentin nicht gerade eine Leuchte, aber Iris tat, was sie konnte, und das Mädchen kam gerade noch so durch. Sie hing sehr an Iris, die immer mit ihr in Verbindung blieb und ihr half, eine Stelle zu finden. Später dann heiratete sie. Margot behauptete immer, daß Iris ihre Tochter irgendwie gerettet habe. Dann fing Margot an, uns übers Wochenende in ihr Haus in Norfolk einzuladen.

Es war eine lange und komplizierte Fahrt, die ich haßte. Ich versuchte immer wieder, Iris dazu zu bringen, uns mit irgendeiner Ausrede zu entschuldigen, aber Iris war zu ehrlich dazu, und außerdem handelte sie nicht nur aus Freundschaft zu Margot, sondern aus Loyalität. Sie konnte Anerbieten von Leuten, denen sie einmal geholfen hatte und die sie daraufhin unbeirrt als Freundin fürs Leben ansahen, niemals widerstehen, so ungelegen und unerwünscht diese Angebote auch sein mochten. Außerdem konnten wir beide diese große, unbeholfene, enthusiastische Frau wirklich gut leiden. Sie besaß eine natürliche Güte und Freundlichkeit, war aber gleichzeitig in allem, was sie sagte oder tat, ein ganz klein wenig komisch. Sie konnte schon recht anstrengend sein und einem manchmal zuviel werden, aber ich kam, von Iris beschützt, ganz gut mit ihr zurecht.

Ihr Mann, Guy, war da ebenfalls eine große Hilfe. Er war gastfreundlich und so geschwätzig wie sie, aber von unbefangener Herzlichkeit, was die Besuche immer erleichterte. Meistens komme ich mit Männern nicht so gut aus wie mit Frauen, aber Guy war eine Ausnahme. Er zog mich ein wenig auf und behandelte mich ein bißchen gönnerhaft, aber so, daß es mir Spaß machte, weil es ihm Spaß zu machen schien. Iris gegenüber war er jedoch immer aufmerksam und voller Respekt, fast ehrfürchtig.

Es gab nicht viel, womit man sich in ihrem großen Haus beschäftigen konnte, und die Gegend drum herum war wenig erbaulich. Die Kinder waren schon erwachsen, und wir kannten sie kaum – abgesehen von den Erfahrungen, die Iris mit der akademisch mißratenen Tochter gemacht hatte, die inzwischen eine vorbildliche Mutter war. Margot fuhr uns herum, und wir besichtigten Kirchen mit ungeheuer hohen Decken, die mit lebensgroßen Engeln verziert waren. Pflichtgemäß stießen wir Rufe des Entzückens und der Bewunderung aus, aber nach jeder Kirche hoffte ich inständig, daß wir nach Hause fahren würden, wo Tee oder ein entspannender Drink und ein Plausch mit Guy auf uns warteten. Meine schwächlichen Hinweise in dieser Richtung pflegte Margot mit einem herzlichen Lachen zu beantworten, um uns dann ins Auto und weiter zur nächsten Kirche zu scheuchen. Ihr Enthusiasmus kannte weder Zeit noch Entfernungen, und wenn wir endlich zurückkamen, hatte Guy bereits mehrere Drinks und ein oder zwei Packungen Pringles intus.

Offensichtlich war sein Einkommen nicht unbeträchtlich gewesen, aber bald nachdem wir ihn kennengelernt hatten, war er in den Ruhestand getreten. Ganz plötzlich und unerwartet war er dann gestorben. Margot war völlig gebrochen. Ein, zwei Jahre später war sie immer noch ein schüchterner, unsicherer Schatten ihrer selbst. Das war die Zeit, in der unsere Beziehung wirklich eng wurde – oder genauer, ihre Beziehung zu Iris. Sie trafen sich in

London, und Margot besuchte uns ebensooft wie wir sie. Vorher waren fast immer sie und Guy die Gastgeber gewesen.

Jetzt, wo Margot Witwe war, kam ich viel leichter mit ihr zurecht. Ohne Guy war sie gedrückt und unselbständig, aber man konnte gut mit ihr reden. Und es war mitleiderregend, wie begierig sie allem zuhörte, was ihr zu erzählen einem gerade in den Sinn kam. Ein- oder zweimal nahmen wir sie mit auf eine Auslandsreise, und das war durchaus ein Erfolg. Eine Zeitlang verlor sie alles Interesse an ihrem Haus und den Tieren, an denen sie früher so gehangen hatte. Eine Frau aus dem Dorf kam täglich, um das Haus in Ordnung zu halten und mit ihr zu reden. Wenn wir sie besuchten oder wenn sie zu uns kam, gingen wir mit ihr in den Pub, wohin sie mit Guy nie gegangen war.

Nach zwei Jahren abgrundtiefer Trauer kam sie langsam über ihren Verlust hinweg. Diese positive Entwicklung war nach meiner Überzeugung Iris in gleichem Maße zuzuschreiben wie Margots Familie und ihren anderen Freunden.

Als Iris die schlimmen Stadien der Alzheimerschen Krankheit erreichte, war Margot gerade in den Staaten bei einer anderen Tochter, die einen Amerikaner geheiratet hatte. Margot kam mit beiden sehr gut aus, aber besonders mit dem immer gastfreundlichen Ehemann aus Virginia. Und bei den Kindern war sie auch beliebt. Sie blieb eine ganze Weile dort und schien so ziemlich wieder die alte zu sein, als sie uns schrieb – das heißt, genaugenommen mir, denn Iris konnte inzwischen nicht mehr lesen.

Ich riet Margot entschieden davon ab, uns zu besuchen, da ich intuitiv wußte, daß ein Besuch ihre eigenen Depressionen wiederaufleben lassen würde. Ausnahmsweise schien Margot diesmal keiner großen Überredung zu bedürfen. Wie so viele von Natur aus herzliche und überschwengliche Menschen floß sie über vor Mitgefühl mit jeder Art von Unglück und für die von ihm Heimgesuchten, aber vor Geisteskrankheiten schreckte sie zurück.

Nachdem Iris am 8. Februar 1999 gestorben war, nahm Margot augenblicklich wieder Kontakt mit mir auf, und das Problem, wie ich sie abwehren sollte, lenkte mich zumindest von meinen anderen Schwierigkeiten ab. Aber es gelang mir nicht, sie auf längere Zeit fernzuhalten. Ungeachtet der offensichtlichen Tatsache, daß sie Iris nicht hatte besuchen wollen, als diese noch lebte, brachte es Margot jetzt fertig, ein wenig vorwurfsvoll zu klingen, wenn auch verzeihend. Warum hatte ich ihr meine Situation nicht offen geschildert? Warum hatte ich sie nicht benachrichtigt? Ich sei ein Heiliger gewesen, daß ich mich so lange um Iris gekümmert hatte, und das ohne alle Unterstützung – aber warum hatte ich sie nicht gebeten, zu kommen und mir zu helfen, wo sie doch so eine alte Freundin war? Sie hätte alles stehen- und liegenlassen – *alles*! Das mußte mir doch klar gewesen sein.

Ja, das war mir klar. Und mir war auch klar, daß Margot sich selbst etwas vormachen mußte. Sie glaubte jetzt wirklich, daß sie, als Iris noch lebte, all das getan hätte. Ihre Worte entsprangen ihrem noch frischen Kummer und waren nicht eigentlich als Vorwurf gemeint, aber irgendwie schaffte sie es anzudeuten, daß Iris' langanhaltender geistiger Verfall, ja sogar ihr Tod hätten vermieden werden können, wenn sie selbst nur zur Stelle gewesen wäre. Früher hatten ihre geschäftige Zuneigung und ihre Art, die Zügel in die Hand zu nehmen, Iris irgendwie beruhigt, sosehr sie mich auch nervös machten und manchmal ärgerten. Jetzt war mir alles ziemlich gleichgültig.

Aber bald darauf war Margot wieder am Telefon. Sie würde nach Oxford kommen und bleiben, solange ich wolle, würde mir helfen, Ordnung zu schaffen. Es müsse doch so viel zu tun sein, sie wisse ja, wie das sei, und natürlich sei das Haus in einem Zustand ... Trotz der Hühner, der Pferde, des nervigen alten Pfarrers könne sie jederzeit kommen ...

Davon war ich überzeugt. Und bei dem Gedanken brach mir der kalte Schweiß aus. Margot in meinem Haus (in unserem Haus, denn das war es noch immer), wie sie der zeitlosen Anhäufung von Staub und Schmutz zu Leibe rückte, die Iris und ich früher so fröhlich ignoriert hatten. Margot würde, wenn sie das tat, einfach allgemeinen Grundsätzen folgen. Nicht, um mich zu kritisieren, sondern als müßte die Regierung des Königs fortgeführt werden, wie es der Herzog von Wellington ausdrückte. Und es gab niemanden außer ihr, der «des weißen Mannes Bürde» auf sich nehmen konnte.

Es gelang mir, sie abzuwehren, aber sie würde den Angriff wiederholen, es war nur eine Frage der Zeit. Der Ausgang des Krieges schien bereits festzustehen. Das Haus des Witwers wurde bereits belagert. Margot ante portas.

Ich verschaffte mir eine Atempause, indem ich Margot erlaubte, die Kampagne an einer anderen Front zu eröffnen (um im Bild zu bleiben). Sie verstehe vollkommen, daß ich in dem Haus gern allein sein wolle, und sei es auch nur für eine angemessene Trauerzeit. Aber besonders die Wochenenden müßten doch jetzt so düster und trübselig sein, äußerte sie. Ein Besuch bei ihr würde da doch genau die richtige Art von Abwechslung bieten. Wenn ich keine Lust hätte zu fahren, was ganz verständlich wäre, würde sie kommen und mich abholen. Sie könne das ohne weiteres.

Sicher konnte sie das. Ich hatte keine Lust zu fahren. Selbst mit Iris zusammen hatte ich diese Fahrt immer gehaßt. Jetzt, wo ich allein war, schreckte ich vor jeder Fahrt zurück, egal, wohin. Aber ich schreckte genauso vor dem Gedanken zurück, während der ganzen Autofahrt nach Norfolk mit Margot reden zu müssen.

Schließlich kapitulierte ich, sagte aber, daß ich selbst fahren würde. Als der gefürchtete Tag näher kam, wollte ich ein paar von den schäbigen Reißverschlußtaschen heraussuchen, die Iris und ich vor langer Zeit auf unseren

Reisen benutzt hatten. Sie schienen sämtlich verschwunden zu sein, so als hätte es Iris auf irgendeine wundersame Weise zuwege gebracht, sie auch auf ihrer letzten Reise mitzunehmen. Ich warf alles, was ich brauchte, so wie es war, ins Auto und wünschte mir, daß Peter Conradi oder irgendein anderer geistesverwandter Freund und Kollege aus den letzten Jahren kommen und mich nach Frankreich oder Afrika oder sonstwohin entführen würde, meinetwegen auch zum Mond ... nur damit ich nicht allein mit dem Auto nach Norfolk zu fahren brauchte.

Wenn ich mit Iris in der Zeit ihrer Krankheit eine riskante Autofahrt unternehmen mußte (riskant wegen der unvermeidlichen Gefahr, daß sie aus dem Wagen sprang, was ihr einmal gelungen war), hatte mir ihre Gegenwart selbst da noch irgendwie Mut gemacht, war mir Hilfe und Erleichterung gewesen. Jetzt, als Witwer, konnte ich Erleichterung nur zu Hause finden.

Zu gerne hätte ich Margot angerufen, um ihr zu sagen, daß ich krank sei, nicht auf dem Posten, unmöglich reisen könne. Aber sie hätte bloß geantwortet: «Schön, dann komme ich eben zu dir, du Ärmster. Auch wenn du trauerst, muß sich jemand um dich kümmern.» Sie hätte gewußt, daß ich nicht krank war. Außerdem war es ohnehin ganz unmöglich, seinem Schicksal zu entfliehen.

Ein Teil meiner Lässigkeit und Gleichgültigkeit entsprang einer neuen Schicksalsgläubigkeit. Der Versuch, selbst die Initiative zu ergreifen, konnte nur weiteres Ungemach heraufbeschwören.

Und doch fühlte ich bereits, wie sich mir bei dem Gedanken an die Schrecken der Fahrt der Magen umdrehte. Die M 25 ... diese endlosen Fernlastzüge, die sich mit ihrem unablässigen Geheul brutaler Verachtung an einem vorbeidrängten! Ihre Räder überragten meinen Kopf, wenn ich, nur ein paar Zentimeter von ihnen entfernt, in meinem kleinen Fiat Panda kauerte. Mein Magen zog sich einmal mehr zusammen.

Und dann die Baustellen und Staus, das verwirrende Labyrinth von Landsträßchen auf dem letzten Teil der Strecke, Sträßchen, die ich so oft mit Iris gefahren war. Ohne sie brauchte ich bestimmt mehr als eine Straßenkarte, um hinzufinden.

Die Fahrt war genauso schlimm, wie ich befürchtet hatte. Also gut, nicht ganz so schlimm. Aber schlimm genug. Es war ein Dienstag. Natürlich hatte mich Margot übers Wochenende eingeladen (ein langes Wochenende, hatte sie gesagt), aber ich hatte einen Besucher am Sonnabend und für Sonntag eine Verabredung zum Essen erfunden, in der Hoffnung, auf diese Weise das Unvermeidliche wenigstens um ein, zwei Wochen hinausschieben zu können – wenn möglich, noch viel, viel länger!

Margot hatte am Telefon nicht verärgert geklungen, wie ich befürchtet hatte, sondern nur ein bißchen lebhafter. Sie konnte durchaus ärgerlich sein, wie ich mitbekommen hatte, als ich einmal zufällig Zeuge eines Gesprächs zwischen ihr und ihrer jüngeren Tochter Tamsin wurde, die dann später den Amerikaner heiratete und die zu der Zeit ziemlich schwierig war, so wie vorher schon Iris' ehemalige Studentin. Aber Guy gegenüber hatte sie sich nie ärgerlich gezeigt. Und Iris oder mir gegenüber auch nicht.

Wie hätte man das Iris gegenüber auch je fertiggebracht? Es wäre würdelos gewesen. Meine eigenen gelegentlichen Ausbrüche waren das natürlich auch, aber sie waren Teil unserer privaten Sprache und unseres Einverständnisses und endeten immer in Gelächter, fast noch ehe sie so richtig in Schwung gekommen waren. Und obwohl sich Iris dessen nie bewußt war, stand ich doch früher, in der Zeit vor ihrer Krankheit, immer unter ihrem Schutz – bei Margot und auch überall sonst.

Jetzt gab es diesen Schutz nicht mehr, und ohne ihn, so hatte ich zu meinem Erstaunen entdeckt, empfand ich instinktiv Angst vor Margot. Eine quälende, unzweifelhafte

Angst, so schicksalhaft wie alles andere auch in meinem augenblicklichen Leben.

Das klingt, als sei Margot ein Drachen gewesen, was sie aber ganz und gar nicht war. Weil ich mich jetzt jedoch so verwundbar fühlte, glaubte ich mich – fälschlicherweise – an Augenblicke zu erinnern, in denen Margots erhobene Stimme unüberhörbar spöttisch und verärgert geklungen hatte. Jetzt daran zu denken, daß ich das früher einmal gehört haben könnte, war ausgesprochen unfair, aber so war es nun einmal – oder besser, so war mein Eindruck gewesen.

«Ja, wenn das so ist», hatte sie gesagt, als ich meine Ausflüchte machte und ihr meine Liste erfundener Verabredungen vortrug, «dann komm am Montag oder Dienstag und bleib die Woche oder länger.»

Ich war erleichtert gewesen, als sie einfach nur zupackend und ganz und gar nicht ungehalten geklungen hatte. Offensichtlich hatte sie mir kein Wort geglaubt, sich aber nicht daran gestört. Und ich mich auch nicht, was das anbelangt. Das Spiel war allerdings aus. Ihr Ton machte mir klar, daß es sinnlos sein würde, weitere, dringendere und dabei noch unwahrscheinlichere Verabredungen zu erfinden. Selbst der Versuch wäre schon ungehörig gewesen.

Während ich so voller Angst hinter dem Steuer saß – einer Angst, die mir von Iris' Krankheit her mehr als vertraut war –, da begriff ich, daß die ganze Situation mit Margot, auf die ich jetzt hilflos zusteuerte, alle meine Probleme als Witwer in sich zusammenfaßte. *Alle alten Freunde waren jetzt eine Bedrohung*. Wild entschlossen wandten sie sich gegen mich und schenkten mir nicht etwa Sicherheit, sondern wollten mich in Gefahr bringen und mir Unbehagen bereiten. Eine große, mir bis dahin unbekannte Schar freundlicher, guter, lieber Menschen, wohlmeinender Menschen, war plötzlich aus dem Boden geschossen, die mir alle das Leben leichter und weniger einsam machen wollten. Eine Drachensaat!

Was für ein mieser Kerl ich doch war oder geworden war! Allerdings war mir in der letzten Zeit der Verdacht gekommen, daß ich schon immer so gewesen war. Meine Witwerschaft hatte das offensichtlich nur zum Ausbruch gebracht wie einen Nesselausschlag.

Erinnerungen sollten immer etwas Spontanes sein. Aber als ich bangen Herzens so vor mich hinfuhr, versuchte ich mich aufzuheitern, indem ich mir ganz bewußt eine *gute* Autofahrt ins Gedächtnis rief, die ich vor langer Zeit mit Iris gemacht hatte. Sogar noch gegen Ende ihres Lebens tat die Erinnerung an solche Fahrten gut, wenn sie sich spontan einstellte. Die besten Erinnerungen kamen immer, wenn ich morgens neben Iris im Bett lag, während sie endlich nach einer verwirrt geschäftigen Nacht ruhig schlief.

Gegen zwei, drei Uhr morgens pflegte sie nach unten zu gehen. Ich konnte sie dann an der Haustür rütteln hören, die immer von innen verschlossen war. Manchmal rief sie dabei etwas aus, das unwillig klingen konnte, obwohl sie mir gegenüber niemals ungehalten oder auch nur im geringsten ärgerlich klang, wenn ich mich die Treppe hinuntertastete und versuchte, sie so sanft wie möglich von der Tür wegzubringen.

Sie wurde dann immer still, als wolle sie auf gar keinen Fall, daß ich mich aufregte oder mir Sorgen machte, aber sie blieb dabei auf eine ruhige Weise eigensinnig. Ins Bett gehen wollte sie nur alleine und wann sie wollte. Wenn es dann schließlich soweit war, konnte ich endlich meine Gedanken schweifen und sie irgendwohin in die Vergangenheit wandern lassen.

Jetzt, in meinem einsamen Auto, zwang ich sie zu wandern, aber weder gehorchten sie mir, noch trösteten sie mich. Schließlich verfiel ich auf den Trick, an eine glücklichere und sehr viel frühere Fahrt zu denken. Wir saßen hinten in einem Auto, so wie die zwei unartigen Mäuse, die sich mit ihren Schwänzen umschlungen halten. Wir flüsterten miteinander.

Vorne saßen meine Mutter und mein Bruder Michael, der fuhr. Das Auto gehörte ihm auch, ein großer Rover, der bereits damals etwas Altmodisches und ein wenig Groteskes an sich hatte, obwohl er fünf Jahre zuvor das neueste Modell gewesen war. Die Straße war fast leer, aber hin und wieder überholten wir Laster mit langen Motorhauben, auf deren Seiten LEYLAND stand (so lange ist das her). Sie kämpften sich in der Sierra de Guadarrama eine Serpentine hinauf.

Gelegentlich drehte sich meine Mutter nach uns um, nicht direkt mißbilligend, aber doch so, als wäre es ihr lieber, wenn wir das freundliche Schweigen auf den Vordersitzen nicht mit unserem Schwatzen stören würden. Mein Vater war im Februar des gleichen Jahres gestorben, und meine Mutter und Michael, die sich jetzt sehr nahestanden, waren offensichtlich stillschweigend übereingekommen, dieses Weihnachten besser nicht zu Hause zu verbringen. Michael muß gerade Urlaub gehabt haben – ich glaube, daß er zu dieser Zeit in Hongkong stationiert war. Jedenfalls wurde beschlossen, mit dem Auto durch Spanien nach Gibraltar zu fahren, und zwar über Cádiz und Sevilla.

Auf unserem Weg durch Frankreich hatten wir in einem winzigen, primitiven Restaurant, bei dem wir meine Mutter und meinen Bruder mit Mühe zum Anhalten überreden konnten, einen vorzüglichen jungen Burgunder getrunken, und ich hatte noch eine Flasche für die Reise gekauft. In Córdoba bekam ich eine böse Erkältung, und nach einem kühlen Morgen in der maurischen Kathedrale fiel mir beim Verlassen der Stadt die Flasche Wein wieder ein. Iris – vorausschauend, wie sie war – hatte oft einen Korkenzieher in ihrer Handtasche, und so kauerten wir wie Mäuschen hinten im Auto und ließen die Flasche mit unterdrücktem und manchmal auch nicht zu unterdrückendem Kichern hin- und hergehen. Die beiden vor uns hatten jedoch keine Ahnung, was da vor sich ging, und wenn doch, dann hielten sie einen Kommentar für unter ihrer Würde. Solchermaßen von burgundischem Mut beflügelt, überredeten wir sie, zum Mittagessen in Montilla im Sherry-Gebiet zu halten. Glücklicherweise war ihnen auch kalt, und Hunger hatten sie ebenfalls. Wir tranken dunkelgoldenen Wein und aßen gebratene Sardinen frisch von der Küste. Wir waren die einzigen Gäste, und unser Wirt schien, lange bevor wir aufbrachen, bereits betrunken zu sein, dies aber auf eine fröhliche Weise. Mit einer schwungvollen Geste der Höflichkeit nahm er Michael den Hut vom Kopf, setzte ihn sich selbst auf und tanzte eine Art Fandango. Michael, ausnahmsweise einmal entwaffnet, brachte ein Lächeln zustande, und meine Mutter klatschte doch tatsächlich und sagte: «Bravo!» Sie fand, daß sich die Spanier doch wenigstens so benahmen, wie sie sich das als junges Mädchen vorgestellt hatte.

Die Erinnerung an diese Szene konnte mich, so allein in einem Auto auf der tosenden Autobahn, nicht trösten. Aber ich erinnerte mich trotzdem an sie.

… dies ist die Wahrheit, die der Dichter singt:
Dem Trauernden erscheint als größtes Leid
Erinnerung an glücklichere Zeit.

Nicht nur die Autobahn, sondern jeder Ort, an den ich mich begab, war jetzt gefährlich. Jeder Mensch, den ich traf, stellte eine Bedrohung dar. Die Welt war voller Gefahren. Andere Leute existierten in meinen Augen nur, um mir Unannehmlichkeiten zu bereiten. Als Iris dagewesen war und ich mich um sie gekümmert hatte, da und nur da war die Welt etwas Sinnvolles gewesen.

Und davor. Iris hatte, mit mir neben sich, über vierzig Jahre lang ihre Arbeit getan – richtige Arbeit. Es war ihre eigene, und sie hatte nichts mit mir zu tun, und ich fand das wunderbar. Ich sonnte mich darin. Es war, als würde ich von einer Hand gehalten. Ich war mir dieser Hand nie bewußt – sowenig, wie sich möglicherweise Gott seiner Schöpfung bewußt ist.

In der gräßlichen großen Kurve vor Cambridge dachte ich an Entfernungen und Gefahr und an marschierende Armeen – mit aller Entschiedenheit, um etwas im Kopf zu haben, zudem etwas, was mir früher so viel Vergnügen bereitet hatte. Angenommen, der junge Philipp von Makedonien wäre Hannibal mit einer Armee zu Hilfe gekommen? Oder die Barkasfraktion wäre im Rat von Karthago die mächtigere Gruppierung geworden – und statt seiner gemächlichen, eher zögerlichen Art der Kriegführung hätte dieser Rat Hannibal in einem *guerre à outrance* unterstützt?

Warum in aller Welt gehen mir diese Dinge jetzt durch den Kopf? fragte ich mich. Als spielte die Geschichte irgendeine Rolle, als hätte man jemals irgend etwas daran ändern können.

Im Alter von sieben oder acht Jahren habe ich ein Buch mit dem Titel *Der junge Karthager* gelesen. Malchus, wie der junge Mann hieß, zog mit Hannibal in den Krieg wie ein jüngerer Sohn, der hinausgeschickt wird, um mit dem Duke of Wellington auf der iberischen Halbinsel gegen die Franzosen zu kämpfen. Der Hannibal des Buches kam mir ein bißchen wie Lord Baden-Powell, der oberste Pfadfinder, vor, über den uns unser Sportlehrer einen Vortrag gehalten hatte. Aber selbst das konnte mir Hannibal nicht verleiden und tat meinem Bild von dem Heerführer, der die Alpen überquerte und die Römer in drei großen Schlachten schlug, keinen Abbruch.

Dieses auf ziemlich ungemütliche Weise aufbauende Buch muß aus der Feder von G. A. Henty – hieß er so? – stammen und erschien in einem stabilen Einband aus dunkelgrünem, geprägtem Leinen. Henty schrieb noch viele andere Bücher nach dem gleichen Schema: *Mit Roberts nach Kandahar*; *Mit Gordon nach Khartoum*. Damals galt Rom, was das richtige Rollenverhalten anging, als ein Vorbild für Schuljungen, und daher war es kühn von Henty, statt dessen einen jungen Karthager vorzustellen.

Gott, wie ich das Autofahren hasse! dachte ich. Marschieren wäre vorzuziehen. Eine Schlacht unmittelbar nach einem Marsch zu gewinnen, das galt ja als *der* Prüfstein für wahre Feldherrenkunst. Unser englischer König Harold trieb seine Armee (aus altgedienten Berufssoldaten – meistenteils Dänen?) die Watling Street entlang nach York, besiegte und tötete den Norwegerkönig Harold Hardrada, ließ seine Leute in vier oder fünf Tagen zurück nach Süden marschieren und war bereit, William dem Eroberer auf dem Schlachtfeld von Senlac entgegenzutreten. Zwei Schlachten gleichsam aus dem Anmarsch heraus. Vielleicht ein Fehler? Harold war ein ungestümer Mann. Die Waliser, kampferprobte Partisanen, die er aus ihren Bergen und Tälern getrieben hatte, bewunderten und fürchteten seine Impulsivität. Hätte er die Zeit gehabt, ein paar gute südwalisische Bogenschützen als Söldner nach Hastings zu führen, dann hätte das Ergebnis vielleicht anders ausgesehen.

Oder angenommen, Stonewall Jackson wäre nicht bei Chancellorsville gefallen? Oder besser noch: Was wäre gewesen, wenn John Singleton Mosby, ein ehemaliger Rechtsanwalt und auf dem Gebiet der Guerillakriegführung ein unübertroffenes Genie, bei Jefferson Davis und den Südstaaten-Befehlshabern Gehör gefunden hätte? Vor dem Krieg war Mosby ein Sklavenhalter und Millionär gewesen, am Ende des Krieges war er bankrott. Aber er wäre imstande gewesen, mit den Truppen sparsam umzugehen und die Nordstaaten-Armeen in die Tasche zu stecken, und hätte nicht versucht, zu ihren Bedingungen gegen sie anzutreten, wie es dann Robert E. Lee und die übrigen in West Point ausgebildeten Befehlshaber des Südens versuchten. Mosby war ein genialer Amateur, der sich durchaus darüber im klaren war, daß Krieg eine zu ernste Sache ist, um sie den Profis zu überlassen.

He, halt! Aufhören! sagte ich zu mir selbst. Was gehen dich die Probleme dieser Leute an? Das ist doch zu albern. Aber was soll ich sonst machen? Othellos Tagwerk ist getan.

Der Arme. Als General war er so tüchtig gewesen. Aber dann begab er sich, statt in den Krieg zu ziehen, auf den Ehefeldzug, nur um bereits in der allerersten Schlacht vollständig besiegt zu werden. Er hatte gedacht, er hätte seine Braut besetzt, so wie eine Legion einen Lagerplatz besetzt oder eine Armee eine Stadt, die sich ergeben hat. Aber der Feind schmiß ihn raus – gleich beim ersten Versuch.

Wie Hannibal war auch Othello insgeheim von seinen Fähigkeiten überzeugt. Er wußte, daß er ein guter Befehlshaber war, und genauso würde er der Frau, die ihn liebte, ein guter Ehemann sein. Aber von Witwern verlangt man nicht, daß sie irgend etwas gut können. Qualifikationen sind nicht erforderlich. Die Leute im Arbeitsamt konnten mich da beruhigen. «Sie haben Ihren Job verloren, Ihren Fürsorge-Job, aber es ist nicht nötig, daß Sie sich einen neuen suchen. Vorkenntnisse in puncto Arbeitslosigkeit sind nicht erforderlich. Es wäre uns lieber, Sie fingen wieder ganz von vorne an. Sie werden den Dreh bald raus haben. Warum leihen Sie sich nicht täglich ein neues Video aus? Oder gleich zwei? Und versuchen Sie es doch mal mit experimentellem Kochen für eine Person! Und ein bißchen später könnten Sie dann Ausflüge machen oder eine Kreuzfahrt.»

«Danke, aber ich würde lieber arbeiten.»

«Aber das *ist* Arbeit, glauben Sie uns. Das sagen wir den Leuten immer.»

Ja, vermutlich. Aber mich um Iris zu kümmern war keine Arbeit gewesen. Jetzt ist alles Arbeit. Telefonieren ist Arbeit. Menschen gegenüberzutreten und sie abzuwehren ist Arbeit. Leben ist Arbeit, schwere, scheußliche Arbeit.

Nicht, als Iris da war. Da war die Welt sinnvoll. Da hatte ich Vertrauen zu ihr. Iris war Glaube und Vertrauen. Und auch Sicherheit.

Heutzutage sind alle daran gewöhnt, allein in einem Auto zu sitzen. Eine ganz alltägliche Situation, zumindest in England. Das Auto ist so ziemlich der einzige Ort, an dem man allein sein kann.

Und ich stand im Begriff, mit Margot allein zu sein. Drei oder vier Tage lang. Vielleicht länger. Der Gedanke erfüllte mich mit einer Panik, die nichts mit meiner Angst vor dem Verkehr oder der Einsamkeit im Auto zu tun hatte. Wir waren dort einmal zu viert gewesen – Guy und ich, Margot und Iris. Jetzt waren zwei von uns übriggeblieben.

Außerdem gab es da noch etwas Schlimmeres. Würde ich, wenn es zum Schwure kam, *überhaupt nach Hause zurückwollen*? Der Gedanke erschreckte mich so sehr, daß ich nicht einmal schimpfen und die Straße und das Auto und Norfolk und Margot verfluchen konnte. *Selbstverständlich* würde ich nach Hause wollen! Mein Zuhause war meine einzige Zuflucht, der einzige Ort, wo zu sein mir natürlich und richtig erschien. Also was war los mit mir? Ich wußte, daß ich mich darauf konzentrieren mußte, diese neue «Margot solo»-Erfahrung durchzustehen, daraus hervorzugehen und dann in meine eigene Höhle, meinen eigenen Bau zurückzukehren, wo ich wieder in Sicherheit sein würde.

Margot solo – davor mußte ich Angst haben, nicht vor der Rückkehr nach Hause. Ich mußte mich sammeln und mich auf das Problem konzentrieren, wie ich mit Margot umgehen, wie ich mich ihr gegenüber in dieser völlig neuen Situation verhalten sollte. Und komm, dachte ich, so schwer dürfte das doch nicht sein! Ich mochte Margot doch. Ich kannte sie gut, kannte sie seit Jahren. Schon, aber ich war nie ohne Iris dort gewesen. Und Guy war auch dagewesen, jedenfalls früher. Aber wie sinnlos, mit all dem wieder von vorne anzufangen! Wirklich, ich sollte das nicht und würde es auch nicht!

Margot hat ihre Töchter und ihre Enkelkinder. Sollte ihr das nicht reichen? Warum legte sie solchen Wert darauf, daß ich die lange Fahrt unternahm, um sie zu besuchen? Oder, schlimmer noch, warum wollte sie sich auf den weiten Weg nach Oxford machen, um mich zu besuchen? Energisch schob ich den Gedanken beiseite (so richtig er letztendlich sein mochte), daß Margot das alles tun wollte, weil sie ein netter Mensch war, ein guter Mensch. Wie sehr hatte ich in jüngster Zeit unter Nettigkeit und Gutsein gelitten.

O nein! Nicht das schon wieder! Aber würde ich besser mit Margot zurechtkommen, wenn ich meinen Gedanken eine rein machiavellistische Ausrichtung gäbe? Ihr jedes Motiv unterstellte, nur nicht Güte und Rechtschaffenheit?

Vermutlich war ihr Problem die Langeweile – natürlich war es so. Langweilten wir uns nicht alle? Nein, eigentlich nicht. Zu Hause langweilte ich mich nie. Aber als ich an zu Hause dachte, fiel mir wieder dieses Schreckliche ein. Es war wie etwas Unsichtbares am Ende eines Ganges – das, was ich einmal gefühlt hatte, nämlich daß ich nicht zu Hause sein wollte. Und ich wußte, ich würde es wieder fühlen.

«Kümmere du dich bitte um den Wein. Er ist bestimmt gut. Guy muß ihn eine Ewigkeit im Keller liegen gehabt haben. Er sollte sicher getrunken werden», meinte Margot, als sie geschäftig zum Herd lief.

Das Öffnen der Flasche Bordeaux ging gründlich daneben. Das Etikett war stockfleckig, und der Korken zerbröselte. Bestimmt würde der Bordeaux eine großartige Sache sein, aber der Gedanke an meinen chilenischen Rotwein zu Hause und wie sehr ich mich noch immer am Abend auf ihn freute, wie ich ihn genoß, wobei ich von Zeit zu Zeit aufstand, um zu sehen, ob der Krimi im Fernsehen besser geworden war – dieser Gedanke verhinderte, daß ich auch nur den geringsten Sinn für Guys Wein hatte. Ob sehr gut oder scheußlich, ich hätte es wirklich nicht sagen können. Aber ich trank ihn gehorsam.

«Ist er in Ordnung?» fragte Margot und musterte mich mit einem, wie ich fand, unnötig hohen Maß an Besorgtheit.

«Ausgezeichnet», sagte ich schwächlich. «Findest du nicht auch?»

«Ich habe nicht die geringste Ahnung», entgegnete Margot behaglich. «Ich habe das alles immer Guy überlassen. Er verstand etwas von Wein.»

Ich wußte, wie Iris reagiert hätte, obwohl sie wärmer und auf ehrlichere Weise erfreut geklungen hätte, als ich es fertigbrachte. Aber sie hatte einmal im Connaught augenzwinkernd zu einem amerikanischen Verleger gesagt, daß guter Wein an ihr völlig verschwendet sei und ob sie statt dessen von der roten Hausmarke des Hotels haben könne – dafür aber recht viel. Ich konnte mir den besorgten Gesichtsausdruck des Verlegers vorstellen, als er sich fragte, ob das Connaught überhaupt so etwas wie eine Hausmarke hatte und wie sehr er das Gesicht verlieren würde, wenn er den Sommelier darauf ansprach.

Nach ein paar Gläsern kam mir der Bordeaux tatsächlich ganz hervorragend vor (Margot rührte ihn kaum an), und ich ließ mich vom Rest der Flasche erwärmen und trösten. Aber das Abendessen war eine mühsame Angelegenheit. Kurze Gesprächspausen, die früher unbemerkt geblieben wären, schienen sich jetzt qualvoll auszudehnen. Wir hatten uns in den alten Zeiten immer viel zu sagen gehabt, und Margot hatte in gewissem Sinne immer noch viel zu sagen, aber alles, was wir äußerten, klang irgendwie nicht spontan, selbst bei Margot nicht. Wir suchten beide nach neuen Wegen, mit einer Situation umzugehen, die eigentlich nett und altvertraut hätte sein sollen.

Margot löste das Problem, indem sie fortwährend aufsprang.

«Du hast es kalt werden lassen!» sagte sie vorwurfsvoll und tat mir zu meiner größten Bestürzung einen weiteren großen Klumpen Fleisch auf den Teller.

2. Mella und die Meerjungfrau

Als ich nach diesem Alptraum von Reise wieder sicher zu Hause angelangt war, dachte ich über die Tage nach, die ich mit Margot in Norfolk verbracht hatte. Es war nicht ganz so schlimm gewesen, wie ich befürchtet hatte, auf jeden Fall weniger anstrengend. Margot hatte keinen Versuch unternommen, mich auf Kirchenbesichtigungstouren zu schleppen, und mich auch nicht zu irgendeinem gesellschaftlichen Leben gezwungen. Mir war sogar der alte Pfarrer erspart geblieben, diese Nervensäge. Ich hatte mich in Margots Garten herumgetrieben und meine Bekanntschaft mit den Hühnern erneuert, denen ich in der Vergangenheit sehr zugetan gewesen war. Es waren prachtvolle, riesige Vögel mit leuchtendroten Kämmen, scharfen gelben Schnäbeln und einem zart gesprenkelten grauen Gefieder. Der Hahn gab ab und zu unerwartet tiefe und melodische Töne von sich, um seine Damen um sich zu scharen, die auf ihren stämmigen Beinen umherwanderten und manchmal mit erhobenem Fuß stehenblieben und mich überheblich anstarrten. Ich fühlte mich wieder genauso zu ihnen hingezogen wie früher, als ich Iris von ihrer Arbeit weg- und zu den Hühnern hingelockt hatte, die wir dann mit altem Brot fütterten.

Damals hatte sich Margot über unser Interesse an ihren Riesenhühnern gefreut, so wie über das an ihren Pferden, dem Garten und den Blumen in ihrem Gewächshaus. Die Hühner hatten wir allerdings am liebsten gemocht, und bei meinem jetzigen Besuch hatte ich mich lange in ihrem Auslauf aufgehalten – zum Teil, das muß ich zugeben, um Margot auszuweichen. Möglicherweise wußte sie das auch intuitiv. «Ich glaube, du liebst inzwischen Mabel und Tim mehr als mich», sagte sie lachend, ihre eigenen beiden Lieblingshühner nennend.

«Ja, natürlich tue ich das», erwiderte ich und versuchte dabei, den richtigen Ton liebevoller Neckerei zu treffen. «Wie könnte ich es wagen, meinen sehnsuchtsvollen Blick zu dir zu erheben?» Margot zog einen Flunsch. Gleich darauf rief sie mich zu einem weiteren Gericht herein, das ich essen sollte, solange es noch schön heiß war.

Ich hatte ununterbrochen das Gefühl gehabt, daß mehr von mir erwartet wurde. Es war ein qualvolles, zermürbendes Gefühl der Angst, das mir jetzt – wieder zu Hause und auf Iris' Drehstuhl sitzend – einen schweren Seufzer entlockte.

Warum sollte von Witwern mehr erwartet werden, und woraus sollte dieses «mehr» bestehen? Hatte man nicht schon genug verloren? Mußten die Menschen auch noch von einem erwarten, daß man es irgendwie wiedergutmachte? Daß man Freunde und andere Leute entschädigte? Mir erschien das in höchstem Maße unfair. Ich hatte das Gefühl, als erwartete man jetzt von mir, daß ich *mehr* Zuneigung zeigte, *mehr* Kontaktfreudigkeit bewies – mehr dies, mehr das. Als Belohnung dafür, daß man mir erlaubte, zu Hause zu bleiben? Das Gefühl hatte ich. Aber immerhin war ich wieder zu Hause, gesund und wohlbehalten, Gott sei Dank! Ich war ihnen allen entkommen. Und als mir dieser Gedanke in dieser Form durch den Kopf ging, holte ich tief und zufrieden Luft.

Aber das tat ich mit Absicht. Spielte die Rolle, mir zuliebe. Darüber mußte ich mir klar sein. Und ich tat es um so mehr mit Absicht, als ich in demselben Moment und, wie es schien, nur ein Augenzucken lang die Gestalt am Ende des Ganges sah. Dieselbe, die ich auf der Fahrt nach Norfolk gesehen hatte. Die Gestalt, die wußte, was ich mir selbst nicht eingestehen mochte: daß ich nämlich nicht wirklich nach Hause zurückkehren wollte. Oder zu Hause bleiben.

In dem Augenblick klingelte das Telefon.

Bevor ich mich hingesetzt hatte, war mir durch den Kopf gegangen, daß ich das Telefon abstellen sollte. Aber ausnahmsweise war das einmal kein besorgter Gedanke gewesen. Bestimmt konnte ich noch ein paar Minuten damit warten. Um so mehr Spaß würde es machen, wenn ich den Apparat schließlich umdrehte und den Schalter drückte – in dem Bewußtsein, daß mich niemand mehr würde stören können. Kein Laut. Nur ein sehr kleines rotes Licht, das nahezu unsichtbar vor sich hin pulsierte.

Es bestand keine Notwendigkeit, ans Telefon zu gehen. Kein Grund. Aber ich wußte sofort, daß ich es tun mußte. Meine Freude, wieder zu Hause zu sein, war in einem Strudel unbestimmter Ängste und Sorgen untergegangen. Wer war dran? Was wollte er? Wie schnell konnte ich ihn loswerden? Es war wie ein Zwang, ich mußte einfach den Hörer abnehmen und mich melden. Die warnende Gestalt am Ende des Ganges (sie hätte eine Figur aus einem dieser Cartoons im *New Yorker* sein können) schien zustimmend oder beifällig zu nicken.

Ich nahm den Hörer ab und meldete mich mit einem vage nach hallo klingenden Grunzen.

«Hier ist Mella.»

Das war höchst seltsam. Mella hatte mich noch nie angerufen. Mich überkam das panikartige Gefühl, daß es entweder Margot war, die mich kontrollierte, oder daß Mella ihrerseits herausfinden wollte, ob Margot da war, dagewesen war oder im Begriff stand zu kommen. Irgendein Störmanöver, wie man in militärischen Kreisen sagen würde.

Aber Mella kannte Margot gar nicht, hatte noch nicht einmal von ihr gehört!

Hier muß Mella erst einmal vorgestellt werden. Zunächst ihr Name. Er paßte irgendwie zu ihr. Vor langer Zeit, bevor Iris krank wurde, hatte mich Mellas Doktorvater gefragt, ob ich ihr in ein paar Sitzungen die russischen

Schriftsteller nahebringen könnte. Sie hege ein besonderes Interesse für sie, obwohl sie nur indirekt etwas mit dem Thema ihrer Doktorarbeit zu tun hätten. Ich willigte ein. Sie schien eine nette Person zu sein, voller Enthusiasmus, aber – soweit ich sehen konnte – bemerkenswert unwissend, sogar was die englischen Autoren betraf, über die sie angeblich schrieb. Das war allerdings bei Studenten, die für ihren Dr. phil. arbeiteten, gar nicht so ungewöhnlich.

Die Vorstellung von Dichtern und Dichtung faszinierte sie, etwa so, wie mich die Vorstellung von Schlachten in der Vergangenheit und von den Feldherren, die sie geführt hatten, faszinierte. Für Mella war Dostojewski, was für mich Hannibal war: eine faszinierende Gestalt, die sie aus der Ferne bewunderte. Allerdings konnte man über Dostojewski und Tolstoi eine Menge herausfinden, während man von Hannibal nur sehr wenig wußte und je wissen würde. Mella zog es vor, von ihrem Idol sehr wenig zu wissen, und ich gab den Versuch, ihre Kenntnisse zu erweitern, bald auf.

Aber sie besuchte mich weiterhin. Man konnte gut mit ihr auskommen. Alle zwei oder drei Wochen steckte sie den Kopf durch meine Tür im College und fragte: «Paßt es Ihnen?» Sie schien intuitiv zu wissen, wann gerade niemand bei mir war und ich mich freute, ein bißchen schwatzen zu können. Ich ging damals sowieso auf meine Emeritierung zu und hatte nicht mehr sehr viel zu tun.

Sie unterhielt sich gerne über Gedichte oder Erzählungen, die ich ihr empfohlen hatte, kurze Sachen, die sie ohne große Schwierigkeiten las. (Ich hatte schnell herausgefunden, daß ihr eigentliches Handicap, das sie mit vielen heutigen Studenten teilte, die Unfähigkeit war, einigermaßen schnell zu lesen und dabei das Gelesene aufzunehmen.) Sie konnte kein Russisch, aber sie wollte von mir schmeichelhafterweise Puschkin im Original hören. Sie lauschte den Stellen mit leuchtenden Augen, und es stimmt ja auch, daß Puschkin wunderbar klingt, selbst wenn man ihn nicht versteht. Aber im großen und ganzen zog Mella es vor zu reden statt zuzuhören, und das war mir auch recht.

Obwohl wir uns allmählich näher kennenlernten, erfuhr ich sehr wenig über ihre Vorgeschichte. Einmal zeigte ich ein mildes Interesse an ihrem Namen, aber selbst darüber schien sie nicht besonders gern sprechen zu wollen. Sie war, wenn ich sie richtig verstanden hatte, auf den Namen Melanie getauft worden, weil ihre Mutter den Film *Vom Winde verweht* so geliebt hatte, während ihr Vater Melissa vorgezogen hatte – und so wurde sie als Kind Mella gerufen. Bei dem Namen war es dann geblieben.

Mella war zurückhaltend, und ich stellte ihr nie Fragen. Ich fand es auf Grund meiner Erfahrungen ohnehin besser, wenn man von seinen Studenten nicht viel wußte.

Sie hatte stumpfes, glattes Haar, dessen Schnitt offenkundig nicht von einem Friseur stammte. Ihr Gesicht war nicht schön, aber angenehm, wie auch ihre sanfte Stimme, die irgendwie leicht fremdländisch klang. Es gab auch einen Ehemann oder Partner (das wurde nicht ganz klar), mit dem sie zur Zeit nicht zusammenlebte – und ein Kind, einen kleinen Jungen, der bei ihr wohnte. Er schien zur Selbständigkeit zu neigen, denn sein Vorhandensein, so konnte man folgern, behinderte sie nicht sonderlich. Es blieb unklar, ob er von dem Ehemann oder Partner stammte oder ob er das Ergebnis einer früheren Beziehung war.

Ich hatte keine Ahnung, wie alt Mella war. Vielleicht Anfang dreißig, vielleicht älter. Ihre Besuche wurden allmählich zu einer Selbstverständlichkeit. Ja, wir gewöhnten uns so sehr aneinander, daß sie oftmals aufstand und in meinem Zimmer umherging, die Bücher betrachtete und dabei auf ihre vage Art weiterredete, wobei sie manchmal stehenblieb, um auf mich, der ich sitzengeblieben war, herabzusehen.

Nachdem Iris' Krankheit diagnostiziert worden war, zog ich mich aus dem College zurück. Ich schaffte es auch nicht mehr, die wenigen Studenten zu betreuen, die ich angenommen hatte. Von Mella bekam ich einen Brief, in dem sie mir unbeholfen ihr Mitgefühl ausdrückte und mir ihre Hilfe anbot. Diese lehnte ich so höflich wie möglich ab, was ich auch in nahezu allen anderen Fällen getan hatte. Ich brauchte für Iris keine Hilfe. Was nötig war, waren kleine menschliche Begegnungen, die Iris Freude machten. Und Mella konnte ich mir – fälschlicherweise vielleicht – in dieser Rolle nicht gut vorstellen. Mir war der Gedanke unangenehm, daß sie uns zu Hause besuchte und sich möglicherweise angewöhnte, einfach hereinzuschauen, wie sie das im College getan hatte. Vielleicht hätte sie sogar ihren kleinen Jungen mitgebracht, den ich nie kennengelernt hatte und auch nicht unbedingt kennenlernen wollte. Das war schlecht von mir, da sich die arme Iris in dem kindlichen Dämmer der Alzheimerschen Krankheit jetzt durchaus für Kinder interessierte, so als wären sie ihresgleichen oder sogar Freunde.

Kurz, ich dachte damals einfach nicht mehr an Mella. Aber «aus dem Sinn» hieß nicht unbedingt auch «aus den Augen». Zwei- oder dreimal in der Woche pflegte ich mit Iris zum College zu fahren, um meine Post abzuholen. Das gab uns etwas zu tun. Iris saß dann solange im Auto, und oft blieb der Gärtner bei ihr stehen und schwatzte mit ihr. Er war Junggeselle und hielt Kaninchen. Iris hörte seine Geschichten mit größtem Vergnügen, und die beiden kamen sehr gut miteinander aus.

Eines Tages fand ich, als ich zum Auto zurückkehrte, Mella vor, die sich mit Iris unterhielt. Iris war inzwischen ausgestiegen. Aus irgendeinem Grund entwischte sie mir auf diesen kleinen Ausflügen nie, anders als zu Hause, wenn ich gelegentlich vergessen hatte, die Tür abzuschließen. Ich war also nicht weiter beunruhigt. Es machte ihr Freude, sich mit Mella zu unterhalten, und Mella war von einer Lebhaftigkeit, ja von einem Charme, wie ich ihn bei ihr niemals erlebt hatte oder vermutet hätte. Ihr bleiches Gesicht hatte sich gerötet, und sie hob die Hände, als wolle sie Iris etwas demonstrieren. Und Iris war von Mella gefesselt wie ein Kind, das endlich einen Erwachsenen gefunden hat, mit dem man von gleich zu gleich reden kann. Ich hörte, wie Mella sagte: «Sie sind wundervoll, Iris. Ich bin so froh, daß ich Sie kennengelernt habe!» Und dann drehte sie sich mit einem um Verzeihung bittenden, schuldbewußten Gesichtsausdruck nach mir um.

Ich beeilte mich, ihr zu danken, so wie sich vielleicht ein Vater bei einer Fremden bedankt, die zu seinem kleinen Sprößling freundlich gewesen ist. Linkisch beugte sich Mella tief hinab, fast bis zur Erde, so als spräche sie zu einem richtigen Kind, und ergriff Iris' Hände. Iris nahm Mellas Gesicht in beide Hände und küßte sie. Mella murmelte etwas, lächelte mich an, richtete sich auf und ging davon, und Iris folgte ihr ein paar Schritte.

Nach diesem Vorfall fand ich, ich sollte Mella danken und sie bitten, Iris zu besuchen. Doch da gab es eine Schwierigkeit. Ich hatte keine Ahnung, wo Mella wohnte oder wie ich sie erreichen konnte. In der Vergangenheit war sie einfach aufgetaucht, und ich war nie auf die Idee gekommen, mich nach dem Wie oder Woher zu erkundigen. Ich hätte den Kollegen fragen können, der mich gebeten hatte, Mella unter meine Fittiche zu nehmen, aber er war an eine andere Universität gewechselt – so lange lag Mellas erster Besuch bei mir zurück.

Ohnehin verschlimmerte sich Iris' Zustand um diese Zeit ganz rapide, und da Mella nicht wieder im College auftauchte, vergaß ich sie einmal mehr. Nachdem Iris gestorben war, nahm ich meine Besuche im College wieder auf und fand dort eine große, kunstvoll gestaltete Karte von Mella vor, auf der sie mir das übliche Beileid ausdrückte. Die Karte zeigte eine Seejungfrau von John Waterhouse, gemalt in einem präraffaelitischen Spätstil. Der Künstler hatte den weißen Schultern und dem Busen der Meerfrau große Aufmerksamkeit gewidmet, wie auch ihrem langen, kastanienbraunen Haar, das sie mit einem Stück Koralle kämmte. Ihr Gesicht trug einen nachdenklichen, versonnenen Ausdruck, und die Karte war, wie das Kleingedruckte den Käufer diskret informierte, zart parfümiert.

Eine merkwürdige Wahl für einen solchen Anlaß, und doch fand ich sie auf eine unbestimmte Weise befriedigend, ja sogar tröstlich. Die Seejungfrau sah ernst aus, mitfühlend, freundlich und gut. Zweifellos war sie das Lieblingsmodell von Waterhouse und, attraktiv wie sie war, vermutlich auch seine Geliebte. Hoffentlich war er finanziell in der Lage gewesen, es ihr angemessen zu danken. So wie sie dreinschaute, war es durchaus denkbar, daß es im Hintergrund eine verarmte Familie gab, deren Unterhalt ihr Hauptanliegen war. Sie hatte ihren Schwanz säuberlich um sich gelegt, und der Maler hatte große Sorgfalt darauf verwandt, den Übergang von Fischschuppen zu Haut direkt unterhalb der Taille in abgestufter Größe realistisch darzustellen. Von ihren Schamschuppen, wenn man sie so nennen will, wurde der Blick auf einen üppigen und wohlgeformten weißen Bauch gelenkt, der mit einem hübschen menschlichen Nabel verziert war.

Ich stellte sie auf den Küchentisch und studierte sie mit einem melancholischen Vergnügen, das ihrer eigenen Unterwasserstimmung zu entsprechen schien. Auf wie ernsthafte, aber auch einnehmende Weise die späten Präraffaeliten sexuelle Phantasien mit akribischem Realismus verbanden! Ich wollte von der Seejungfrau nicht sonderlich an Mella erinnert werden, aber ich hätte doch gern gewußt, warum sie diese Karte ausgesucht hatte. Niemand – und eine Frau schon gar nicht – kaufte doch so etwas blindlings, oder? Was also bedeutete die Seejungfrau in Hinblick auf Mellas jetzt zwangsläufig veränderte Beziehung zu mir? Stand sie im Begriff, um meinetwillen eine Wandlung durchzumachen?

In der Stimmung, in der ich mich befand, hatte ich keine Skrupel, mir diese eitle Vorstellung durchgehen zu lassen. Warum sollte ich mir nicht in meiner elenden Situation jeden Trost gönnen, der sich bot, und sei er noch so kindisch? Ich hatte das Gefühl, daß mich die Seejungfrau, die sich dort mit dem Korallenkamm durch ihr langes Haar fuhr, vollkommen verstehen würde.

Aber gleichzeitig hatte ich auch das Gefühl, daß Mella fest entschlossen war, sich in Erinnerung zu bringen. Als Iris noch lebte, hatte sie mich – sogar noch während ihrer Krankheit – beschützt, einfach dadurch, daß sie mein Pflegling war. Als festes Bollwerk hatte sie zwischen mir und den Menschen gestanden, die uns helfen wollten. Jetzt, so mutterseelenallein, war es sehr viel schwieriger, sich gegen Eingriffe zur Wehr zu setzen. War ein Überraschungsangriff aus dem Meer denkbar? Sollte ich in diese neuen Tiefen gezogen werden? Die Seejungfrau mochte ja attraktiv sein, aber ihre Züge ähnelten auf merkwürdige Weise denen Mellas. War sich Mella darüber im klaren gewesen?

Mella und ihre Seejungfrau. Sie gaben dem Iris-losen Zustand eine konkrete Gestalt. Ich hörte Iris' Stimme aus der Tiefe der Vergangenheit, als wir in unserer glückseligen kleinen Privatmythologie gerade «Katzen» füreinander geworden waren, wie sie «Wauwau» sagte. Und manchmal, wenn ich aus irgendeinem Grund niedergeschlagen war, wurde daraus ein zärtliches «Nomnom».

Iris' Stimme sprach immer noch zu mir, aber sie konnte mich nicht beschützen, nicht einmal vor mir selber. Mein Impuls war, vor Mella und ihrer Seejungfrau zu fliehen – sie stellten ein neues und fremdes Leben dar, vor dem ich instinktiv zurückschreckte. Aber wohin sollte ich fliehen?

Ich nahm Mellas Karte und riß sie mit einiger Mühe (sie war aus festem, teurem Karton) mitten durch und dann noch einmal. Die vier Stücke ließ ich in den überquellenden Papierkorb fallen. Iris' Stimme klang betrübt, aber nicht vorwurfsvoll, wie manchmal, wenn ich gedankenlos und böse gewesen war. Mella hatte sie geküßt und war gut zu ihr gewesen. Sie war nicht allzu bemüht und auch nicht unnatürlich gewesen, wie es die meisten werden, wenn sie es nicht gewöhnt sind, mit geistig Behinderten umzugehen.

Iris und sie hatten mit größter Unkompliziertheit aufeinander reagiert und den beiden Kindern ähnlich gesehen, die sich auf dem Bild von Breughel, dem Bauerntanz, bei den Händen halten. Glich Mella eher diesen Kindern als ihrer Seejungfrau?

«Ich möchte Sie nicht belästigen», sagte Mella stockend.

Zwischen der Art, wie sie jetzt sprach (sie stand ein paar Tage nach ihrem Anruf vor meiner Tür) und ihrer Stimme und ihrem Verhalten, als sie am Auto mit Iris geredet hatte, bestand ein solcher Gegensatz, daß es mich einfach rührte.

«Das ist schon in Ordnung», sagte ich und versuchte, nicht unfreundlich zu klingen. Dazu machte ich eine unbestimmte Bewegung, als wollte ich sie hereinlassen. Mella war noch nie bei mir zu Hause gewesen. Das hatte ich immer sorgfältig vermieden. «Sie haben ja gesagt, daß Sie vielleicht vorbeischauen würden, als Sie mich angerufen haben», setzte ich wenig einladend hinzu.

Mella hielt ein in Papier gewickeltes Päckchen in den Händen und drehte es verlegen hin und her. «Das ist für Sie», sagte sie schließlich.

Sie stand da und sah über meine Schulter ins Hausinnere. Dann blickte sie mich mit einer entnervenden Mischung aus Vereinnahmung und demütigem Flehen an, so als sähe sie noch immer von weitem zu mir auf, obwohl ich ihr doch jetzt gehörte.

«Kommen Sie herein.»

Mella schüttelte langsam den Kopf mit einem Ausdruck, als wüßte sie weit besser als ich, was mit mir und der Situation nicht stimmte. Sie hielt mir wieder das Päckchen hin. Es war ungeschickt eingepackt, aber einen Hinweis auf seinen Inhalt gab es trotzdem nicht. Ohne zu wissen, was das Päckchen enthielt, konnte ich ihr kaum angemessen danken, aber ich war entschlossen, jetzt nicht mit der Auswickelei anzufangen. Das hätte alles nur noch schwieriger gemacht. Ich wäre sie nie losgeworden.

Mella sah erst mich und dann das Päckchen erwartungsvoll an. Sie befeuchtete ihre Lippen mit der Zunge. Ich wollte mich erneut bedanken, aber sie unterbrach mich. «Es ist furchtbar, ich weiß ...»

Zu Erklärungen würde ich sie jetzt nicht ermutigen. Endlich fühlte ich mich imstande, einen Entschluß zu fassen. Dies war um so nötiger, als Mella einen Schritt vorwärts gemacht und den Fuß in die Tür gesetzt hatte, wie es angeblich Schuldeneintreiber tun.

«Es ist ungemein lieb von Ihnen, daß Sie gekommen sind», sagte ich. «Aber ich war gerade im Begriff zu gehen, und ich habe wirklich ziemlich viel zu tun.»

Mella sah mich schrecklich verständnisvoll und verzeihend an. Ihr Blick glich dem Margots, als diese mir zu verstehen gegeben hatte, daß, hätte ich nur auf ihren Rat gehört und ihre Aufsicht akzeptiert, Iris noch am Leben und gesund wäre.

«Ich weiß», wiederholte Mella. «Ich bin ...» Und wieder zögerte sie. Einem so sensiblen und verständnisvollen Menschen gegenüber, wie ich es war, hätte es ganz offensichtlich gar keiner Erklärung bedürfen sollen, was oder wo oder wie sie gewesen war. Und ich wartete sie auch nicht ab. Vielmehr trat ich zu ihr aus dem Haus und zog die Tür nachdrücklich hinter mir ins Schloß, so daß Mella schnell zurückweichen mußte.

Die Rache eines Witwers. Ich fühlte mich so abscheulich wie Dschingis-Khan, als ich schnell zum Auto ging, es aufschloß, es mit einigen Schwierigkeiten startete und mich anschickte, rückwärts aus dem Tor zu fahren. Ich winkte unbestimmt in Mellas Richtung und bemerkte dann, daß sie immer noch das Päckchen hielt, das inzwischen noch mitgenommener aussah. Was sollte ich tun? Anhalten und es ihr abnehmen? Der Gedanke war unerträglich. Hastig setzte ich zurück auf die Straße, verfehlte nur knapp einen Fußgänger auf dem Bürgersteig, winkte zurück und fuhr davon.

Ich nahm die erste Abzweigung, fuhr ein bißchen ziellos herum und kam von der entgegengesetzten Seite um den Block.

Mella stand noch immer, das Päckchen in den Händen, vor dem Haus und wartete geduldig auf meine Rückkehr. So sah es aus. Sie würde ewig dort warten, um mir zu geben, was sie mitgebracht hatte. Ich fuhr, ohne anzuhalten, weiter die Straße hinunter und schaute dabei angestrengt nach links, als versuchte ich, eine Hausnummer zu finden.

Ich fuhr zum College und verwandte viel Zeit darauf, Kondolenzbriefe zu lesen, die immer noch eintrafen. Ich beantwortete sogar ein paar von ihnen. Erst gut eine Stunde später bog ich vorsichtig wieder in meine Straße ein, und zwar von der anderen Seite, wo sie nicht weiterging. Mella war fort.

Anstatt erleichtert zu sein, war ich tief bekümmert – so als wäre ich verlassen worden. Auf dem Rückweg hatte ich mir wegen des elenden Päckchens Sorgen gemacht. Es bot Mella einen glänzenden Vorwand, jederzeit wiederzukommen und es mir von neuem zu überbringen. Jetzt wollte ich, daß sie wiederkam – und zwar sobald sie wollte. Ich hatte mich schäbig benommen. Ich hätte sie wenigstens auf eine Tasse Tee hereinbitten können. Aber bei dem Gedanken, Tee machen und Kekse auftreiben und mich gleichzeitig mit Mella unterhalten zu müssen, war ich froh, daß ich es nicht getan hatte.

Ich wußte, daß ich an meiner Überzeugung (denn es schien mehr zu sein als bloße Erfahrung) festhalten mußte, daß nämlich einzig mein Zuhause real war. Mella und Margot waren nur wie Phantome, die mich in Bedrängnis bringen wollten, chinesische Schatten, wie die Russen es nannten, die hin und her huschten vor einem Hintergrund aus Reden, die ich nicht hören wollte, Gestalten, die mich einschüchterten, anstatt mir Erleichterung zu bringen.

Aber die Überzeugungen von Witwern wiegen offensichtlich so leicht wie die Schwüre Liebender. Wie oft hatte ich diesen Gedanken gehabt und mich an ihn geklammert, nur um dann voller Beklommenheit zu erkennen, daß ich gar nicht zu Hause sein *wollte*, nicht ich selbst sein wollte, so wie dieses Selbst jetzt beschaffen war.

Ich schloß den kleinen Fiat ab und ging langsam zur Haustür. Auf der Schwelle hatte sich das Päckchen demütig hingekuschelt, so als versuchte es hineinzugelangen. Welche Erleichterung! Wenigstens mußte ich nicht gleich wieder mit Mellas Erscheinen rechnen, die kam, um ihr Päckchen zu übergeben.

Ich nahm es mit ins Haus, legte es auf den Küchentisch und machte mich daran, es zu öffnen. Ich mußte das so schnell wie möglich hinter mich bringen, fand ich, damit ich Mella, wenn sie wiederkam, danken konnte – und zwar an der Tür und nicht draußen. Denn kommen würde sie. Ich hatte mich damit abgefunden, und etwas in mir, das wußte ich sehr gut, freute sich sogar darauf. Im geheimen brauchte ich ihren nächsten Besuch. Die Unaufrichtigkeit von Witwern!

Das Päckchen mochte ja wenig haltbar und unordentlich aussehen, aber ich brauchte lange, um es aufzubekommen. Außen wurde es mit Bindfaden zusammengehalten. Nach dem Einwickelpapier kam eine dicke Lage Zeitungspapier, die mit einer Unmenge Tesafilm beklebt war. Ich fluchte leise vor mich hin, als ich daran herumriß. Schließlich holte ich die Küchenschere und verfuhr mit dem Ganzen wie Alexander der Große mit dem gordischen Knoten.

Zum Vorschein kam eine Plastiktüte, und in ihrem Inneren – unter weiteren Lagen Butterbrotpapier – war eine große, runde Schweinefleischpastete.

Interessiert betrachtete ich die Zeitung. Es war eine ein paar Tage alte Ausgabe des *Independent*. Genau die Art von besorgter, engagierter, wohlmeinender Zeitung, die Mella lesen würde. Das ließ mich trübsinnig an die lange zurückliegende Zeit mit Iris in Steeple Aston denken, als uns jeden Sonntagmorgen in aller Frühe die *Sunday Times* und der *Observer* zugestellt wurden. Es hatte mir solchen Spaß gemacht, sie von draußen hereinzuholen und mir die Titel- und die Rückseiten anzusehen, während ich das Frühstück machte. Iris saß dann bereits oben und arbeitete – sie warf nur selten einen Blick in die Zeitung. Aber sie mochte es, wenn ich ihr im Laufe des Tages Stücke daraus vorlas oder ihr sagte, wenn etwas über Tiere oder Fische oder Vögel drinstand.

Sie waren ein Fest, die Sonntagszeitungen jener Tage. Ich erhielt sie nicht mehr, ja ich mied sie mit voller Absicht, aber sie fehlten mir nichtsdestoweniger. Früher waren sie ein wöchentlicher Höhepunkt gewesen, da wir niemals eine Tageszeitung abonniert hatten.

Nachdem ich Mellas Einwickelpapier zu Ende gelesen hatte (es stand irgendein Unsinn darin über Kinder unter fünf Jahren, die Rat brauchten), wandte ich meine Aufmerksamkeit der Pastete zu. Ich war erleichtert, daß es kein selbstgebackener Kuchen oder dergleichen war. Irgendwie wußte ich, daß Mella so etwas nicht gut konnte. Dies hier war eine prächtige Pastete aus einem wirklich hervorragenden Geschäft, eine schöne, stattliche Pastete. Sie mußte teuer gewesen sein.

Warum hatte Mella beschlossen, mir von all den möglichen Dingen, den praktischen Dingen, gerade diese Pastete zu kaufen? Ich war nicht undankbar. Es sah so aus, als würde ich sie wirklich mit Genuß essen, und das mehrere Tage lang. Aber da war noch etwas, woran mich

Mellas absonderliches Geschenk erinnerte. Was war es nur?

Dann fiel es mir ein. Wie hätte ich es auch vergessen können! Es war die «Große Pastete» (und diese hier hätte ihr Zwilling sein können), die Iris und ich einmal gekauft hatten. Wir hatten sie zu Hause auf den Küchentisch gestellt. Später war ich zu Iris, die in ihrem Arbeitszimmer saß und schrieb (es war ein Sonnabend) hinaufgegangen, um sie zu fragen, ob wir nicht etwas zu Mittag essen sollten. Erwartungsvoll gingen wir in die Küche. Eine Scheibe von jener prächtigen Pastete, die kroß und doch feucht war, aspikhaltig und köstlich und doch von einfacher Beschaffenheit – das war genau das, was wir wollten. Vielleicht mit einer halben Tomate und einem Salatblatt.

Auf dem Tisch war die Pastete nicht. Wir hatten sie bestimmt in der Plastiktüte gelassen, zusammen mit den anderen Sachen, die wir gekauft hatten. Wir hatten sie sicher woandershin getan – in den Kühlschrank, in den Küchenschrank, es gab ja so viele Orte, wohin wir sie getan haben konnten. Wir waren nicht übermäßig beunruhigt. Sie mußte einfach jeden Augenblick auftauchen. Tat sie aber nicht. Wir suchten überall. Allmählich wurden wir richtig ärgerlich – über das Geschäft, über die Pastete, einer über den anderen. Sie mußte irgendwie aus der Tüte gerollt sein. Oder der Ladenbesitzer hatte sie durch irgendeinen Trick wieder an sich gebracht und uns trotzdem dafür bezahlen lassen. Nie wieder würden wir dieses Geschäft betreten – aber welches war es gewesen? Wir wußten es schon nicht mehr. Ich war so enttäuscht, daß ich in der Hitze des Gefechts sogar Iris beschuldigte, die Pastete aus der Küche geholt und sich oben heimlich über sie hergemacht zu haben.

Auf diese niederträchtige Anschuldigung ging sie zu Recht gar nicht ein, sondern sah mich nur würdevoll und doch nachsichtig an. Aber sie verstärkte ihre Suche, lag auf den Knien und spähte immer wieder in dieselben vollgestopften, muffigen Regale und Schränke mit ihren namenlosen, sich wölbenden Pappkartons und den alten, fettigen Bratpfannen. An einem solchen Ort würde sich die Pastete auf immer gefahrlos versteckt halten können.

Und das muß sie wohl auch getan haben, denn sie wurde nie wieder gesehen. Und jetzt kam Mella Monate nach Iris' Tod mit genau so einer Pastete und machte sie mir in aller Ergebenheit zum Geschenk. Iris und ich hatten uns schnell wieder erholt, und der Ausspruch «im Pastetenland» wurde zum Mythos und zum Scherz, zu einer Beschwörungsformel für die vielen Dinge, die sich irgendwo im Haus befinden mußten, aber niemals wieder aufgetaucht waren.

Jetzt war die Pastete endlich zurückgekommen. Zu spät. Ich fand, ich sollte sie nicht essen wollen. Aber am nächsten Tag aß ich sie natürlich doch – das heißt, ich schnitt sie an. Und sie war ganz vorzüglich!

Mella war zweifellos in mein Leben zurückgekehrt. Und doch tauchte sie nicht wieder auf. Vielleicht hatte sie begriffen, daß ich nicht zu Hause besucht werden wollte. Ich war nie auf den Gedanken gekommen, daß sie sensibel sein könnte – eher das Gegenteil. Wenn sie früher im College den Wunsch verspürt hatte, mich zu besuchen, dann besuchte sie mich. Wenn sie etwas von mir wissen wollte, wenn sie mich mit einer ihrer eigenen Ideen, von der sie angetan war, langweilen wollte, dann zögerte sie nicht, mich zu behelligen. Zu guter Letzt mochte ich es richtig, von Mella gelangweilt zu werden.

Ich aß fast eine ganze Woche lang an der Pastete, und sie hatte auch nicht den Hang zu verschwinden. Jedesmal, wenn ich mir eine Scheibe abschnitt, fragte ich mich, wo Mella die Pastete herhatte und wo sie selbst war. Ich konnte ihr nicht schreiben, um mich zu bedanken, denn ich hatte keine Ahung, wo sie wohnte. Die Tage vergingen, das Gefühl eines Versäumnisses, ja sogar der Schuld, verging nicht. Mit der Leere und der Unordnung im Haus nahm es eher zu. Und wieder hörte ich Iris' vertraute Stimme, wie sie «Wauwau» oder «Nomnom» sagte – hörte sie öfter und deutlicher. Iris schien auch froh zu sein, daß die «Große Pastete» endlich zurückgekehrt war.

Die Qualität des Fernsehens hatte zu jener Zeit ihren Tiefpunkt erreicht. Selbst spät am Abend gab es keine guten Morde, Spukgeschichten, Schießereien, Entführungen, Verfolgungsjagden mehr – keinerlei Horror. Nur Geistloses über Familienturbulenzen und Rockstars oder schwachsinnige Wettbewerbe. Ich konnte am Abendbrottisch nicht mehr einschlafen, und wenn ich versuchte, mehr Wein zu trinken als mein normales und mehr als ausreichendes Quantum, dann fing er an, unangenehm zu schmecken.

Tatsache war, daß mir Mella jetzt fehlte. Ich hatte mich schlecht benommen. Ich hatte mehr als nur angedeutet, daß ich sie nicht sehen wollte, und sie hatte begriffen. Was mir inzwischen richtig leid tat.

Eines Nachmittags stand Mella vor der Tür, genauso wie beim ersten Mal. Ich ging aufmachen und hoffte sowohl, daß sie es sein würde, wie, daß sie es nicht sein würde. Bei ihrem Anblick merkte ich, daß ich nicht enttäuscht war. Ich hieß sie fast herzlich willkommen und bot ihr eine Tasse Nescafé an, der leichter zu machen war als Tee.

«Ach, das macht jetzt bloß Umstände», sagte sie. «Es wäre Ihnen lästig, und ich weiß, Sie mögen es nicht, wenn ich Sie nerve. Aber da Ihnen die Pastete geschmeckt hat, habe ich Ihnen noch mal eine gebracht.»

Ich traute meinen Ohren kaum. Mellas ruhige Annahme, daß ich die Pastete gemocht hatte, brachte mich ein wenig aus der Fassung, aber mehr noch das, was sie über das «Nerven» gesagt hatte. Und die Erkenntnis, daß sie es mir angemerkt hatte.

Ich spürte, wie ich rot wurde, und mußte mehrmals heftig blinzeln. Aber es gelang mir zu sprechen.

«Woher wußten Sie, daß mir die Pastete geschmeckt hat? Sie haben völlig recht, das hat sie. Aber ich konnte nicht schreiben, um mich bei Ihnen zu bedanken, weil ich Ihre Adresse nicht wußte.»

«Ich gebe sie Ihnen bei Gelegenheit. Ich war sicher, daß Sie die Pastete gemocht haben, weil ich gefühlt habe, daß Sie mir schreiben und sich bedanken wollten. Ich bin da so was wie ein Telepath», sagte sie mit einem kleinen Lachen, das wohl scheu und ängstlich wirken sollte, es jedoch nicht tat.

Ich hatte eine Zukunftsvision, in der Mella von Zeit zu Zeit angeflogen kam wie Elias Raben, mit einer Pastete im Schnabel.

«Sie müssen mich das bezahlen lassen», sagte ich in dem Versuch, förmliche Distanz zu wahren. «Diese Pasteten sind bestimmt sehr teuer. Aber ich bin Ihnen wirklich dankbar. Ich finde sie ganz ausgezeichnet.»

«Nein, billig sind sie nicht», sagte Mella stolz, als kaufte sie solche Pasteten schon ihr ganzes Leben lang, «aber ich finde, ein Mann braucht etwas Handfestes. Und so praktisch. Kein Kochen.»

All das war ganz untypisch für Mellas sonstige Art. Und es war beunruhigend. Wenn ein Mann eine Schweinefleischpastete brauchte, dann brauchte er wahrscheinlich auch andere Dinge, die zu liefern sich Mella mit ihrem neuen, besitzergreifenden Auftreten möglicherweise durchaus imstande fühlte. So putzig, ja selbst rührend diese ihre neue Rolle auch sein mochte, ich war mir ganz und gar nicht sicher, daß sie mir gefiel. Wie ein Damoklesschwert schwebte sie über meinem Haupt.

Mella hatte fast etwas Deutsches an sich. Ich mußte an das runde, rosige Gesicht von Hannelore denken, dem Mädchen, das ich kannte, als ich nach dem Krieg in Deutschland stationiert war. Auch sie war schüchtern, aber besitzergreifend gewesen. Trotz ihrer unerschütterlichen Ehrbarkeit vermittelte sie den Eindruck, daß sie sehr gut wußte, was Männer mochten. «Mein Mann, der seine Schweinefleischpastete braucht.»

Diese beunruhigenden Gedanken und Erinnerungen gingen mir durch den Kopf, als ich den Wasserkessel füllte und einen Löffel Pulverkaffee in einen Becher tat. Mella sah sehnsüchtig zu, als ob es sie juckte, diese Aufgabe selbst zu übernehmen.

«Trinken Sie nichts?» fragte sie.

Ich schwindelte ihr vor, daß ich kurz vor ihrem Eintreffen eine Tasse Kaffee getrunken hätte. Es erschien mir weiser, Mellas Kaffeetrinken zu isolieren, damit es nicht wie etwas Gemeinsames, Familiäres aussah.

Manche Leute schauen sich, wenn sie das Haus eines Bekannten betreten, in dem sie noch nie gewesen sind, mit unverhohlener Neugier um, registrieren die Art der Einrichtung, taxieren die Bilder und die Möbel. Andere – die schüchternere oder besser erzogene Mehrheit – scheinen keine Notiz von dem allen zu nehmen, bis sich zu dem Gastgeber oder der Gastgeberin eine gesellschaftliche Beziehung entwickelt hat. Dann kann man sein Interesse zeigen und Komplimente machen. Mit Erleichterung stellte ich fest, daß Mella zu der zweiten Gruppe gehörte. Ich selbst war zur Zeit nicht im geringsten an meinem Haus interessiert und bemerkte kaum den Zustand, in dem es inzwischen war, aber ich hätte auch keinesfalls irgendeine energisch unternommene und mich desorientierende Renovierung seitens eines wohlmeinenden weiblichen Wesens willkommen geheißen. Ich hatte das tröstliche Gefühl, daß zumindest Mella nicht zur fegenden und verschönernden Brigade gehörte.

Wenn man irgend etwas an dem Haus tun wollte, müßte es etwas Radikales, ja Revolutionäres sein. Es würden sich ganz neue Räume eröffnen müssen, wie Dryden in seinem Gedicht sagt.

Eine Revolution? Würde sie mit einer der beiden

Frauen anfangen, die jetzt in meinem Leben eine größere Rolle zu spielen schienen? Und wenn ja, mit welcher?

Während ich Mella dabei zusah, wie sie ihren Nescafé trank und dabei fast so wie früher drauflosplauderte, dachte ich an Margot und ihren möglichen Einfluß auf meine häusliche Welt. Sie hatte mich jetzt schon des öfteren angerufen und gesagt, sie müsse mich unbedingt besuchen. Vorbeikommen, wie sie sich ausdrückte. Ihr angedrohtes Kommen erfüllte mich mit gemischten Gefühlen, genauso wie das unangekündigte Auftauchen der Schweinefleischpasteten bringenden Mella. Wie lange würde es dauern, bis die beiden Frauen einen Fuß in meiner Tür hatten?

Und wie würde mir das gefallen? Vor ein paar Wochen noch hätte mich diese Aussicht mit purem Entsetzen erfüllt. Sie stand in glattem Widerspruch zu meinem instinktiven Verlangen (jetzt, wo ich allein war) nach einem ruhigen, einsamen, egozentrischen Leben mit seiner offiziellen und anerkannten Traurigkeit und seinen privaten Freuden und Gewohnheiten. Langeweile und Ängste würde es natürlich auch geben, aber wenigstens wären es dann meine eigenen Ängste, meine eigene Langeweile, mit denen ich auf meine Weise fertig werden müßte – genauso wie die Freuden und Belohnungen in meinem neuen Leben nur mir allein gehören würden.

Wie alles, was man sich in puncto Lebensform bewußt vornimmt, würde auch das selbstverständlich nicht auf Anhieb klappen. Ich schmeichelte mir, daß ich mir darüber völlig im klaren sei. Es würde alle möglichen Reuegefühle, Sehnsüchte und ganz schlicht den Schmerz des Verlustes mit einschließen. Aber alle gesellschaftlichen Verpflichtungen und Ereignisse – einschließlich dessen, was ich inzwischen bei mir «Alzheimern» nannte – würden, so lästig sie vielleicht auch wären, nur den beschaulichen Rhythmus des Lebens, das ich für mich geplant hatte, um so wohltuender erscheinen lassen. Der Alptraum einer hilflosen, nicht vorhersehbaren Existenz, die von Kräften außerhalb meiner Kontrolle organisiert und arrangiert wird, bliebe mir erspart.

Jetzt, wo sowohl Margot als auch Mella allem Anschein nach einen Fuß in meiner Tür hatten, schien es um dieses ruhige, traurige, ungestörte Leben schlechter denn je bestellt zu sein. Als ich jung war und Krieg herrschte, der – in seinem frühen Stadium – sehr schlecht lief, bemerkten die Älteren oft kummervoll, daß, wenn die Politiker Hitler nur rechtzeitig gestoppt, den kleinen Mistkerl sozusagen im Keim erstickt hätten, wir diesen Krieg nicht führen müßten. War ja offensichtlich, nicht? Ich hatte weder das Wissen noch den Wunsch anzumerken, daß eine furchtsame und friedliebende Wählerschaft eine so kühne Vorgehensweise nie gebilligt hätte. Hitler zu stoppen hätte geheißen, einen Verbrecher zu verhaften, weil er zweifellos eines Tages ein Verbrechen begehen würde.

Bestand hier vielleicht eine Analogie zu meiner Position gegenüber Margot und Mella?

Ein kaltes, berechnendes Geschöpf in meinem Innern sagte, daß ich von beiden eine Menge Unannehmlichkeiten zu erwarten hätte, wenn ich ihre Annäherungsversuche nicht im Keim erstickte, wenn ich nicht mit ihnen verfuhr, wie man mit Hitler hätte verfahren sollen, sowenig die beiden Frauen ihm auch glichen.

Jemand anders in meinem Innern, der möglicherweise nicht ganz so widerlich, aber genauso berechnend war, sagte: Der Mensch ist ohnehin zur Mühsal geboren, wie Feuerfunken, die hochfliegen. Warum solltest du also versuchen, ihm in dieser oder jener Form zu entgehen? Du mußt doch bereits feststellen, fuhr dieser Teil von mir fort, daß das, was dein ruhiges und von Zwängen freies Witwerleben sein sollte, in Wahrheit melancholisch, aufreibend und voll ängstlicher Sorgen ist.

Denk an die trübseligen Sonntagabende zu Hause, fuhr die innere Stimme unbarmherzig fort, wo du nichts hast, was dich von deinen Gedanken und Erinnerungen ablenkt – den gleichen Erinnerungen, die du so liebtest, als du dich noch um Iris kümmern mußtest, und die jeden Nachmittag und jeden Morgen kamen, um dich zu trösten. Denk vor allem an die Stimme. Willst du sie weiterhören, wann immer du deprimiert und einsam bist?

Ja, ich kannte die Stimme. Sie gehörte einem Wesen, das nicht Iris war. Es war die personifizierte Erinnerung, ein Geschöpf, das von Menschenfleisch lebte, mein Blut trank und mir die Knochen aussaugte.

So waren sich also die beiden Geschöpfe in mir (wie die Männer von München) darin einig, daß sie nichts tun, sondern abwarten würden, was passierte, immer das Beste hoffend. (Zweifellos spielte bei meiner mangelnden Entschlossenheit auch ordinäre Neugier mit.)

Mellas und Margots Annäherungsversuche im Keim zu ersticken würde durchaus kein einfaches Unterfangen sein, ja, es würde sogar höchst kompliziert werden. Mir wurde das bereits am folgenden Tag deutlich gemacht, als das Telefon, das ich am Abend zuvor wieder angestellt hatte, weil ich einen Anruf aus Amerika erwartete, morgens um neun zu läuten anfing.

«John, ich komme rüber, um dir zu helfen.»

«Nicht gerade jetzt, Margot, sei so lieb. Ich habe ziemlich viel zu tun.»

«Das macht nichts. Ich werde dir bei dem, was du tust, überhaupt nicht im Weg sein. Aber irgend jemand muß sich einfach um den Zustand deines Hauses kümmern. So kannst du wirklich nicht mehr darin wohnen.»

«Aber ich wohne gern drin – so, wie es ist.»

«Das kann schon sein, aber es ist nicht gut für dich. Also laß mich kommen und wenigstens versuchen, etwas zu tun. Wann paßt es dir?»

Das war der Test, ich wußte es. Hier ging es um meine Autorität. Wenn ich jetzt fest blieb ... Ich brauchte bloß zu sagen: «Margot, du meinst es sehr gut mit mir. Aber das ist im Augenblick nicht das, was ich möchte, selbst von dir nicht. Ich möchte, wenn du nichts dagegen hast, hier allein sein und in Ruhe gelassen werden.»

Würde ich das sagen, selbst mit Abmilderungen und Modifizierungen, dann wäre es getan. Alles könnte noch gut werden ...

Margot war schon immer in dem, was sie sagte und wie sie es sagte, sehr direkt und ziemlich ungeschickt gewesen. In ihrem Fall war es ein einnehmender, ja liebenswerter Wesenszug. Außerdem würde sie nicht beleidigt sein. Dafür war sie eine viel zu gute Seele. Und selbst wenn ich meine Ablehnung noch weiter abgemildert und hinzugesetzt hätte: «Vielleicht kommst du einfach ein bißchen später, wenn ich mich besser eingewöhnt habe», hätte sie gehorcht, hätte sich der höheren Gewalt gebeugt und mir nicht weiter zugesetzt. Sie hätte etwas wie «Natürlich verstehe ich das, mein Lieber» gesagt. «Ich weiß genau, wie dir zumute ist. Aber halte mich auf dem laufenden, ja? Damit ich Bescheid weiß, wenn du dich besser fühlst.»

Ich brauchte also nur den stärkeren Willen an den Tag zu legen.

Aber der Wille und das Telefon vertragen sich meiner Erfahrung nach nicht miteinander. Sie sind schlechte, unzuverlässige Gefährten. Zweifellos war das der Grund, warum ich mich plötzlich plappern hörte: «Ja bitte, Margot, komm doch! Das ist wundervoll! Ich hatte gehofft, du würdest anrufen. Ich freue mich schon so lange darauf, dich wiederzusehen ... und von dir zu hören!»

«Ich habe dir ein geräuchertes Hühnchen mitgebracht», sagte Margot. «Iris mochte sie so gerne, weißt du noch?»

Ja, natürlich wußte ich es noch. Iris war ein taktvoller Mensch gewesen. Sie hatte das geräucherte Huhn gelobt, während sie eigentlich, wie ich sehr gut wußte, ein Stück Käse oder Baked Beans mit Ketchup vorgezogen hätte.

«Wie war der Verkehr?» fragte ich.

«Absolut grauenhaft! Wie immer.»

Margots Stimme war voller Vitalität. Sie fuhr ausgesprochen gerne. Und sie wäre mit ihrem geräucherten Hühnchen auch gern zur Hölle gefahren, wenn der Teufel in Schwierigkeiten gewesen wäre und ihrer Hilfe bedurft hätte.

Als wir das Hühnchen aßen, das zugegebenermaßen sehr gut war, dachte ich mit Unbehagen an Mellas letzten Besuch. Ich hoffte von ganzem Herzen, es würde ihr nicht in den Sinn kommen, mich zu besuchen, solange Margot da war. Nachdem sie mit der zweiten Pastete aufgetaucht war, auf deren Bezahlung ich bestanden hatte, war in der vergangenen Woche nichts von ihr zu sehen gewesen. Bei ihrem Aufbruch hatte sie gesagt: «Sie haben doch nichts dagegen, daß ich Sie besuche, nicht wahr? Sie müssen es mir sagen, wenn ich Ihnen auf die Nerven gehe oder Sie langweile.»

Ihre Adresse hatte sie mir wieder nicht gegeben, und ich hatte sie auch nicht darum gebeten.

Mellas Wunsch, mich nicht zu langweilen (was sie nie tat), hatte mich gerührt. Außerdem mag ich langweilige Frauen ganz gern. Ihnen zuzuhören ist im allgemeinen recht erholsam, während männliche Langweiler anstrengend sind und manchmal auch anspruchsvoll.

Ich hatte Mella zur Haustür gebracht, was mir als die beste Methode erschien, sie zu verabschieden, obwohl sie eigentlich nie über Gebühr lange blieb. Als wir an der Tür waren, drehte sie sich zu mir um, als folgte sie einem Impuls, legte mir die Hände auf die Schultern und küßte ein paarmal mein Gesicht.

So völlig unüberlegt kam mir das nicht vor – vielleicht sind spontane Gesten auch nur selten wirklich spontan. Ich war gerührt, obwohl das Ganze auch einen Hauch von Komik hatte. Es sah aus, als wollte Mella ihr Verständnis für das männliche Bedürfnis nach körperlich spürbarer weiblicher Zuneigung demonstrieren – etwas, dessen sich diese schlichten Geschöpfe, die Männer, unter Umständen nur zum Teil bewußt sind. Sie waren gierig, und sei es auch nur unbewußt – genauso wie sie nach Schweinefleischpasteten gierten. («Mein Mann hat immer Hunger.») Mellas germanische Seite schien in diesem Augenblick besonders deutlich hervorzutreten.

Trotzdem ließ ihre gutgemeinte Geste in meinem gesamten Nervensystem die Alarmglocken schrillen. Ich versuchte, erfreut, aber gleichzeitig auch bitter und traurig auszusehen, so als hätte mich mein Witwertum aus der Arena der Leidenschaften verbannt. Ja, sogar aus der des Verlangens.

Und was würde Mellas nächster Schritt sein? Arbeitete sie sich methodisch an mich heran mit Hilfe von Gräben und Parallelgräben wie die Belagerer einer Stadt zu Zeiten Onkel Tobys? Als alter Soldat kannte sich Onkel Toby damit aus.

Tristram Shandy war kein sehr beruhigendes Beispiel. Onkel Toby ist ein Junggeselle, der von der Witwe Wadman belagert wird. Unsere Situation war also gewissermaßen umgekehrt: Ich war ein belagerter Witwer. Ich erinnerte mich, daß sich Sternes pensionierter alter Soldat mit der Aussicht auf das Schicksal eines Ehemannes abfindet, sich aber einer gewissen Wehmut nicht erwehren kann, wenn er daran denkt, wie angenehm es ist, diagonal in seinem Jungesellenbett zu liegen, eine Stellung, die er würde aufgeben müssen, wenn er erst mit seiner Braut vereint wäre. Und es schoß mir durch den Kopf, daß auch ich die Erfahrung, ein ganzes Bett für mich zu haben, in dem ich umherwandern und eine kühle Stelle finden konnte, wenn eine Seite zu warm geworden war, immer mehr zu schätzen wußte.

Jetzt schrillten also zweifellos alle möglichen Alarmglocken. Mir fiel eine komische Postkarte wieder ein, die mir ein Spaßvogel von Kollege geschickt hatte, kurz nachdem ich Professor geworden war. Man sieht einen sanften kleinen Zoologen irgendwo im Dschungel mit einem Vergrößerungsglas Insekten studieren. Neben ihm steht seine Assistentin, bereit, seine Entdeckungen zu notieren. Über ihr hängt ein riesiger und äußerst fröhlich aussehender Affe von einem Baum herab und legt seine riesigen Pfoten auf ihre gut entwickelte Brust. Sie, ganz auf ihre Arbeit konzentriert, merkt nicht, was los ist, und meint gutmütig: «Aber, aber, keine Faxen, Herr Professor!»

Zur Zeit konnte, was mein Leben anbetraf, von irgendwelchen Faxen wirklich keine Rede sein.

Das Leben schien jedoch immer unvorhersehbarer und unkontrollierbarer zu werden, und das in den Bereichen, wo es leicht, ja vergnüglich hätte sein sollen, es vorherzusagen und einzurichten. Als Mella ging, machte ich eine Abschiedsgeste, und sie winkte zurück. Mit einer gewissen Erleichterung dachte ich daran, daß sie wieder gesagt hatte, sie würde mir ihre Adresse geben, und es wieder vergessen hatte. Vielleicht hatte sie es aber auch absichtlich vergessen.

Würde in mein Leben nie wieder Ruhe einkehren? Ich konnte nur abwarten, was Mella vorhatte – vorausgesetzt, sie folgte nicht überhaupt nur einer Reihe zufälliger und möglicherweise freundlicher Impulse. Pastetengeschenke, aber kein klarer Plan? Ich hoffte nicht.

Mit Mühe richtete ich meine Aufmerksamkeit wieder auf das, was Margot sagte, während sie an dem Hühnerbein knabberte, das sie in der Hand hielt. Ich mußte anfangen, mir Gedanken darüber zu machen, wie ich sie während ihres Aufenthaltes am besten unterhalten konnte. Zu meiner Erleichterung hatte sie bereits gesagt, daß sie am Freitag wieder fahren mußte. Das bedeutete drei volle Tage. Kurz nach ihrer Ankunft hatte sie sich, während sie ein Glas Weißwein trank, mit einer ausholenden Armbewegung umgesehen und verkündet, daß sie sich daranmachen werde, das Haus in einen *etwas* besseren Zustand zu versetzen. Ich war entschlossen, ihren Operationsplan solange wie möglich hinauszuzögern.

Als Teil dieses Verzögerungsprozesses schlug ich nach dem Mittagessen die Besichtigung einiger der Colleges vor. Sie habe doch eigentlich noch nicht viel von Oxford gesehen, oder? Aber Margot durchschaute das sofort. Für sie war es schön und gut gewesen, Iris und mich durch halb East Anglia zu kutschieren, damit wir uns die großartigen alten Kirchen ansahen. Wenn sie aber selbst als Gast auf Besichtigungstour gehen sollte, dann war ihr Enthusiasmus offenbar gänzlich verflogen. Nein, nein, sie wolle sofort mit dem Haus anfangen.

Aber sie tat es nicht. Das war wenigstens etwas. Sie saß und plauderte, sie ging im Garten umher, sie verbrachte lange Zeit oben in dem winzigen Gästezimmer mit dem Auspacken ihrer Sachen. Inzwischen war es Zeit für einen frühen Abendimbiß. Danach schlug ich einen kleinen Spaziergang zum Wolfson College vor, um den Garten und die Brücke über den Cherwell zu besuchen. Dem stimmte Margot, wie es aussah, mit einigem Vergnügen zu, und als wir zurückkamen, war es Zeit für ein oder zwei Gläschen. So endete der Tag recht freundlich und ohne besonders große Unannehmlichkeiten.

Als ich im Bett lag und noch nicht schlafen konnte, dachte ich über die Ereignisse des Tages nach. Seit Iris' Tod geschah es zum erstenmal, daß ein weiblicher Gast im Haus schlief, und das war irgendwie beunruhigend, obwohl es ja eigentlich etwas ganz Normales war und Margot ihren Einzug in das Gästezimmer für absolut selbstverständlich gehalten zu haben schien.

Es war wirklich unnötig, sich bedroht und beunruhigt zu fühlen. Zweifellos war dieser Zustand der «Witwerschwäche», wie man es nennen könnte, in den Kreisen, in denen Witwer – und vielleicht auch Witwen – verkehrten, ein altbekanntes Phänomen. Witwer bildeten sich ein, die Ärmsten, daß ihnen die Frauen dauernd nachliefen. Sie mißverstanden die Freundlichkeit, die Frauen ihnen in ihrer schwierigen Situation erwiesen. Sie wurden übermäßig eitel, als wäre das eine Berufskrankheit. Mitleiderregend, wirklich.

Als ich so dalag und grübelte, kam ich immer mehr zu der beruhigenden Überzeugung, daß an der ganzen Sache nicht mehr dran war als genau das. Mella wie Margot, Margot wie Mella – die beiden wollten einfach nur helfen.

Und doch konnte ich das dumpfe Gefühl nicht loswerden, daß in ihrem Verhalten etwas Hilfloses lag, als wären sie Schiffe ohne Masten in einem Sturm, die auf die Küste zugetrieben wurden. War das auch bloß Eitelkeit? Natürlich konnte ich es nicht beweisen. Ich spürte nur, daß wir alle drei etwas wollten, und keiner von uns wußte, was es war und wie er es erlangen sollte.

Aber natürlich wollten wir etwas! Alle wollen etwas. Ich war der Meinung, daß ich Ruhe und Frieden wollte. Aber auch das war vermutlich eine Illusion. Und was die Wünsche der beiden anging – mit Iris' Krankheit waren für mich andere Menschen, ihre Motive, ihre Vorlieben und Wünsche zu einem komplexen und zugleich langweiligen Rätsel geworden, das lösen zu wollen ich weder die Zeit noch die Geduld hatte.

Damit sollte ich mich jetzt nicht mehr zufriedengeben, dachte ich. Jedenfalls sollte ich einen Versuch machen. Aber mir fehlte der rechte Antrieb. Zum einen, weil mir Verlangen, besonders sexuelles Verlangen, jetzt so weit weg erschien, daß ich mich kaum noch daran erinnern konnte, wie es war oder wie schrecklich wichtig und der Mühe wert es einmal gewesen war – auch wenn es seine Erfüllung nur in der Phantasie gefunden hatte.

Am nächsten Abend spürte ich bereits den Druck. Ich war dabei, unser Abendessen aus Dosenspaghetti und Dosenspinat mit Bücklingsfilets als Vorspeise zusammenzustellen und hoffte, Margot würde es nicht für eine Zumutung halten. Iris und ich hatten richtige Spaghetti immer furchtbar gern gegessen, und ich hatte sie oft gemacht, aber jetzt hatte ich nicht mehr den Mut dazu. Konnte es vielleicht auch nicht mehr. Margot hatte ich mit einer Flasche Bell's Whisky, den sie, wie ich mich erinnert hatte, immer trank, ins Wohnzimmer gesetzt. Sie kam jedoch fortwährend in die Küche, um zu fragen, ob sie etwas tun könne, und schaute, so wollte mir scheinen, mit viel zu kritischem Interesse zu, wie ich das Essen herrichtete. Voller Sehnsucht dachte ich an die glücklichen Zeiten zurück (also gut, die glücklichen, wenn auch manchmal ziemlich anstrengenden Zeiten), als wir noch Teil eines ausgewogenen Quartetts gewesen waren, in dem Guy und Iris die Wirkung von Margots Persönlichkeit auf die Gruppe als Ganzes auffingen und abmilderten.

Damals hatte Margot nicht selbst gekocht. Sie hatte nämlich eine Perle, die schon seit Jahren bei ihr war, sogar schon, bevor sie Guy geheiratet hatte. Margots Eltern hatten Ethel als etwa fünfzehnjährige Waise aus einem Barnardo-Heim zu sich genommen, und als sie gestorben waren und Ethel sozusagen zum Verkauf stand, da hatten sich die drei Töchter der Familie gegenseitig heftig Konkurrenz gemacht, um sich Ethels mittlerweile unschätzbare Dienste zu sichern. Ethel war jedoch fest entschlossen gewesen, «mit Miss Margot» zu gehen, der jüngsten von den dreien und zu der Zeit Schauspielschülerin mit Wohnung in Chelsea. Margot war da schon mit Guy verlobt und konnte Ethel im Triumph in ihr neues Heim fortführen.

Ethel war für den Rest ihres Lebens bei Margot geblieben und hatte keine Neigung gezeigt, zu heiraten und eigene Kinder zu bekommen. Als sie gestorben war, vermißten Margot und Guy und ihre Kinder sie sehr, ja sogar Iris und ich taten das. Margot machte keinen Versuch, eine neue Perle zu finden. Doch unternahm sie auch keine besonderen Anstrengungen, selbst zu kochen. Sie war eine gebieterische Frau von magnetischer Anziehungskraft, und es war nicht schwierig für sie, Dinge getan zu bekommen und Leute zu finden, die sie taten. Menschen beiderlei Geschlechts rissen sich darum, Kuchen und Pastete für sie zu machen, ihr das Auto in Ordnung zu bringen und die Rosenbüsche zu schneiden. Sie hatte die Fähigkeit, Autorität und Kameradschaftlichkeit in genau dem richtigen Verhältnis miteinander zu verbinden.

Sogar als Guy noch lebte, hatte sich Margot kaum mit Kochen abgegeben. Wenn wir bei ihr waren, machte sie manchmal Pasta, der es an Käse fehlte, von Knoblauch, Butter und Olivenöl ganz zu schweigen. Und doch stand sie in ihrem Freundeskreis in dem Ruf, eine großartige Köchin zu sein. Sie hütete sich davor, ihn dadurch zu zerstören, daß sie ein größeres Essen gab. Als ihr Mann dann gestorben war, ließ sie das Kochen ganz sein und lebte so wie wir von diesem und jenem.

Unser Abendessen war nicht allzusehr danebengegangen. Es war klar, daß ich es mit dem Shepherd's Pie oder dem Steak-and-Kidney-Pudding Ethels nicht aufnehmen konnte, und ich hatte auch keinen Nachtisch, der mit ihrem Reispudding oder ihren Siruptörtchen – zwei von Iris' Lieblingssüßspeisen – zu vergleichen war. Nach dem Essen sahen wir fern, was Margot, so seltsam es klingt, überhaupt nicht gewohnt war. Guy hatte es, obwohl er der sanftmütigste Mann unter der Sonne war, mit einer gewissen Schärfe abgelehnt, einen Fernseher im Haus zu haben, und es mag als Zeichen gelten, wie sehr ihr Guy fehlte, daß Margot nicht den Mut oder den Willen hatte, nach seinem Tod einen zu kaufen.

An jenem Abend waren alle Programme gleichermaßen fürchterlich, und Margot schaute mit einer Art kummervoller und ungläubiger Aufmerksamkeit zu, als könnte sie es kaum fassen, daß in diesem unserem Milleniumsjahr so ein Schwachsinn möglich war.

Ich schlief nicht gut (woran zu der Zeit nichts Ungewöhnliches war) und war froh, als es Morgen wurde, obwohl ich jetzt mit dem Problem zu kämpfen hatte, wie ich es mit Margots Frühstück halten sollte. Würde sie oben im Bett frühstücken wollen? Früher hatte ich Toast und Honig und ihre Kanne Lapsang Souchong auf ein Tablett gestellt, und entweder Iris oder ich hatten es ihr hinaufgebracht. Aber Margot löste das Problem, indem sie bereits kurz nach acht unten erschien, geschäftig in der Küche umherlief und wissen wollte, wo alles war.

Das brachte eine Unordnung in meinen Morgen, von der er sich kaum erholte. Gleich nach dem Frühstück sollte ich ihr sagen, wo sich der Staubsauger befand. Ich konnte mich nicht mehr erinnern, aber er mußte wohl irgendwo in dem Kabuff unter der Treppe sein, in dem Durcheinander von Regenmänteln, Plastiktüten und Pappkartons. Schließlich förderte ich ihn zutage, und Margot musterte ihn mißbilligend. Aber als ich ihn in Gang gesetzt hatte, ergriff sie ihn augenblicklich und schob ihn über den Fußboden, wobei sie sich unnötigerweise über den furchtbaren Zustand der Teppiche ereiferte und mich ersuchte, ihr aus dem Weg zu gehen, als ich hinter ihr herlief.

Die Maschine geriet sehr bald in ernste Schwierigkeiten – wie ein alter Mann, der eine Leistung erbringen soll, die seine physische Kraft weit übersteigt. Sie dröhnte noch ohnmächtig vor sich hin, aber es war offensichtlich, daß sie ihre Aufgabe nicht erfüllte. Dankbar schaltete ich den Staubsauger aus, und Margot riet mir, ihn einmal ordentlich überholen zu lassen oder, noch besser, gleich einen neuen zu kaufen. Danach schien sie das Interesse am Zustand des Hauses verloren zu haben, wofür ich genauso dankbar war.

Meinem Vorschlag entsprechend, aßen wir mittags auswärts. Nach dem Staubsaugerdebakel war es leicht gewesen, Margot zu überreden. Als wir gegessen hatten, zeigte sie ein überraschendes und irgendwie rührendes Interesse an den Einkaufsmöglichkeiten in Oxford. Allmählich fühlte ich mich in meiner Rolle als vergleichsweise «neuer» Witwer in ihrer Gegenwart etwas wohler. Sie schien glücklicherweise überhaupt nicht auf die Idee zu kommen, daß mir ihre Bewirtung oder ihre Unterhaltung irgendwelche Probleme bereiten könnte. Sie war so wunderbar unbekümmert und heiter, als hätte sie überhaupt kein Gespür dafür, was ein anderer dachte oder fühlte. Wie angenehm ihr Mann diese Charaktereigenschaft gefunden haben mußte! Und jetzt kam mir als Witwer dieser Wesenszug seiner Witwe zugute! Wie behaglich das Zusammensein mit ihr für mich sein würde – wenn ich diese mir neue und elementare Tatsache erst richtig begriffen hätte, die mir zu Iris' Lebzeiten, wenn wir Margot besucht hatten oder sie uns, nie klargeworden war. Ich sah jetzt, daß sie mich einfach nicht bemerkte oder beachtete.

Ihr dreitägiger Besuch verlief eigentlich recht gut. Der Tapetenwechsel an sich mußte für sie schon eine gewisse Erleichterung mit sich bringen, denn ihr Haus in Norfolk kam ihr jetzt sicher groß und einsam vor. Unsere gemeinsame Hauptbeschäftigung bestand darin, das Herumbringen des Tages zu organisieren, worüber wir aber nie sprachen. Ich war dieser Beschäftigung inzwischen lange genug nachgegangen, um zu wissen, daß diese einfache Sache die allerwichtigste war. Ich mußte mich, was die Aufgabe, sich die Zeit zu vertreiben, betraf, Margot im geheimen kameradschaftlich verbunden fühlen.

Zu meiner Erleichterung versuchte sie nach unserer ersten Begegnung mit dem Staubsauger nicht mehr, das Problem des Großreinemachens anzupacken. Nach jenem ersten Morgen schien sie den eigentlichen Zustand des Hauses ebenso selbstverständlich zu akzeptieren wie ich. Am letzten Abend saßen wir in der Küche und schwatzten bis spät in die Nacht, wobei wir eine Menge von meinem billigen bulgarischen Rotwein tranken. Wir gingen ganz entspannt in unser jeweiliges Bett, und ausnahmsweise schlief ich diesmal bald ein.

Urplötzlich wachte ich auf mit dem unerklärlichen Gefühl, zur Seite geschoben zu werden. Die Nacht war pechschwarz, und mir war auch kalt, so daß ich mich instinktiv tiefer unter meiner Bettdecke verkriechen wollte. Aber da schien etwas zu sein, etwas Großes, das sich bewegte. Dann flüsterte eine Stimme an meinem Ohr, es sei alles gut. «Schlaf wieder ein!»

Schlaf war das letzte, was mir in einem solchen Augenblick möglich zu sein schien. Eine massige Gestalt berührte mich zögernd und ließ sich dann schwer an meiner Seite nieder wie ein Stück Frachtgut, das, vom Ladebaum freigegeben, im Bauch des Schiffes seinen Platz findet. Gerade als ich zu begreifen anfing, was da vor sich ging, hievte sich Margot hoch und fing wieder an, mir ins Ohr zu flüstern.

«Es stört dich hoffentlich nicht, daß ich hier bin, Johnny. Aus irgendeinem Grund konnte ich nicht schlafen, und da habe ich gedacht, es könnte für uns beide beruhigend sein. Jetzt sollten wir schlafen, findest du nicht auch?»

Ja, das tat ich. Aber wie sollte man unter diesen Umständen Schlaf finden? Ich wurde von widersprüchlichen Gefühlen überwältigt, von denen, wie ich leider zugeben muß, das stärkste das Bedauern darüber war, daß unser Verhältnis, welches sich auf so angenehme Weise entspannt zu haben schien, jetzt hoffnungslos Schaden nehmen würde. Zwar rührten mich Margots Worte, daß dies für uns beide beruhigend sein könne, aber gerade jetzt war es nicht so leicht, ihr auch zuzustimmen. Außerdem mochte ich nicht gern «Johnny» sein, obwohl mich Margot in der Vergangenheit, wenn wir alle vier zusammen waren, schon manchmal liebevoll so genannt hatte.

All das ging mir gleichzeitig durch den Kopf und ließ mich bewegungslos verharren wie eine in der Badewanne gefangene Spinne, die nicht genau weiß, in welche Richtung sie laufen soll.

Margots üppige Gegenwart war – jetzt, wo sie es sich gemütlich gemacht hatte – durchaus angenehm, aber nicht direkt tröstlich. Sie hörte nicht auf, mir mit rauher, durchdringender Stimme ins Ohr zu flüstern. Die letzten drei Tage mit ihr waren so friedlich gewesen, weil sie selbst zufrieden zu sein schien und meiner nicht bewußt. Aber nach ihren Worten zu urteilen, war sie von letzterem weit entfernt gewesen, zumindest ihrer eigenen Einschätzung nach. Sie hatte über mich in bezug auf sich selbst nachgedacht. Und schließlich, warum auch nicht?

Sie sagte gerade, wie wunderbar die drei letzten Tage gewesen seien und daß wir mehr und mehr – viel mehr – Zeit miteinander verbringen müßten. Wir seien ja jetzt beide einsam, nicht wahr? Wir könnten so viel tun, um einander zu helfen. Ich könnte so viel tun, um ihr zu helfen, und sie hoffe, hoffe von ganzem Herzen, daß ich ihr gestatten würde, dasselbe für mich zu tun. Sie wisse, daß sie es könne.

All das ähnelte so wenig dem glücklichen Zustand, in dem wir einander nicht weiter wahrzunehmen schienen (denn als ich das bei Margot in bezug auf mich festgestellt hatte, entwickelte ich schnell die Fähigkeit, auch sie als selbstverständliche Gegebenheit anzusehen), daß ich nur niedergeschlagen über die unheimliche Verwandlung nachgrübeln konnte, die uns offensichtlich ereilt hatte. Margot schien sich meiner jetzt nur allzu bewußt zu sein – meiner als eines Körpers, den man umklammern, meiner als eines Geistes und einer Seele, die man erkunden und in die man eindringen konnte. Vor ihr, wie sie jetzt war, konnte ich nur die Flucht ergreifen wollen, und das war, wenn man um drei Uhr morgens zusammen im Bett lag, kaum durchführbar.

Außerdem gab es ein noch viel dringlicheres Problem. Würde Margot im Verlauf der Nacht von mir erwarten, daß ich … nun ja, etwas tat? Ich meine, daß ich mit ihr schlief? So, wie sie da entspannt an meiner Seite lag und mir fortwährend etwas ins Ohr flüsterte, schien eine solche Erwartung ihrerseits aus irgendeinem Grund weniger wahrscheinlich zu sein. Also konnte man die Frage zumindest aufschieben. Und dann bemerkte ich langsam, daß die Flüsterlaute, denen ich kaum Beachtung geschenkt hatte, von regelmäßigen Atemzügen abgelöst worden waren, die gelegentlich in ein leises Schnarchen übergingen.

Welche Erleichterung! Ich konnte Margot nur zutiefst wegen ihrer Fähigkeit bewundern, unter so heiklen Umständen ruhig einzuschlafen. Aber vielleicht waren sie ja nur für mich heikel. Vielleicht konnte ich am Morgen mein angenehmes Verhältnis zu Margot mit weniger Schwierigkeiten wieder aufnehmen, als ich befürchtet hatte.

Ich muß bald darauf auch eingeschlafen sein. Und wir schliefen lange. Ich schlug die Augen auf und stellte fest, daß ich durch Margots Haare sah, die mein Gesicht in verschwenderischer Fülle umwickelten. Am Tag waren sie zu einem kunstvoll-üppigen Bündel geschlungen, das so in etwa oben auf ihrem Kopf saß. Das mußte der Grund sein, warum ich es noch nie bemerkt hatte. Jetzt, so auf dem Kopfkissen ausgebreitet, bot es einen faszinierenden Anblick. Der größte Teil war mehr oder weniger schwarz, einiges aber auch schlohweiß. Die beiden Farben durchdrangen sich nicht, sondern kontrastierten miteinander in getrennten Strähnen und Locken.

In dem Augenblick stöhnte Margot leise und drehte den Kopf. Das Haar auf dem Kissen folgte ihm auf eine etwas entnervende Art und Weise. «Ich habe gerade dein Haar bewundert», beeilte ich mich zu sagen, um Zeit zu gewinnen.

In Anbetracht der Tatsache, daß Margot noch halb schlief, verstand sie meinen Wink und was er implizierte ungemein schnell. In dieser äußerst ungewöhnlichen Situation bat ich um Hilfe. Ich wollte, daß man mir auf die Sprünge half.

«Ich finde gefärbte Haare abscheulich», sagte sie. «Es wird jetzt zwar sehr schnell weiß, aber das ist besser, als wenn es lila wäre oder so was.»

Ich stellte mit Erleichterung fest, daß sie ein praktisches wollenes Nachthemd anhatte. Von dunkelblauer Farbe.

Der Wink, dem Margot so prompt Folge geleistet hatte, entsprach, wie mir jetzt klar wurde, dem, was sie ohnehin hatte tun wollen, nämlich genau so zu sein, wie sie die vergangenen drei Tage gewesen war. Sie stand auf und ging ins Badezimmer, und beim Frühstück war unser Verhältnis wieder ebenso entspannt wie am Abend zuvor, und über das, was sich in der Nacht ereignet hatte, wurde kein Wort verloren.

Ich hatte, was sie anbetraf, ein Gefühl, das neu war und – für sich genommen – sehr aufmunternd, obwohl ich keine Ahnung habe, warum in jenem Augenblick so ein Gefühl in mir auftauchte. In Margots Leben war so viel los. Sie traf mit Menschen zusammen und erfuhr von ihren Problemen, bei deren Bewältigung sie ihnen dann half. Vielleicht hatte sie sogar einen Liebhaber? Ich war für sie nur ein Freund unter vielen. Schwer zu sagen, warum mir das in dem Augenblick klar wurde, aber so war es nun einmal. Was in der Nacht geschehen war, war im Grunde nicht so wichtig gewesen. Für sie nicht und für mich auch nicht. Diese Einsicht war äußerst beruhigend. Margot hatte nur gut zu mir sein wollen.

3. Comédie Française

Nichts stimmt einen Witwer glücklicher und friedlicher, als wenn ein Gast nach einem gelungenen Besuch wieder abgereist ist und er selbst allein zu Hause zurückbleibt. Vor mir lag ein langer, fauler, himmlischer Vormittag. Ich würde ein Weilchen herumsitzen, in ein Buch schauen, in den Garten schlendern (es war ein milder, sonniger Morgen), ein bißchen was einkaufen gehen, wenn ich dann hungrig war, geruhsam zu Mittag essen und dazu ein gewisses Quantum trinken. Danach vielleicht ein kleines Nickerchen, denn der Schlaf letzte Nacht war ziemlich lückenhaft gewesen, um es milde auszudrücken.

Ein ruhiger, stiller Tag erwartete mich, ein richtiger Witwertag. Ich sah ihm mit Befriedigung entgegen.

Da klingelte es. Wahrscheinlich der Briefträger oder ein Eilbote, dachte ich. Lästig, aber nicht bedrohlich. Ich ging, um zu öffnen.

Als Mella mein Gesicht sah, schien ihr eigenes ebenfalls länger zu werden. Als wiederum ich das sah, setzte ich ein freundlicheres auf und überlegte, welchen Kurs ich einschlagen sollte. Der köstliche, ruhige Tag, auf den ich mich gefreut hatte, wich zurück wie eine Fata Morgana.

«Komme ich ungelegen?» fragte Mella ängstlich.

Wenn ich ja sagte, würde sie weggehen, und ich wäre darüber nicht glücklich – und der Tag wäre so oder so verdorben.

«Nein, natürlich nicht. Kommen Sie herein.»

So als hätte sie nur auf diese Einladung gewartet, um einer geringfügigen, aber unumgänglichen Pflicht nachzukommen, machte Mella einen unbeholfenen kleinen Satz vorwärts und gab mir einen Kuß auf die Backe. Ihr Recht dazu schien sie aus jener «spontanen» Geste der Zuneigung abzuleiten, mit der sie sich beim letzten Mal von mir verabschiedet hatte.

Da der angenehme Tag, den ich geplant hatte, meinem Blick entschwunden war, betrachtete ich jetzt Mella – und dies mit einem größeren objektiven Interesse als je zuvor. Das hatte etwas mit meinen jüngsten Erlebnissen mit Margot zu tun – vielleicht, so seltsam es klingt, mit dem Erlebnis der letzten Nacht.

Formlos und doch zierlich, wie sie war, mit ihrem bleichen Gesicht und ihrem glatten, fahlen Haar, sah Mella immer aus, als wäre sie eher wie ein Herbstblatt vor meine Haustür geweht worden, als daß sie aus eigenem Antrieb gekommen wäre. Ihre Erscheinung stand in absolutem Kontrast zu der Margots (dunkelhaarig, üppig, dynamisch), und doch herrschte eine gewisse Ähnlichkeit zwischen ihnen. Beide hatten etwas Vages an sich, auch wenn es in Margots Fall nicht so deutlich in Erscheinung trat. Beide konnten mich dadurch irritieren, daß sie aussahen, als erwarteten sie etwas, ohne genau zu wissen, was es war oder wie man es anstellen sollte, es zu bekommen. Und in beider Leben gab es natürlich vieles, wovon ich nichts wußte und auch nichts wissen wollte. Hatte ich nicht heute morgen genau dieses Gefühl bei Margot gehabt? Und Mella hatte natürlich ihren kleinen Sohn und andere, denen ihre Zuneigung gehörte – einen Ehemann oder Partner oder Freund oder wie immer das hieß.

Und ich? Hatte ich keine Bindungen? Nein, hatte ich nicht, nicht mehr. Und das war das Problem. Oder die Gefahr. Ich war das Vakuum, in das sie einströmen, die Leeküste, auf die sie zutreiben konnten.

Mella sah mich ziemlich besorgt an. Wahrscheinlich hatte ich sie eine ganze Zeitlang angestarrt, ohne sie wahrzunehmen. Ich beeilte mich, ihr den obligatorischen Nescafé mit dem dazugehörenden Schokoladenkeks anzubieten.

«Ach, Sie sind ein Schatz!» sagte Mella, was ich ziemlich überflüssig fand, und küßte mich ein wenig förmlich auf beide Wangen. Das amüsierte mich und freute mich und rührte mich auch. Ich wußte, daß Mella gewissenhaft kopierte, was man heutzutage in normalen gesellschaftlichen Situationen unter Freunden und Bekannten tat, wenn auch vielleicht nicht unter ihren Freunden. Generell war das sicherlich nicht üblich. Und doch wußte sie intuitiv, daß es etwas war, was ich bei anderen Leuten tat, bei anderen Freunden, und deshalb wollte sie es bei mir auch tun. Irgendwie schien sie an diesem Morgen etwas Unnatürliches an sich zu haben, was mich meinerseits nervös machte.

Sich umschauend, wie sie das jetzt gern tat, war Mella bereits mitten drin im Durcheinander des Hauses. Aber dann sah ich sie wie einen Bluthund stehenbleiben, so als hätte sie die Anwesenheit und die Aktivitäten eines anderen gewittert. Einer anderen Frau? Diese Möglichkeit war mir nie in den Sinn gekommen. Schließlich hatte Margot so gut wie nichts getan, um das Aussehen des Hauses zu verändern. Sobald der Staubsauger seinen Geist aufgegeben hatte, hatte auch sie aufgegeben und alles seinem chaotischen Urzustand überlassen. Und ich war ihr ungemein dankbar dafür gewesen.

Trotzdem hatte Mella etwas wahrgenommen, kaum daß sie das Haus betreten hatte, und es schien die Witterung einer Bedrohung zu sein – das feine Fluidum einer anderen Frau, die hier Besitzansprüche stellte. Aber war das nicht ein bißchen absurd? Heutzutage sind doch Frauen nicht automatisch auf andere Frauen eifersüchtig, die sich, ohne es zu wissen, in ihr Revier verirrt haben. Das annehmen zu wollen wäre einfach männliche Eitelkeit. Außerdem, warum sollte mein Haus in irgendeiner Weise Mellas Revier sein? Obwohl ich langsam das ungute Gefühl hatte, daß Mella es mehr und mehr als solches betrachtete.

Ohne ein Wort zu sagen, fing sie – nachdem sie ihren Kaffee ausgetrunken hatte – damit an, die Küchenfenster zu putzen, wozu sie ein paar Fetzen alten Zeitungspapiers benutzte, die sie im Ausguß angefeuchtet hatte. Ich protestierte umsonst. Da wurde ich schwach und bot ihr verschiedene Lappen an, die ich im Küchenschrank fand, aber sie sagte, ihre Mutter habe immer altes Zeitungspapier benutzt und gefunden, daß man eine Fensterscheibe so am besten blank bekomme. Prompt fragte ich nach ihrer Mutter – nicht weil sie mich interessierte, sondern um Mella zum Aufhören zu veranlassen. Das blockte sie ab, indem sie um einen Eimer bat, und dann nahmen die Dinge – wie angetrieben von ihrem eigenen, fürchterlichen Schwung – ihren Lauf. Wie ein Roboter putzte Mella die Küchenfenster zu Ende und machte sich dann an die im Wohnzimmer.

«Warum tun Sie das?» fragte ich verzweifelt und setzte hinzu: «Ich muß bald weggehen. Es geht wirklich nicht anders.»

Inzwischen lag Mella auf den Knien und hatte sich den Fußboden vorgenommen. Ihr magerer, von den üblichen Studentenjeans umhüllter Po ragte hervor, als sie ihre Lappen so weit vor sich herschob, wie es ihre jetzt bloßen Arme erlaubten. Sie hatte mich nach einem Wischmop gefragt, und obwohl ich ihr gesagt hatte, daß es, soweit ich wisse, keinen gebe, hatte sie sich auf eine ausgedehnte Suche im ganzen Haus und in allen Küchenschränken gemacht.

«Ich bringe beim nächsten Mal einen mit», hatte sie gesagt.

Inzwischen war ich völlig benommen. Wie sollte ich sie bloß loswerden? Ich dachte daran, wie sie mir die erste Pastete gebracht und ich sie aus dem Haus bugsiert hatte. Aber dann war sie ja geduldig an der Tür stehengeblieben, wo ich später die Pastete fand, als ich wieder nach Hause kam.

Diese Situation hier war viel, viel ernster. Die grimmige Entschlossenheit, mit der sie jetzt am Werk war, schien jede Art von Intervention unmöglich zu machen. Ich zögerte.

«Gehen Sie ruhig», sagte Mella, ohne vom Fußboden aufzusehen.

«Aber was ist mit Ihnen?»

«Ich mache hier bloß fertig, und dann gehe ich auch. Seien Sie ganz unbesorgt.»

Dies war eine völlig neue Mella, eine, die ich noch nie zuvor gesehen hatte. Ihr Anblick und all diese grimmig-energischen Bewegungen erfüllten mich plötzlich mit bösen Vorahnungen, ja beinahe mit Verzweiflung. Was war bloß geschehen?

«Gut, wenn es Ihnen also wirklich nichts ausmacht», sagte ich kläglich.

Ich gab ihr auf die allererbärmlichste Weise nach und konnte immer noch nicht begreifen, wie das geschehen war und warum. Ich hatte jetzt nur einen einzigen Wunsch, ich wollte hier raus. Wollte raus aus meinem eigenen Haus! Angenommen, sie weigerte sich wegzugehen, wenn ich wiederkam? Was dann? Und was war mit ihrem kleinen Jungen und der Freundin, mit der sie, wie es aussah, mehr oder weniger zusammenlebte? Alison? Angela? Etwas in der Richtung. Das hatte sie mir einmal erzählt.

Ein beinahe wildes Platschen und Klatschen von nassen Lappen ertönte. Fast benommen inzwischen, floh ich aus dem Raum und erreichte die Haustür. Dort blieb ich stehen. Ich konnte mich immer noch nicht entscheiden, was ich tun sollte. Ich mußte an die Vorfreude auf den heutigen Tag denken, die ich empfunden hatte, nachdem Margot abgefahren war – wie viele Stunden, wie viele Ewigkeiten war das her? So sieht ein Ertrinkender sein Leben vor seinen Augen vorüberziehen. Ich stellte fest, daß ich tatsächlich die Augen zugemacht hatte. Als ich sie wieder aufmachte, sah ich Margots Autofahrerhandschuhe, die so auffällig wie möglich auf dem kleinen Bord bei der Haustür lagen. Sie hatte sie vergessen.

Es waren sehr elegante Handschuhe, eine von Margots wenigen Affektiertheiten. Sie trug sie immer, so als wären sie das äußerlich sichtbare Zeichen dafür, daß sie eine gute Fahrerin war, was zweifellos stimmte. Sie waren aus einem schwarzen, netzartigen Material und hatten eine schwarzlederne Innenseite mit kleinen Löchern darin für besseren Halt oder zur Belüftung oder was weiß ich. Sie sahen äußerst teuer aus.

Ich erinnerte mich, daß wir plaudernd an der Haustür gestanden und uns auch noch unterhalten hatten, als ich Margot, ihre Reisetasche tragend, zu ihrem Wagen gebracht hatte. Die Handschuhe mußten praktisch das erste gewesen sein, was Mella gesehen hatte, als sie das Haus betrat. Kein Wunder, daß sie so suchend, ja beunruhigt in der Küche umhergeblickt hatte, als befürchtete sie, noch mehr zu finden. Todsicher hatte sie die Handschuhe gesehen.

Während ihres Besuches hatte Margot zwei oder drei ungeheuer lange Telefongespräche mit Freunden oder Verwandten geführt. Sie hatte sich für ihre Länge und die dadurch entstandenen Kosten entschuldigt und sogar angeboten, die Gespräche zu bezahlen – ein Angebot, das ich natürlich mit dem üblichen, mehr oder minder übertriebenen Nachdruck abgelehnt hatte. (Angenommen, man würde statt «Aber nein, davon kann doch keine Rede sein!» sagen: «In Ordnung. Ich schätze, du hast anderthalb Stunden telefoniert. Das käme auf ungefähr elf Pfund – na, sagen wir zehn. Du kannst mir auch einen Scheck geben, wenn dir das lieber ist …»)

Im Verlauf eines dieser Gespräche hatte ich zufällig mit angehört, wie Margot sagte: «Glaub mir, Johnnys Haus gleicht dem Augiasstall. Ich muß da wirklich etwas unternehmen.» Dann hatte sie herzlich über etwas gelacht, was ihr Gesprächspartner gesagt haben mußte.

«Weißt du, was George gesagt hat?» fragte sie mich hinterher. «Ich fürchte, ich habe ihm gesagt, daß es in deinem Haus schlimmer als im Augiasstall aussieht und daß ich etwas dagegen unternehmen sollte. Und da hat er geantwortet: ‹Dann wäre es wohl am besten, du würdest es wie Herkules machen und den Cherwell hindurchleiten!› Der gute alte George kann manchmal richtig witzig sein.»

Ich hatte den alten George, wer immer das war, nie kennengelernt und verspürte auch nicht den Wunsch dazu. Ich ärgerte mich ein wenig über Margot, daß sie mit ihm in dieser ungezwungenen Art über mein Haus sprach. Ich fragte mich, wo sie das mit dem Ausmisten des Augiasstalls herhatte. Margot überraschte mich oft mit Bemerkungen und Anspielungen, die dazu gedacht zu sein schienen, den Umfang ihres Wissens und ihres Bekanntenkreises zu demonstrieren.

Nun, Margot hatte ihr Versprechen – oder ihre Drohung – nicht wahr gemacht. Sie hatte nichts unternommen, hatte den Augiasstall Mella überlassen.

Schließlich kehrte ich nach Hause zurück und stellte fest, daß Mella fort war. Feige hatte ich meine Rückkehr hinausgezögert, bis es später Abend war. Ich war in der Stadt umhergewandert und hatte sogar daran gedacht, ins Kino zu gehen – etwas, was ich seit Jahren nicht mehr getan hatte. Als ich zurückkam, ließ ich das Auto in einiger Entfernung stehen und näherte mich wie zufällig, aber sehr vorsichtig dem Haus. Alles war still. Trotz der Dunkelheit brannte im Haus kein Licht. Was hätte ich getan, wenn es an gewesen wäre? Ich konnte mich kaum dazu bringen, mir auszumalen, was das bedeutet hätte, so gräßlich war es, aber vor meinem inneren Auge tauchte ein Bild auf: Mella bei der Zubereitung des Abendbrots, während ihr kleiner Sohn, auf einem Stuhl sitzend, die Seiten eines Buches umblätterte.

Es hätte dies einer meiner Bildbände sein können, eines meiner Flugzeugbücher, wie Iris sie immer genannt hatte. Ich hatte keine Ahnung, wie alt das Kind war. War es so alt, daß es schon lesen konnte? Wahrscheinlich alt genug, um herumzustöbern und zu finden, was es wollte, auch in einem Augiasstall. Ich beschloß auf der Stelle, daß ich es nicht wissen wollte. Weder das Alter des Kindes noch sonst irgend etwas aus Mellas Leben.

Durch diesen Beschluß gestärkt (auch wenn ich keinen Schimmer hatte, wie ich ihn in die Tat umsetzen sollte), schloß ich mit meinem Yale-Schlüssel die Haustür auf. Ich blieb stehen und sog witternd die Luft ein. Margots Handschuhe waren noch auf der Ablage. Das Haus kam mir fast unnatürlich still vor. Für gewöhnlich lasse ich das leisegestellte Radio laufen, wenn ich weggehe, so daß es mich bei meiner Rückkehr begrüßt. Ich machte das Licht an und ging auf Zehenspitzen zur Küche.

Alles wirkte verändert. Es roch nach irgend etwas – konnte es Möbelpolitur sein? Ich wußte gar nicht, daß ich welche hatte. Im Schein des elektrischen Lichts sah alles ganz fremd und verquer aus – wie das Fell einer Katze, das man gegen den Strich gestreichelt hat. Auf der Ecke des Küchentischs bemerkte ich ein Stück Papier. Ansonsten war der Tisch völlig leer, und Bücher, Papiere, Briefumschläge, Brotkrümel, Kulis, alte Briefe und Karten einschließlich meiner Seejungfrau waren verschwunden. Dann erinnerte ich mich, daß ich die Ärmste ja zerrissen hatte. War Mella ihr Fehlen aufgefallen?

Wo hatte Mella die ganzen Sachen hingetan? Abgesehen von ihrer Nachricht war der Tisch schrecklich leer.

Und der Fußboden ebenfalls, stellte ich fest. Aber ich nahm das Stück Papier, das eigentlich nur ein irgendwo abgerissener Fetzen war. Was hatte Mella geschrieben? Etwas wie: «Jetzt, wo es ein bißchen sauberer ist, werde ich morgen einziehen. Gruß, Mella»? Aber die Mitteilung war in Form einer Liste abgefaßt. Einen Augenblick lang war ich verwirrt.

Ajax flüssig, Wischmopauswringer, Staubtücher, harter Handbesen.

Es war Mellas Einkaufszettel. Sachen, die sie für das Haus – mein Haus – brauchte. Sie mußte ihn beim Fortgehen vergessen haben.

Und sie konnte jeden Moment zurückkommen. Wie ein Gejagter blickte ich um mich. Wenigstens hatte sie keinen Schlüssel. Und da war ihr kleiner Junge, um den sie sich kümmern mußte. Vor morgen früh konnte sie kaum zurück sein. Aber dann würde sie mit allergrößter Wahrscheinlichkeit wieder da sein.

Und das war sie auch. Ich sah ihrem Eintreffen mit Fatalismus entgegen. Zunächst bekam ich ihre Ankunft kaum mit, weil nur ein ganz schwaches Kratzen und Pochen an der Haustür zu hören war. Aus irgendeinem Grund war die elektrische Klingel immer schwächer geworden, und jetzt ging sie fast gar nicht mehr. Ich hatte für die Briefträger und Lieferanten einen Zettel angebracht, auf dem «Bitte kräftig klopfen – Klingel sehr schwach» stand, aber Mella war zu zaghaft gewesen, um dieser Aufforderung Folge zu leisten.

Und doch war ihr Auftritt eher energisch. Diese Energie machte mir auf der Stelle angst. Ich wußte, was sie bedeutete. Mella hatte eine große Plastiktüte bei sich, aus der der Handfeger ragte. Mella hatte nichts von dem vergessen, was auf ihrer Liste stand. Auch der Mop war da.

«Ich muß Ihnen die Sachen bezahlen», sagte ich schwächlich.

«Wenn Sie möchten», erwiderte Mella desinteressiert. Dann nahm sie sich augenblicklich einen Fußboden vor, der noch nicht «gemacht» worden war.

Ich zog mich in das vordere Zimmer zurück, obwohl ich wußte, daß es nur ein vorübergehender Zufluchtsort sein würde. Mella war offensichtlich am Tag zuvor dort drin gewesen, denn es waren Anstrengungen unternommen worden, den Fußboden und den großen viktorianischen Schreibtisch aufzuräumen, der einmal J. R. R. Tolkien, dem Schöpfer von *Der Herr der Ringe*, gehört hatte. Hier pflegte Iris ihre Briefe zu schreiben. Die Schreibtischplatte war mit Büchern und Papieren aller Art überhäuft gewesen, die dort die letzten fünf Jahre ungestört gelegen hatten, seit Iris nämlich aufgehört hatte, den Schreibtisch zu benutzen, weil es mit dem Briefeschreiben nicht mehr ging. Nach ihrem Tod hatte ich unzählige Briefbogen gefunden, die mit «Lieber» oder «Liebste» begannen. Dann war es nicht weitergegangen.

Mella war es gelungen, die Bücher anderswo unterzubringen, indem sie sie oben auf den Regalen stapelte, und die Papiermassen hatte sie zu ordentlichen Haufen aufgeschichtet. Etwas auf einem der Stapel erregte meine Aufmerksamkeit – eine Anzahl weißer Karten, die Mella säuberlich zusammengelegt hatte. Auf jeder Karte stand in Iris' fester, ausgeprägter Handschrift ein Vorname: John, Janet, Eric, Joanna, Angie ... es waren Iris' «Plazierungs»-Karten.

Wenn wir früher Leute zum Essen eingeladen hatten, pflegte Iris den Namen eines jeden Gastes auf eine Karte zu schreiben und diese an den dem jeweiligen Gast zugewiesenen Platz zu stellen. Sie nahm das sehr ernst und verbrachte viel Zeit damit, die unterschiedlichsten Sitzordnungen auszuarbeiten. Sie ging dieser Beschäftigung mit ruhiger Konzentration nach, während ich aufgeregt am Herd stand oder wie wild grünen Salat und Tomaten schnitt. Es mag den Gästen etwas ungereimt vorgekommen sein, daß angesichts des eher schmuddeligen Geschirrs und Bestecks sowie der leicht schmierigen Gläser auf ihre Sitzordnung und die Karten, die diese anzeigten, so viel Sorgfalt verwandt worden war.

Würde ein schwieriger Gast dabei sein? Diesen Gast übernahm Iris dann stets selbst und wollte vorher einfach nicht zugeben, daß es irgendein Problem gab. Es gab ja auch keins – dank Iris. Abendeinladungen waren immer ein Erfolg, wenn auch gewiß nicht aufgrund des Essens oder des bulgarischen Weins, obwohl immer viel davon auf dem Tisch stand. Vielmehr war es Iris, die sich, obwohl sie der traditionellen Vorstellung von einer perfekten Gastgeberin zu widersprechen schien, der Gäste auf ihre ganz persönliche Art annahm, dafür sorgte, daß sie sich wohl fühlten, und auf diese Weise den Abend zu einem Erfolg machte.

Als ich die Karten sah, ärgerte es mich plötzlich, daß Mella sie gefunden und so ordentlich aufeinandergeschichtet hatte. Dazu hatte sie kein Recht! Das Gefühl der Bedrohung, das von ihr ausging, machte mich böse, anstatt mich bloß einzuschüchtern. Ich würde sie zurechtweisen, ihr sagen, sie solle von meinen Sachen die Finger lassen! Die Frau hatte vielleicht Nerven! Kam her und fing an, das Haus sauberzumachen, ohne daß ich sie darum gebeten hätte! Ich ballte sogar die Fäuste. Wenn das so weiterging, dann würde ich ihr mal Bescheid stoßen müssen. Wenn das so weiterging? Ich würde dem sofort ein Ende machen! Ich würde in die Küche gehen und sagen: «Vielen Dank, aber Sie können jetzt gehen, und wenn's recht ist, möchte ich Sie vorläufig nicht wiedersehen.»

Vorläufig? Wem machte ich hier etwas vor? Die Vorstellung einer mellalosen Zukunft schien plötzlich etwas merkwürdig Trostloses zu haben. Hatte sich Mella schon so weit in meinem Leben – meinem Leben als Witwer – eingenistet? Bei dem Gedanken wurde ich richtig von Panik erfaßt.

Aber die Panik wurde bald zu einer Art Resignation, ja sogar Gleichgültigkeit. Müßig begann ich, die alten, inzwischen ziemlich schmuddeligen Tischkarten umzudrehen, die Mella aufgeschichtet hatte. Diese Abendessen damals, bevor Iris krank wurde, schienen in weiter Ferne zu liegen. Ich konnte mich noch an die Munterkeit und die angenehme Intimität einiger Zweiergespräche erinnern – bei denen wir Käse gegessen, Gauloises geraucht und zuviel Wein getrunken hatten. Wie lange das alles schon her zu sein schien!

Abrupt wurde ich durch einen Namen auf einer der Karten aus meinen Träumereien gerissen. Margot! Ich suchte nach Guy, aber sein Name war nicht da. Hatte Iris die Karte nach Guys Tod entfernt? Das kam mir unwahrscheinlich vor, aber möglich war es. Margot hatte uns damals öfter besucht. Ihr Name war noch da.

Plötzlich ein anderer Gedanke: Mella hatte den Namen wahrscheinlich gesehen. Aber würde er ihr irgend etwas gesagt haben? Es gab nicht den geringsten Grund, ihn mit den Handschuhen neben der Haustür in Verbindung zu bringen. Der Name Margot an sich bedeutete nichts. Mella konnte nun wirklich nicht bei all den weiblichen Namen, die sie auf den Karten gelesen hatte, eifersüchtig werden.

Dann fiel mir etwas anderes ein. Der letzte Brief, den ich von Margot bekommen hatte, mußte zwischen all dem anderen Schamott auf dem Küchentisch gelegen haben. Ob Mella ihn gesehen und gelesen hatte? Es war, soweit ich mich erinnern konnte, ein lustiger, herzlicher Brief gewesen, an dem nichts Peinliches war. Ein Fremder konnte viel oder wenig daraus machen. Aber auf alle Fälle stand darin, daß Margot kommen würde und wann.

War das der Grund, warum Mella gestern aufgetaucht war und die Anwesenheit einer anderen Frau gewittert zu haben schien?

In dem Augenblick kam mir zu Bewußtsein, daß der Krach im Hintergrund aufgehört hatte. Wie still es in diesem Teil des Hauses war! Mir fiel es nicht zum erstenmal auf, aber jetzt schien es noch stiller zu sein. Ich verharrte regungslos, sprungbereit wie ein gehetztes Wild. Dann bemerkte ich, daß ich immer noch Iris' Tischkarte mit «Margot» darauf in der Hand hielt, und legte sie hastig auf den Stoß zurück. Dann rief ich in – wie ich hoffte – besänftigendem Ton: «Mella, tun Sie nicht zuviel, nein?» Keine Antwort. War sie etwa schon fort? Unmöglich – ich hätte sie doch gehen hören. Außerdem, so wurde mir klar, wollte ich nicht, daß sie ging. Ich hätte mir Sorgen gemacht und wäre unglücklich gewesen. Da wäre eine Leere gewesen und keine Aufgabe, um sie auszufüllen.

Ich schlich zur Küchentür und steckte den Kopf hindurch. Mella saß mit schlaff herunterhängenden Armen und geschlossenen Augen auf einem Stuhl. Sie war totenblaß.

Um Himmels willen, hatte das Mädchen etwa einen Herzanfall oder dergleichen bekommen? Mir schossen die denkwürdigen Worte der Lady Macbeth durch den Kopf, als ihr die Nachricht von Duncans Ermordung überbracht wird, die ihr natürlich nichts Neues ist. Ihr Ausruf ist unter diesen Umständen mehr als unpassend, aber sehr natürlich: «Wehe, ach! Was! In unserem Haus?»

Nein, nicht in meinem Haus! Mella durfte doch hier keinen Herzanfall bekommen! Außerdem war sie dafür viel zu jung. Es war weitaus wahrscheinlicher, daß mir das passierte.

Mir – in meinem Haus? Ich schob den Gedanken beiseite. Aber Mella hatte kein Recht, hier krank zu sein! Meine Entrüstung war absurd, aber genauso natürlich wie der Ausruf von Lady Macbeth (auf den Banquo trocken erwidert: «Zu grausam, wo auch immer.»).

Mella mußte mich gehört haben. Sie öffnete die Augen und stand auf, sogar recht energisch.

«Alles in Ordnung, Mella?» fragte ich so besorgt, wie ich nur konnte.

«Natürlich ist alles in Ordnung.» Mella sprach in ihrem neuen, bestimmten Ton, der mehr als nur einen Anflug von Ungeduld enthielt.

«Aber was ist passiert?»

«Nichts ist passiert. Ich fühle mich manchmal ein bißchen schwach, das ist alles. Es geht ziemlich schnell vorbei. Ich kriege das seit meiner Kindheit. Es hat wirklich nichts zu sagen.»

«Aber kann ich Ihnen irgend etwas bringen? Ein Glas Wasser? Milch oder sonst etwas?»

«Nein, nein, nicht nötig. Aber ich werde mich ein bißchen hinlegen. Hätten Sie was dagegen, wenn ich nach oben gehe?»

«Natürlich nicht.»

«Ich finde es schon alleine. Es geht mir gleich wieder besser, ich verspreche es.»

Sie versprach es. Mich rührte das irgendwie, und auch die Art, wie sie es sagte. Und ich hatte geglaubt, mich würde niemals etwas rühren oder interessieren, was Mella sagte oder tat! Tja, und nun hatte sie ein Versprechen gegeben, und ich hatte mich geirrt.

Ich vermutete, daß Mella sich oben auskannte. Sie hatte gestern genug Zeit gehabt, sich umzusehen.

Als sie nach oben gegangen war, überlegte ich, was ich tun sollte. Das Bett, in dem Margot und ich geschlafen hatten, war so geblieben, wie wir es verlassen hatten. Ich fragte mich, ob Margot an ihr Nachthemd gedacht oder es vergessen hatte wie ihre Handschuhe. Margot hatte schon immer die Angewohnheit gehabt, Dinge liegenzulassen.

Der Fußboden war als Folge von Mellas Hilfsdiensten zum Teil noch immer naß. Es stand ein Wassereimer da, und der neue Wischmop lehnte am Küchenschrank. Als Mella mit ihrer Plastiktüte voller Säuberungsmittel eingetroffen war, hatte sie den Mop wie einen Speer getragen.

Leise ging ich die Treppe hinauf. Wie ich bemerkte, war auch sie gekehrt worden und sah sauber aus. Vielleicht, so dachte ich nicht sehr hoffnungsvoll, lag Mella ja in dem kleinen Gästezimmer, in dem Margot geschlafen hatte – oder zumindest die meiste Zeit geschlafen hatte (auch das würde reichlich Spuren ihres Hierseins aufweisen). Hoffentlich.

Mella lag auf meinem Bett (meinem Bett? unserem Bett? *meinem* Bett) mit ausgebreiteten Armen flach auf dem Rücken. Ihre Augen waren wieder geschlossen, und ich konnte nicht erkennen, ob sie atmete oder nicht. Fasziniert näherte ich mich ihr.

Mella fuhr hoch, umarmte mich stürmisch und küßte mich mehrmals aufs Geratewohl. Sie ließ mich nicht los, und ich versuchte, so gut ich konnte, mich zu befreien. Sie zog mich neben sich aufs Bett hinunter. Wenigstens waren wir beide angezogen.

Ein paar Stunden später waren wir es nicht mehr. Wie das hatte passieren können, begriff ich immer noch nicht so ganz. Nach einer, wie mir schien, angemessenen Zeitspanne war ich wieder aufgestanden, hatte Mella gefragt, wie sie sich jetzt fühle, und hatte bemerkt (freundlich, wie ich hoffte), daß wir vielleicht einen Happen essen sollten. Mella hatte schließlich noch nie bei mir gegessen. Ich hegte die vage Hoffnung, daß sie, wenn ich ihr – genauso wie vorher Margot – sozusagen Brot und Salz anbot, besänftigt sein würde und das Gefühl hätte, mehr oder weniger auf gleicher Stufe mit jener ihr bis jetzt noch unbekannten Frau zu stehen.

Aber es kam ganz anders. Mella war, als ich fortstrebte, aufgesprungen und hatte mich mit Gewalt zurückgehalten. Sie war wirklich furchtbar kräftig. Plötzlich ließ sie mich los und sagte: «Ich gehe mal eben ins Bad. Bin gleich wieder da.»

«Gleich» stellte sich als eine halbe Ewigkeit heraus. Es mußten an die zwanzig Minuten gewesen sein. Ich erwog, ob ich das Haus verlassen sollte – oder doch wenigstens das Schlafzimmer. Es war lächerlich, daß mich so eine halbe Portion, wie Mella es war, gewaltsam hatte festhalten können. Aber schließlich war ich ein alter Herr, der auch zu seinen besten Zeiten nicht besonders stark gewesen war. Trotzdem war ich jetzt entschlossen, meinen

Mann zu stehen und Mella die Stirn zu bieten, komme, was wolle. Wie der Held einer altmodischen Schulgeschichte, bloß daß der, der in der Geschichte alle anderen Schüler drangsaliert, hier zufällig ein Mädchen war.

Es wäre ein schwaches Bild und auch unsportlich, wenn ich wegliefe. Ich würde also nicht weichen – aus Trotz, ja aus Ärger, aber ebensosehr, weil ich in das einwilligte, was sie vermutlich vorhatte.

Schließlich kam sie zurück, und natürlich hatte sie nichts an. Ihr Körper war mager und unattraktiv, und irgendwie gefiel mir auch seine Farbe nicht besonders – er hatte so gar nichts Rosiges oder Weißes. Aber wieder überkam mich ein Gefühl der Rührung – so wie vorher, als sie auf einmal schüchtern und zugleich zutraulich «ich verspreche es» gesagt hatte. Und als sie jetzt scheu auf mich zukam, war auch etwas Geheimnisvolles um sie. Ich nehme an, alle Frauen, die unerwartet ohne Kleider auftauchen, haben etwas Geheimnisvolles an sich, obwohl es in Mellas Fall nicht völlig unerwartet kam. Sie hatte mich in gewisser Hinsicht ausreichend gewarnt.

Sie kam auf mich zu und küßte mich. Dann verschwand sie im Bett und zog sich die Bettdecke über den Kopf. Es war offensichtlich, was ich zu tun hatte, und im großen und ganzen hatte ich auch nichts dagegen. Ich brauchte jetzt bloß alles Mella zu überlassen, etwa so, wie früher zur Zeit der Segelschiffe ein Admiral seinem Gegner manchmal um eines anderen Vorteils willen den Vorteil des Windes überließ. Ich weiß nicht mehr, welchen Vorteil der Admiral davon hatte, aber was mich betraf, so lag er klar auf der Hand. Wenn mein Verhältnis zu Mella diese Form annahm, dann würde Mella mich nicht länger mit Mop und Bürste verfolgen. Der Ehre wäre Genüge getan, und das Großreinemachen konnte aufhören. Kein sehr fairer Handel, aber ich sah die Sache nun einmal so.

Ich dachte an Iris. Sie schien mir jetzt gar nicht so weit weg zu sein – nicht so weit weg wie die Abendeinladungen jener fernen Tage. Und sie schien mich wie früher anzulächeln. Ich konnte fast unser altes, privates Erkennungszeichen hören: «Nomnom». Und ich war froh, es zu hören. Es gab mir das Gefühl, daß ich ihrer Meinung nach das Richtige tat.

Der Tag war noch nicht vorüber – noch lange nicht. Ich hatte ausgesprochenen Hunger und stand mit einer plötzlichen Bewegung auf, bevor Mella mich zurückhalten konnte – wenn sie das überhaupt gewollt hätte.

Ich habe oft gedacht, daß das Schlimmste an der Liebe die Sache mit dem Aus- und Anziehen ist. Das Ausziehen war ganz einfach gewesen, denn Mella hatte unter der Bettdecke gesteckt und wahrscheinlich auch noch die Augen zugehabt. Aber jetzt, unter ihrem ruhigen, ja, man muß sagen, milde liebevollen Blick meine merkwürdige Kollektion zerschlissener Unterhemden, meine Socken und den Stützstrumpf anzuziehen war eine ziemliche Nervenprobe.

Ich fühlte, wie sie beschloß, etwas hinsichtlich meiner Unterwäsche zu unternehmen, und was meine Socken anbetraf – na ja, die hätte ich wirklich schon seit längerem einmal waschen sollen.

Ich murmelte etwas von «uns was zu essen machen» und ging, mir den Pullover überziehend, langsam hinunter. In dem Augenblick klopfte es kräftig an die Haustür – nicht zu vergleichen mit den Kratzgeräuschen, die Mella am Morgen produziert hatte. Bestürzt blieb ich stehen. Wer oder was immer das war, und vermutlich war es nichts Schlimmeres als der Gasmann oder eine Haussammlung oder die Stadtteilzeitung – der Moment war schlecht gewählt. Aber ich brachte es am besten hinter mich. Ich ging an die Haustür.

Es war Margot.

«Hallo, Johnny», sagte sie und kam sofort herein. «Als ich hier wegfuhr, fiel mir ein, ich könnte Peggy und Mike in Kingston besuchen, und die haben mich überredet, bei ihnen zu übernachten. Hör zu, habe ich meine Handschuhe bei dir liegenlassen? Ah, gottlob, da sind sie ja!» Margot ergriff sie und setzte hinzu: «Ich will dich nicht weiter aufhalten, du hast sicher zu tun.»

«Hör zu» war einer von Margots Lieblingsausdrücken. Bei jemand anderem – einem Mann mit Schnurbart, sagen wir mal – hätte die Redewendung vielleicht ein wenig kurz angebunden, wenn nicht gar herrisch geklungen. Aber bei Margot klang sie einfach nur nett.

Ich starrte sie verblüfft an. Irgendwie kam für mich diese klassische Situation, Gegenstand so vieler französischer Lustspiele, völlig unerwartet, sie war so völlig fehl am Platz im Haus eines Witwers und in dem Rahmen, den es bot.

Doch hatte ich nicht die Zeit, darüber nachzudenken. Mella mußte sehr leise die Treppe herunter- und um die Ecke gekommen sein. Ich sah Margots Gesichtsausdruck und drehte mich schnell um. Und da stand Mella in meinem alten Bademantel, den sie offensichtlich gerade erst angezogen hatte, denn sie versuchte immer noch, sich die Kordel umzubinden.

Ich hatte noch nie einen begeisterteren Menschen gesehen als Margot in diesem Augenblick. Reine, spontane Freude strahlte ihr aus Gesicht und Auge. Gleich würde sie anfangen zu kichern, dachte ich.

Und als sie Mellas Hände ergriff, wurde sie tatsächlich von Lachen übermannt. «Guten Tag, meine Liebe, guten *Tag*», gluckste sie. «Ich freue mich ja so, Sie kennenzulernen. Und wie heißen Sie?»

Sie sagte das, als wäre Mella ein kleines Schulmädchen.

Mella schien es überhaupt nichts auszumachen. Ja, sie sah beinahe so erfreut aus wie Margot. Ein Lächeln lag auf ihrem kleinen Gesicht, und sie spielte fast ein wenig herausfordernd mit der Kordel meines alten Bademantels.

Daß die beiden von der Situation und voneinander so entzückt waren, erleichterte mich natürlich sehr. Mir war klar, daß Mella Margots Stimme gehört und sofort begriffen hatte, um wen es sich handeln mußte. Vielleicht war sie ja mit der Absicht heruntergekommen, ihre Rivalin in die Flucht zu schlagen, aber dieser Impuls hatte sich beim Anblick Margots und ihres strahlenden Gesichts offenbar sofort verflüchtigt.

Trotzdem fand ich es irgendwie erstaunlich, daß Mella so zufrieden mit der Situation, ja sogar mit sich selbst wirkte. In gewisser Hinsicht machte es ihr Ehre. Hier war sie und hatte es sich in Margots Territorium, wie sie glauben mußte, sozusagen bequem gemacht – und ihre Rivalin, weit davon entfernt, ihr böse zu sein, nahm es mit bezaubernder Freundlichkeit hin.

Ja, eigentlich mußte man sagen, daß beider Reaktion beiden Ehre machte.

Inzwischen ignorierten mich die zwei Frauen vollkommen. Mella erzählte Margot bereits von ihrem kleinen Jungen und ihrem Studium und ihrer Doktorarbeit und all den Schwierigkeiten, mit denen sie zu kämpfen hatte.

Ich sah auf die Uhr. Es war halb vier. Margot hatte bestimmt mit Peggy und Mike, wer immer sie waren, zu Mittag gegessen und war auf dem Heimweg bei mir vorbeigekommen. Ich war hungriger denn je. Ob Mella Hunger hatte oder nicht, war mir inzwischen egal. Die beiden Frauen hatten, wie ich fand, ihre Angelegenheiten in die eigenen Hände genommen, und das war eine Erleichterung. Um meine eigenen Bedürfnisse konnte ich mich selbst kümmern.

Langsam bewegten wir uns auf die Küche zu, während Mella und Margot immer noch ohne Punkt und Komma redeten. Sie waren wie Mutter und Tochter, die nach langer, ereignisreicher Trennung wiedervereinigt waren. Ich war weder der Vater noch der Sohn. Und auch kein Ehemann. Ich war bloß ein alter Witwer, dessen Haus im Interesse einer neuen, jüngeren und dynamischeren Beziehung in Form eines schwesterlichen Verhältnisses mit Beschlag belegt worden war.

Das schien jedenfalls jetzt die Lage zu sein. Was Mella anbetraf, hoffte ich auf eine Rückkehr zu unserer früheren ruhigen und vergleichsweise einfachen Beziehung mit ihren regelmäßigen Unterhaltungen und Gepflogenheiten. Mella hatte einen neuen Brennpunkt ihres Interesses gefunden, einen neuen Sinn in ihrem Leben. Es war nicht ohne Ironie, daß dies ausgerechnet meine alte Freundin Margot war, die Mella einen einzigen anstrengenden Tag lang (das heißt anstrengend für mich) eindeutig als Bedrohung und Rivalin angesehen hatte. Zum erstenmal mußte ich denken, wie gut Iris mit Mella hätte umgehen können, wie sehr sie ihr geholfen hätte, den unsichtbaren und undefinierbaren Furien, von denen sie sich verfolgt glaubte, zu begegnen.

Aber dieser Gedanke half mir jetzt auch nicht weiter. Vielleicht wäre Margot, die noch so äußerst lebendig war und sich so freudig für jedes Tor einsetzte, das sie triumphal für sich verbuchen konnte, in der Lage, Mella bei ihren Problemen zu helfen.

Wenn ich jedoch angenommen hatte, daß ich mein altes, schlichtes und durchaus unleugbares Bedürfnis nach Mellas Gesellschaft wiederaufleben lassen könnte (und zwar zu den alten Bedingungen), dann stand mir ein böses Erwachen bevor. Freilich gab sie das Reinemachen bald auf – zwar nicht mit der absoluten Unbekümmertheit, die Margot an den Tag gelegt hatte, aber doch auf eine Weise, die zeigte, daß sie nicht mehr mit dem Herzen bei der Sache war.

Aber wo war sie dann mit dem Herzen? Ich hoffte ganz aufrichtig bei Margot, vorausgesetzt, das ließ mir meine frühere Mella, die ein- oder zweimal die Woche wie schlafwandelnd vor meiner Tür gelandet und, wie mir jetzt klar wurde, im Umgang so beruhigend und – in punkto Bewirtung – so problemlos gewesen war.

John Sparrow, der Rektor des All Souls College, der zeit seines Lebens ein Cynophobe war (wenn das der richtige Ausdruck für einen überzeugten Hundehasser ist), war einmal bei einer Teegesellschaft mit einer stillen Dame zusammengetroffen, die einen kleinen Hund bei sich hatte, der so ruhig war, daß man ihn praktisch nicht bemerkte. Beim Abschied sagte Sparrow beifällig zu der Dame: «Ihr Hund, Madam, ist fast so gut wie überhaupt kein Hund.»

Ich weiß nicht, ob die Dame begriff, welch außergewöhnliches Kompliment ihr und ihrem Hund gemacht worden war. Aber der Philosophin Iris gefiel die Idee, und sie wurde eines unserer eigenen nützlichen Bewertungskriterien. Kinder («Kein Mann kann völlig schlecht sein, wenn er Hunde und Kinder haßt»), Restaurants, Studenten, Partys, sogar Ehen so wie unsere – all das konnte mit dem dem Gegenstand angepaßten Ausspruch Sparrows belegt werden, der ja bereits in W. C. Fields Verwendung des ursprünglich von Oscar Wilde stammenden Wortes («Wer bei der Todesszene von Klein Nell nicht lacht, muß ein Herz aus Stein haben») impliziert ist.

Jedenfalls waren für mich Mellas Besuche und Mella als Besucherin fast so gut wie überhaupt kein Besuch und keine Besucherin gewesen. Was nicht heißen soll, daß ich die Besuche nicht sehr vermißt hätte, wenn sie eingestellt worden wären. Was hätten Sparrow und Fields schließlich in einer Welt angefangen, in der es weder Hunde noch Kinder gab, die man hassen konnte?

Nach dem Zusammentreffen mit Margot hatte ich jedenfalls aus irgendeinem Grund das Gefühl, daß ich mich wirklich mal etwas genauer nach Mellas kleinem Jungen erkundigen sollte. Sie hatte mir einmal gesagt, wie er hieß – oder wenigstens hatte sie mir erzählt, daß sie ihn manchmal Damian und manchmal Darren oder Declan nannte. Ihm gefielen alle diese Namen und ihr auch. Ich fand sie viel schlimmer als überhaupt keinen Namen, aber das war Mellas Sache. Damals kam es mir einfach wie eine jener Unerklärlichkeiten vor, die man bei Mella als selbstverständlich hinnahm. Außerdem hatte ich mir, als sich Mellas Persönlichkeit plötzlich auf so erschreckende Weise veränderte und sich in Mops, Besen und Reinigungsmitteln ausdrückte, geschworen, zur Vergeltung nie wieder etwas über sie herausfinden zu wollen und keine weiteren Fragen mehr zu stellen.

Margot war mit ihren wiedererlangten Handschuhen nach Hause gefahren. Mella war dorthin entschwunden, wo immer Damian (oder Darren) und Alison (oder Angela?) sie erwarteten.

Aber am nächsten Tag war sie wieder da, und das um die gleiche beunruhigende Zeit, nämlich um zehn Uhr morgens. Ich saß auf einem der beiden Bürostühle in der Küche, und sie setzte sich prompt auf den anderen und sah mich mit leicht geöffnetem Mund an. Dann begann sie mir mit ehrfurchtsvoll gesenkter Stimme Fragen zu Margot zu stellen. Wo hatte ich sie kennengelernt? Wo wohnte sie?

Mellas Interesse überraschte mich ein bißchen. Ich hatte angenommen, daß alle diese Dinge bei jenem Schwall vertraulicher Mitteilungen am Tag zuvor zur Sprache gekommen seien. Aber jetzt sah ich, daß Margot vermutlich alles über Mella erfahren hatte, während dies für Mella im Hinblick auf Margot keinesfalls zutraf.

Zu meiner Bestürzung steigerte sich Mellas Intensität. Ich bot Nescafé und einen Keks an, aber das Angebot wurde ignoriert. Statt dessen zog sie sich mit ihrem Bürostuhl näher zu mir heran, wobei seine überdimensionalen Rollen über den Holzfußboden rumpelten, daß es klang wie eine Lafette auf einem Kriegsschiff. «Die Zähne zeigen» war, wie ich mich erinnerte, der Ausdruck, wenn ein Kriegsschiff seine Kanonen ausfuhr. Ich hoffte, Mella würde nicht die ihren zeigen.

«John, ich möchte dir nicht weh tun. Du hast eine so schlimme Zeit durchgemacht … ich weiß das, weil ….» Obwohl ich Mella schon vor langer Zeit aufgefordert hatte, mich John zu nennen, hatte sie das nur selten und zögernd getan, als fürchtete sie, plump vertraulich zu erscheinen.

«… du auch gerade eine durchmachst?» vollendete ich hilfsbereit ihren Satz.

Was Mella gar nicht recht zu sein schien. Ihre Redeweise an jenem Vormittag war voller Ellipsen. Jetzt lag in ihrem Blick ein verträumter Ausdruck, als verzehrte sie sich nach Margot im fernen Norfolk.

«Nachts ist es natürlich am schlimmsten», sagte sie.

Letztere Feststellung beunruhigte mich nun wirklich. Margot war in der Tat weit weg im fernen Norfolk, aber wenn mir Mella jetzt nächtliche Besuche vorzuschlagen beabsichtigte, dann wäre der Stromkreis geschlossen. Mein Haus, dachte ich angsterfüllt, würde nicht mehr mir allein gehören, sondern auch ihr.

Und was war mit Damian/Declan – oder war es Darren? Und mit der immer gefälligen Alison/Angela? Die beiden würden sicher sehr gut miteinander auskommen, wenn Mella dazu überginge, bei mir zu übernachten.

Ich stand dicht vor einer Panik. Vielleicht sah Mella das. Vielleicht verstand sie es falsch.

«Ich *weiß*, wie das ist», betonte sie noch einmal, diesmal mit unerwartet hoher, krähender Stimme. Die Rollen rumpelten, der Stuhl bewegte sich wie ein Achtzehnpfünder auf dem Kanonendeck immer weiter auf mich zu, und Mella packte meine Hand mit einem Griff, der, wie ich seit gestern wußte, eisern war. Sie zog mich mit meinem Stuhl zu sich heran, und jetzt glichen wir eher zwei Kranken in einem Pflegeheim, die, wenn alles gut ging, am Anfang einer leidenschaftlichen Beziehung standen.

Eins führte zum andern, aber gottlob deutete nichts darauf hin, daß sich unsere Beziehung in dieser Richtung entwickelte. Es stimmt, wir gingen miteinander ins Bett, so wie am Tag zuvor, aber ich glaube, wir taten es bloß, weil wir es eben am Tag zuvor auch getan hatten und uns jetzt irgendwie verpflichtet fühlten, es wieder zu tun. Eigentlich aus Höflichkeit – jeder dachte, der andere erwarte es.

Für gewöhnlich konnte man sich auf Mella als Gesprächspartnerin verlassen, aber im Bett glaubte sie anscheinend, schweigen zu müssen, so als wäre sie in der Kirche, und wenn ich eine mehr oder weniger heitere Bemerkung machte, fiel ihre Antwort körperlich aus, begleitet von schwerem Atmen. Aber von Leidenschaft übermannt waren wir nun wirklich nicht, obwohl Mellas Nacktheit auf unerwartete und geheimnisvolle Weise immer wieder rührend auf mich wirkte.

Bald wurde das Ins-Bett-Gehen zu einem Ritual wie unsere anderen Gewohnheiten – der Nescafé, der Keks und unsere grundsätzlich entspannten und anspruchslosen Unterhaltungen. Und noch etwas anderes gewöhnten wir uns an: einen kurzen Gang um den Block, nachdem wir wieder aufgestanden waren. Es war fast dieselbe Strecke, die ich mit Iris während ihrer Krankheit viele Male am Tag gegangen war.

Von Margot hatte ich nichts mehr gehört, und da ich nun einmal so ungern telefonierte, machte ich auch nicht den Versuch, sie anzurufen. Meine Beziehung zu Mella verlief jetzt in ruhigen Bahnen. Und doch – wenn sie auftauchte (für gewöhnlich um zehn Uhr morgens), mußte ich mich immer ein wenig zu dem ersten und anstrengendsten Teil des inzwischen üblichen Ablaufs zwingen. Es war keine gute Tageszeit, um wieder ins Bett zu gehen. Manchmal war ich in der Versuchung, mich zu entschuldigen, aber dann wäre Mella sicherlich gekränkt gewesen.

Es half eben nichts – genausowenig wie in meiner Kinderzeit in London. Damals fuhr meine Mutter mit mir einmal in der Woche zu einer Turnstunde irgendwo hinter der U-Bahn-Station Sloane Square. Meine wöchentliche Beklommenheit wurde durch meine Angst vor dem Bahnhof selbst, den wir nach einer kurzen Fahrt von der Gloucester Road aus erreichten, noch verstärkt. Ich liebte die U-Bahn und ihre Bahnhöfe, aber mir graute vor der Ankunft in dem am Sloane Square. Zweifellos wegen seiner Nähe zur Turnhalle kam er mir böse und unheimlich vor, bewohnt von haarigen Menschenfressern und Feen mit schlechtem Geschmack, denn in jenen Tagen waren die Gänge, die zum Ausgang führten, aus grobem Mauerwerk, auf das man eine eigentümlich kränklich aussehende grüne Farbe geklatscht hatte.

Hatten wir schließlich die Turnhalle erreicht, war ich immer zutiefst niedergeschlagen, und auch der Anblick von Mr. Macpherson und seinem engelhaft aussehenden Assistenten konnte meine Angst nicht verscheuchen, obwohl die beiden ganz nett waren. Aber wenn dann die Turnstunde vorbei war, stellte ich fest, daß sie mir durchaus Spaß gemacht hatte – so wie ich ungefähr fünfundsechzig Jahre später feststellte, daß es mir mit Mella im Bett durchaus Spaß machte.

Mella schien es auch zu mögen, aber ganz sicher konnte man nie sein. Das galt jedoch bei Mella für alles. Ich hatte manchmal das Gefühl, daß wir beide etwas trieben, was Iris und ich einen «Gore» zu nennen pflegten. Ein Freund hatte uns einmal von einem Mr. Gore erzählt, der eine bestimmte gesellschaftliche Situation beschrieben und nach sich selbst benannt hatte. Er hatte sie während eines Besuches bei einem Freund erlebt. Der Freund hatte die Besichtigung einer Kirche vorgeschlagen. Mr. Gore verspürte wenig Lust, sich diese Kirche anzusehen, und sein Freund, wie er intuitiv erkannte, auch nicht. Die Höflichkeit erforderte jedoch von beiden, daß sie Begeisterung an den Tag legten. Außerdem mußte man ja die Zeit des Besuches irgendwie herumbringen.

Wenn ich mit Mella im Bett war, fand ich, daß die Situation Ähnlichkeit mit einem Gore hatte. Keiner von uns beiden war übermäßig scharf auf die Sache, aber keiner wollte es eingestehen. Und als Zeitvertreib war es so gut wie jeder andere.

Iris und ich hatten eine Vorliebe für Redewendungen und Ausdrücke wie «ein Gore» gehabt. Ein anderer Ausdruck, den wir gern benutzten, war «Abpocken». Wie ich einmal irgendwo gelesen hatte, haben die Riesenwale, aber auch die kleineren Wale sowie große Fische wie der Walhai (mit dem Thor Heyerdahl während seiner Floßreise zusammentraf, was er auf unvergleichliche Weise in seinem Buch *Kon-Tiki* schildert) die Angewohnheit, die Seepocken auf ihrem Rücken an etwas Passendem wie einem Schiff, einem Pier oder sogar einem anderen Wal abzustreifen.

Die Analogie liegt auf der Hand, aber ich war mit mir selbst uneins. Wollte ich Mella an Margot abstreifen? Wollte ich es wenigstens versuchen? Der Witwerteil von mir, der Teil, der ein ruhiges Leben haben wollte und keinen weiteren Ärger, war von der Idee zweifellos angetan. Aber eigentlich wollte ich Mella nicht verlieren, selbst in der anstrengenden Form nicht, die ihre Gesellschaft in jüngster Zeit angenommen hatte.

Nach meiner ersten Reaktion, nämlich einem Gefühl der Erleichterung, war ich dann nicht mehr ganz so angetan von Margots ungetrübter Freude über die Beziehung zwischen Mella und mir, die sich ihr so unerwartet offenbart hatte. Ein wenig Ärger, ja sogar ein Anflug von Eifersucht wäre doch wohl angebracht gewesen. Die Faszination, die der Neuankömmling auf Margot ausübte (was sich in ihrem schieren Überschwang äußerte, hatte mir unmißverständlich gezeigt, daß ihre Zuneigung zu mir ohne eine Spur von Selbstsucht war.

Natürlich möchte kein Witwer, daß seine engsten Freunde lästige Besitzansprüche an ihn stellen. Das versteht sich von selbst. Andererseits jedoch möchte auch kein Witwer das Gefühl haben, daß er eine rechte Last ist, die seine Freunde mit Vergnügen jemand anderem aufbürden würden, wenn sich nur jemand Williges fände.

Wir alle – und nicht nur Witwer – wünschen uns wohl gelegentlich, einen unbequemen Freund «abpocken» zu können. Aber selber «abgepockt» zu werden ist etwas gänzlich anderes.

Diese Abpockgeschichte war ihrem Wesen nach so etwas wie eine Komödie. Aber an dem Brief, den ich ein paar Wochen später von Margot erhielt, konnte ich wirklich nichts Komisches finden. Mich rührte der «Liebling» in der Anrede, obwohl ich auf Johnny gut hätte verzichten können.

Johnny, Liebling,

Du wirst nie erraten, was hier los war! Einfach zum Schießen! Am Mittwoch tauchte aus heiterem Himmel Deine Mella hier auf! Als ich Euch beide zusammen sah, dachte ich, was für ein nettes kleines Ding. Und ich habe mich so für Euch beide gefreut! Du hast so etwas gebraucht, wirklich. Ich finde sie immer noch nett – ja, ich mag sie inzwischen schon richtig gern –, aber du lieber Gott, was für eine schreckliche Geschichte! Ich frage mich, ob Du auch nur die geringste Ahnung von all dem hattest.

Zunächst einmal lügt das Mädchen wie gedruckt. Aber das kann man ihr nicht im geringsten übelnehmen. Sie kann einem so leid tun, und ihre Geschichte ist so traurig. Wahrscheinlich kennst Du sie nicht – bis auf das, was Du glauben solltest. Da ist natürlich kein kleiner Junge, wie sie Dir erzählt hat – und mir ja auch, als ich bei Dir vorbeischaute, um meine Handschuhe zu holen. All das kam heraus, nachdem sie sich fast zwei Stunden lang an meinem Busen ausgeweint hatte. Sie ist in Wirklichkeit einsam und verlassen, mußt Du wissen. Ich nehme an, sie wollte nicht, daß Du Dir Sorgen machst. Du solltest denken, daß sie nicht nur ihr Kind hat, sondern auch eine großartige Freundin und sogar einen Exmann – so war es doch, nicht? –, der sie im Hintergrund unterstützt. So daß Du nicht das Gefühl hättest, Du müßtest irgend etwas tun.

Tja, und das hat sich nun alles in Luft aufgelöst. Kein Kind, kein Ehemann, keine Freundin. Hat sie Dir jemals erzählt, wie und wo sie gewohnt hat? Wahrscheinlich nicht. In einer elenden Kammer über einem Laden, der irgendwelchen Indern gehört, die von ihr dreißig Pfund Miete in der Woche verlangt haben. Sie wollte bestimmt nicht, daß Du das erfährst, weil Du dann vielleicht gedacht hättest, Du müßtest ihr finanziell unter die Arme greifen, und deshalb hat sie das Kind und die Freundin erfunden. Ich glaube, wirklich nur, um Dich zu beruhigen. Von Natur aus ist sie keine Lügnerin. Ich glaube, von Natur aus ist sie durch und durch ehrlich. Aber das Leben hat ihr wirklich übel mitgespielt! Und da ist keiner, absolut keiner in der ganzen Universität, der bereit ist, ihr zu helfen. Sie hat niemanden auf der Welt.

Natürlich kann sie hier bei mir wohnen, solange sie will, und ich glaube wirklich, das wäre das beste. Oxford nützt ihr jetzt nichts, obwohl sie ein gescheites kleines Ding ist und ja wohl auch für Dich gearbeitet hat. Aber das sollte man am besten vergessen, glaube ich, jedenfalls vorläufig. Was sie jetzt braucht, ist absolute Ruhe. Und die kann sie hier haben. Ruhe und Frieden und endlich etwas Ordentliches zu essen. Ich nehme an, sie mochte Dich nicht einmal um etwas zu essen bitten, wenn sie Dich besuchen kam!

Genug für heute. Ich sehe zu, daß ihr in Verbindung bleibt, wenn Du das möchtest, obwohl ich es für das Beste halte, wenn Mella eine Zeitlang völlig zurückgezogen lebt – und das kann sie hier bei mir. Sie ist so ein liebes Geschöpf. Wie ich schon gesagt habe, ich mag sie inzwischen sehr gern.

Paß gut auf Dich auf. Ich fürchte, Du ißt nicht ordentlich, deswegen kann man natürlich auch nicht von Dir erwarten, daß Du für Mella sorgst.

Mit vielen lieben Grüßen
xxx
Margot

Ich las den Brief von Anfang bis Ende, und dann las ich ihn noch einmal. Als ich fertig war, kam ich zu dem Schluß, daß die subtilste Beleidigung die am Ende war. Margot hatte die letzte Bemerkung nicht so gemeint. Sie wäre nie auf die Idee gekommen, daß irgend etwas in ihrem Brief in irgendeiner Weise beleidigend wirken könnte. Wieso auch? Die Tatsachen in bezug auf Mella und ihr hartes Los sprachen für sich. Für die konnte keiner etwas. Ausgenommen natürlich der Schurke von indischem Lebensmittelhändler, der ihr dreißig Pfund in der Woche abknöpfte – wenn das denn stimmte.

Aber Margot unterstellte mir ja nicht nur, daß ich Mella nicht verpflegte, sondern daß ich mich überhaupt nicht für sie interessierte, mich nicht um sie und ihre Probleme kümmerte, daß ich offensichtlich nicht mit ihr zurechtkam und sie daher auch nicht, wenn nötig, unter Kontrolle halten konnte. Da war es doch gar kein Wunder, wenn der alte Herr der Sache in punkto Sex auch nicht gewachsen war. Oder legte ich bloß zuviel in Margots Worte hinein?

Ich dachte eine Weile darüber nach und fing dann an zu lachen. Margots Brief war eigentlich doch eher komisch.

Und es stimmte ja, ich war nicht in der Lage, für Mella zu sorgen, was Margot offensichtlich konnte.

Als Mellas tägliche Besuche aufhörten, war ich eigentlich ziemlich erleichtert. Ich hoffte, wir könnten – mit kleinen Abwandlungen – zu unserem früheren Fahrplan zurückkehren und uns einmal die Woche oder alle vierzehn Tage sehen. Doch, das hoffte ich. Aber mir fehlte Mella. Und natürlich ging sie mir dauernd im Kopf herum.

Ich war ehrlich überrascht gewesen, als ich erfuhr, daß sie gar kein Kind hatte. Die Tatsache, daß sie nie über ihren kleinen Sohn gesprochen hatte (wohl wissend, daß mich das Thema nicht interessierte), hatte ich, jetzt wo ich darüber nachdachte, immer für den Beweis dafür gehalten, daß das Kind existierte. Weil ich nichts weiter von dem kleinen Damian oder Darren wußte als seinen Namen, war ich nie auf die Idee gekommen, daran zu zweifeln, daß er irgendwo herumlief, beaufsichtigt, wenn sie dazu in der Lage war, von der treuen Alison oder Angela.

Es gab auch keinen Grund, warum Mella mir von ihrem Problem mit dem Lebensmittelhändler hätte erzählen sollen. Nichts hatte darauf hingedeutet, daß sie knapp bei Kasse war. Natürlich hätte ich sie fragen sollen, und doch – wieso eigentlich? Sie hatte ihr College, wo jemand für sie verantwortlich war. Sie mußte genug Geld gehabt haben, um ihr Studium fortzusetzen und sich dabei Zeit zu lassen. Ich war ja noch nicht einmal ihr Doktorvater. Man hatte mich nur gebeten, ein paarmal mit ihr über einige Themen zu sprechen, die sie angeblich ganz besonders interessierten. Und das hatte ich auch getan. Mehr noch, ich hatte sie inzwischen mindestens ein Jahr lang ein- oder zweimal die Woche bei mir gehabt. Länger sogar.

Und doch hatte Margot recht. Natürlich hatte sie recht. Ich hatte nie den Wunsch verspürt, etwas über Mella herauszufinden oder ihr gar zu helfen. Ich hatte einfach dem zugestimmt, was sie offensichtlich wollte. Aber jetzt sah es so aus, als hätte sie selber kaum gewußt, was sie wollte, außer – wenn sich die Chance bot – bei jemandem wie Margot Zuflucht suchen, sich an ihrem Busen ausweinen, beichten und ihr ihre Sorgen anvertrauen, sich füttern und trösten lassen und so lange bleiben, wie es ihr paßte.

Nun, wenigstens das hatte ich für Mella getan, und sei es noch so versehentlich. Ich hatte sie mit der richtigen Person zusammengebracht, und sie hatte, aus meinem Bett springend, Initiative gezeigt und das übrige getan.

Und jetzt vermißte ich sie. Ich vermißte sie sehr. Und es bestand wohl keine Aussicht, sie so bald wiederzusehen. Sie hatte sich bei Margot in Norfolk inzwischen häuslich niedergelassen. (Und wie war sie dorthin gekommen? Wahrscheinlich per Zug oder Bus.) Es schien keinen Grund zu geben, warum sie jetzt, wo sie einmal dort war, Norfolk jemals wieder verlassen sollte.

Ich hielt inne, um über Margots Motive bei der ganzen Sache nachzudenken. Den geschmacklosen Gedanken, daß sie ein wenig lesbisch sein könnte, verwarf ich. Das konnte im übrigen auch auf Mella zutreffen. Aber eine solche Annahme war eine vorschnelle, typisch männliche Reaktion auf die natürliche Güte, mit der Frauen einander begegnen können – auf ihre Mitmenschlichkeit, ihren Drang, loszustürzen und einen Unglückswurm zu retten. Iris war immer bereit gewesen zu helfen, zu raten und zu trösten, obwohl ihr natürlich nicht die gleichen Möglichkeiten in punkto Haus und Gastfreundschaft zur Verfügung standen wie Margot.

Trotzdem war es vorstellbar, daß Margot hin und wieder zärtliche Gefühle für Personen ihres eigenen Geschlechts hegte. Oder Mella. Warum auch nicht? Vielleicht hatte sich Margot in sie verliebt. Oder die beiden sich ineinander.

Sicher schien nur zu sein, daß ich Mella lange Zeit nicht wiedersehen würde, wenn überhaupt je. Ich fand die

Vorstellung eher ärgerlich als traurig. Mir würde die Einfachheit unserer Beziehung fehlen, ihre Anspruchslosigkeit. Daß man den anderen für selbstverständlich hielt … Alles das, was sich so plötzlich geändert hatte, als Mella zum erstenmal Margots Vorhandensein ahnte und ihre Ahnung durch Margots unglückseliges Auftauchen, als wir zusammen im Bett waren, bestätigt fand.

Unglückselig jedenfalls für mich, wie sich herausstellte. Für Mella war es vielleicht ein Wendepunkt gewesen, die große Chance ihres Lebens, ein Rettungsanker. Wer konnte das schon sagen?

Ärgerlich war außerdem, daß Margots unsichtbare Gegenwart Mella ganz offensichtlich dazu veranlaßt hatte, mit mir ins Bett zu gehen. Ich bezweifelte, daß sie sonst den Wunsch dazu verspürt hätte. Und ich bestimmt nicht. Mir war der Gedanke daran vorher nie gekommen. Wäre es der Fall gewesen, hätte ich ihn als völlig unpassend verworfen. Mella war zwar nicht direkt meine Schülerin, aber unser Verhältnis war trotzdem formeller Natur – das von Studentin und Professor. Einzig und allein durch Margot, die Außenseiterin, war es zu dieser plötzlichen Veränderung gekommen.

Und Margot und ich hatten weder miteinander geschlafen, noch hatten wir, soweit ich mich erinnern konnte, die Absicht gehabt, es zu tun.

Nur eine oder zwei kleine Ironien des Lebens, wie der Dichter und Romancier Thomas Hardy sagen würde. Ich liebe fast alle seine Bücher, aber die Art, wie er seine kleinen Ironien überstrapaziert, schätze ich nicht besonders.

4. Fallender Schnee

Man versteht also, daß Mellas Auftauchen das letzte war, womit ich rechnete. Am folgenden Morgen um zehn Uhr stand sie vor der Tür.

Es war jetzt, Anfang Dezember, wirklich Winter geworden. Vor zehn Monaten, in den ersten Februartagen, war Iris gestorben.

Ein plötzlicher Wetterumschwung hatte Kälte mitgebracht. In der Nacht hatte es zu schneien angefangen, doch der Schnee war kaum liegengeblieben. Jetzt schneite es immer noch in kleinen, nassen Flocken. Im Schneelicht wirkte Mella mehr denn je wie ein schmächtiges, obdachloses Kind. Ich starrte sie mit offenem Mund an.

«Mella! Ich dachte, du bist bei Margot!»

Sie taumelte über die Schwelle wie ein waidwundes Tier, das einen Platz zum Sterben sucht. Ich wich zurück. Gleich darauf waren wir in der Küche, und Mella saß auf einem der Bürostühle.

«Nescafé? Deinen Keks?»

Sie lächelte matt, sagte aber nichts. Ich stellte den Wasserkessel für den Kaffee auf und öffnete die Keksdose. Als ich mich umdrehte, um ihren Becher aufzufüllen, warf sich Mella plötzlich auf mich und schlang mir die Arme um den Hals. Der Becher flog durch die Küche.

Mella preßte ihr Gesicht gegen meine Nase. Ich bekam kaum Luft. Ich fragte mich ein wenig ärgerlich, ob der Becher kaputt war (ich mochte ihn nämlich besonders gerne), und versuchte mich Mellas Griff zu entwinden.

«Bitte, John», sagte sie, «laß mich zu dir kommen. Ich kümmere mich um dich, ich versprech's. Ich werd dich auch nicht stören. Ich gehe weg. Ich mache im Haus sauber und alles.»

Ihre Chancen hätten besser gestanden, wenn sie das mit dem Haus und dem Saubermachen nicht gesagt hätte. Es war niederträchtig, so etwas zu denken, aber ich dachte es trotzdem. Der Gedanke an das Haus, *mein* Haus, von Mella saubergemacht, war sofort und absolut unerträglich.

«Aber was ist mit deinem kleinen Jungen?»

«Also schön, ich habe keinen kleinen Jungen. Das habe ich erfunden. Und auch, daß ich einen Mann habe. Was ist daran so schlimm? Ich habe gedacht, wenn ich das sage, würdest du dir meinetwegen keine Gedanken machen.»

Ich würde mir ihretwegen auch keine Gedanken machen, wenn sie alleinstehend wäre. Es war also alles nur um meinetwillen geschehen. Das hätte einen rühren können. Vielleicht sollte es das auch. Aber ich war nicht gerührt.

Sie sah mich scharf an, wandte den Blick nicht von meinem Gesicht. Wahrscheinlich konnte sie darin Bestürzung, Schuldbewußtsein, Verlegenheit und dergleichen lesen. Aber vor allem fühlte sich mein Gesicht an, als gehörte es einem kleinen Schuljungen, dem ein Kamerad einen haarsträubenden Vorschlag gemacht hat, wie zum Beispiel aufs Dach der Kapelle zu klettern oder die Robe des Lehrers zu klauen, und der nicht weiß, wie er aus der Sache herauskommen soll, ohne allzusehr das Gesicht zu verlieren.

Inmitten all dieser Fürchterlichkeiten durchfuhr mich ein Gedanke. Mella hatte ein Kind, einen Ehemann usw. erfunden, genauso wie Margot es geschrieben hatte. Aber was mochte sie sonst noch alles erfunden haben? Margot hatte sich selbst widersprochen. Sie hatte gesagt, Mella lüge wie gedruckt, aber auch, daß sie von Natur aus keine Lügnerin und durch und durch ehrlich sei.

Vielleicht war sie das, und ich selbst war ja auch nicht gerade ein Muster an Wahrhaftigkeit. Was das Kind betraf, hatte ich mich in der Tat täuschen lassen, aber jetzt fragte ich mich doch, wie es mit einigen der anderen Sachen aussah, die sie Margot «gestanden» hatte. Wenn man eine Lüge zugab, dann wirkte man hinterher um so glaubhafter – war es das?

Kühn sagte ich: «Ich mache mir jetzt Gedanken, wie du lebst, Darling, und wo du wohnst. Hier bei mir, das halte ich für keine gute Idee, aber was ist mit deinem Zimmer? Könnten wir da nicht etwas Besseres finden? Kann ich dir irgendwie helfen?»

Das «Darling» war etwas befangen herausgekommen. Ich hatte sie noch nie so angeredet. Das zwischen Mella und mir war, wie mir jetzt klar wurde, etwas ganz Persönliches. Wir waren auf unsere eigene Weise wir selbst. Wir bewegten uns nicht in «Darling»-Kreisen.

Ich war froh, daß das so war, aber nichtsdestoweniger hatte ich einen Fehler gemacht, einen verhängnisvollen Fehler. Mellas Augen und Mund wurden schmal. Mir war zumute wie dem Kapitän eines Schiffes, der seinem Gegner gestatten mußte, sein Heck zu passieren, und nun jeden Augenblick damit zu rechnen hat, daß mit siebenunddreißig Kanonen eine Breitseite auf ihn abgefeuert wird.

«Danke, o Herr, für das, was wir empfangen werden», wurde angeblich während der entsetzlich langsam verstreichenden Sekunden, bevor das gegnerische Schiff das Feuer eröffnete, an Deck gebetet.

Aber Mella, die mich mit einem Blick geradezu furchterregender Hingabe ansah (ich nehme nicht an, daß die Kapitäne feindlicher Schiffe je so geblickt haben), fragte bloß: «Wo wohne ich denn, deiner Meinung nach?»

Da hatte ich es. Trotz ihres hingebungsvollen Blicks war der Anflug von Belustigung, mit dem sie auf meine Antwort wartete, nicht zu übersehen.

«Ich meine mich zu erinnern, daß du mal etwas von einem kleinen Laden gesagt hast, über dem du wohnst.»

Ganz praktisch irgendwie. Wie hatte ich nur glauben können, daß ich damit durchkommen würde! Ich machte einen Schnitzer nach dem anderen. Mellas sanftes kleines Gesicht sah jetzt streng aus, wie das der Portia auf dem Richterstuhl.

«Davon habe ich nie etwas gesagt. Du hast mit Margot, diesem alten Stinktier, telefoniert, nicht wahr? Dieses Miststück! Sie hat dir bestimmt lauter miese Sachen über mich erzählt.»

«Aber nein!» widersprach ich erschrocken. «Ich habe nicht mit ihr gesprochen. Sie hat mir geschrieben.» Wieder einmal zu spät erkannte ich meinen Fehler. Mella war aufgestanden und sah zornig auf mich herunter.

«Zeig's mir! Zeig mir, was sie geschrieben hat!»

«Nein, das kann ich nicht, Mella», sagte ich in dem schwächlichen Versuch, Würde an den Tag zu legen. Es kam natürlich gar nicht in Frage.

Aber dann dachte ich plötzlich: Warum eigentlich nicht? Schließlich hatte sich Margot in dem Brief so nett über Mella geäußert. Ich hätte nichts dagegen, so etwas über mich zu lesen, ja, ich würde das sogar mit Freude tun. Außerdem ist es doch immer überaus interessant, etwas über sich in einem Brief zu lesen. Wenn ich versuchte, Mella den Brief vorzuenthalten, würde sie nur noch ärgerlicher werden. Und ich mußte zugeben, daß ich inzwischen Angst vor ihr hatte, wenn sie Anzeichen von Wut erkennen ließ. Genauso wie ich festgestellt hatte, daß ich mich in meinem einsamen Zustand vor Margot ein wenig fürchten konnte.

Ich gab Mella den Brief. Ich war nicht imstande, sie anzusehen, während sie ihn las. Deshalb sammelte ich die Scherben des zerbrochenen Bechers auf und beschäftigte mich damit, frischen Kaffee zu machen. Dann schaute ich Mella ängstlich von der Seite an.

Ihr Gesicht war sehr blaß. Als ob sie gleich wieder ohnmächtig werden würde. Und sie war nicht nur blaß, sondern sie sah auch alt aus. So alt wie Margot. Fast so alt wie ich. Wie alt war sie überhaupt?

Ich gab ihr den Kaffee, und sie begann, ihn mit ausdruckslosem Gesicht zu trinken. Ich reichte ihr den Keks.

Auch das gab mir einen Stich. Ich hatte Mella während unserer gemeinsamen Zeit so viele Kekse gereicht. Es war eine schlichte, herzerwärmende Geste, jemandem einen Keks zu geben. Jemandem, zu dem man ein spezielles Verhältnis hatte.

Ich wußte, daß ich Mella den Brief (trotz meines Bammels vor einer möglichen Szene) in Wahrheit nur gezeigt hatte, damit sie sich vor Augen führte, was für einen glücklichen Hafen sie wahrscheinlich dort in Norfolk verlassen hatte und wie vernünftig es wäre, dorthin zurückzukehren, zurück zu Margots Gastfreundschaft mit all ihrer Wärme und ihrem Interesse.

Hatte sie sich bereits mit Margot gezankt? Waren sie bis aufs Blut zerstritten? Aber das konnte ich nicht glauben. Margot war freundlich, gutmütig und unbeschwert. Sie schwatzte gerne vor sich hin. Und Mella redete nun wirklich genug, jedenfalls bei mir. Es war zwar durchaus denkbar, daß sie sich zu Hause bei Margot anfänglich ein wenig gehemmt gefühlt hatte, aber darüber war sie bestimmt sehr bald hinweggekommen. Was konnte also schiefgelaufen sein?

Ich stellte meine Frage direkt. Augenblicklich zerfloß Mella in Tränen.

«Wie konntest du bloß den Brief lesen, den sie dir geschrieben hat?» schluchzte sie. «Wie *konntest* du nur, wie *konntest* du nur!

Du solltest nicht wissen, daß ich hinfahre, daß ich da war. Das ist doch ganz klar! Es hat alles kaputtgemacht ... jetzt wird nichts mehr so wie früher sein, nie mehr.»

Vorher hatte sie einfach nur geweint, aber jetzt schien sich ihr Gesicht wie das eines Babys zu einer einzigen Grimasse des Elends zu verzerren.

Ich versuchte, ihr den Arm um die Schulter zu legen. Ich versuchte sogar, sie zu küssen. Ich wußte nicht, was man in einem Fall extremer Gemütsbewegung, wofür ich das hier hielt, tat. Mir fehlte es da an Erfahrung. Bei Iris war so etwas nie vorgekommen. Vielleicht in Gegenwart anderer, zu einem früheren Zeitpunkt in ihrem Leben, aber niemals in meiner Gegenwart.

Auf irgendeine seltsame Weise schien Mella das zu merken. Sie richtete sich auf und putzte sich die Nase.

«Entschuldige», sagte sie kühl.

«Schon gut.»

Auf einmal wurde mir klar, daß die beiden überhaupt nicht gestritten hatten. Der Besuch bei Margot hatte Mella irgendwie zu dem Mut und der Entschlußkraft verholfen, umgehend nach Oxford zurückzukommen und mir ihren Vorschlag zu machen. Und das ganze Vorhaben war, zumindest in ihren Augen, durch Margots Brief ruiniert worden. Warum war ich bloß so töricht gewesen, ihn ihr zu zeigen und ihr überhaupt zu sagen, daß Margot mir von ihr berichtet hatte?

Aber eigentlich wußte ich, daß ich froh war, ihn ihr gezeigt zu haben. Und die Konsequenzen tragen mußte – was nichts anderes hieß, als daß ich ihnen entgangen war.

Draußen, so bemerkte ich, fiel noch immer Schnee in kleinen, nassen Flocken. Es sah absolut trist aus. Kein Tag, um unterwegs zu sein. Ein Tag, um einzig und allein gemütlich in seinen eigenen vier Wänden zu bleiben. In seinem eigenen Haus. Dem Haus des Witwers.

Andererseits war es kein Tag, an dem man gern allein war. Viel besser, wenn man mit jemandem zusammen zu Hause war – soweit man konnte.

Ich sah Mella an. Mella sah mich an. Ich schwieg. Da stand sie auf, brachte ihr Äußeres in Ordnung und ergriff ihre Tasche. Ohne die ging sie nie.

«Wirst du jetzt nach Norfolk zurückkehren?» fragte ich mit zitternder Stimme.

Mella antwortete nicht. Unentschlossen folgte ich ihr zur Haustür. Sie öffnete sie selbst und drehte sich dann noch einmal kurz um.

«*Ich hasse Margot*!»

Sie lief durch den Schnee zur Gartenpforte, bog um die Ecke und verschwand.

Ich stand da und starrte töricht auf den fallenden Schnee, aber nur ein paar Sekunden lang. Dann lief ich in die Küche zurück, holte meine Mütze und meinen Mantel und lief ihr nach in den Garten. Wäre sie nicht mehr zu sehen gewesen, wäre ich vielleicht hinterhergelaufen und hätte versucht, sie zu finden. Aber da war sie noch, eine kleine Gestalt, die im Schnee die gerade Straße hinunterstapfte. Ich wollte ihr etwas hinterherrufen, aber ich tat es nicht. Ich starrte ihr nach, bis sie um die Ecke verschwunden war. Dann ging ich ins Haus zurück und machte die Tür zu.

Ich schrieb Margot, aber es gab nicht viel zu sagen, denn ich hatte keine Lust, ihr zu erzählen, was wirklich vorgefallen war. Wie es aussah, war an dem, was sich zugetragen hatte, vor allem meine eigene Dummheit schuld, wenn es denn nichts Schlimmeres war. Ich hätte Mella niemals wissen lassen dürfen, daß ich von Margot gehört hatte, und ihr erst recht nicht den Brief zeigen dürfen.

Mir war jetzt völlig klar, warum ich mich so verhalten hatte. Ein paar Tage mit Margot hatten genügt, um Mella den Entschluß fassen zu lassen, nach Oxford zurückzukehren und sich bei mir und in meinem Haus einzunisten, denn darauf lief es hinaus.

Es war sogar denkbar, daß Margot sie zu diesem Schritt ermutigt hatte. Trotz allem, was in ihrem Brief stand, hatte sie zweifellos relativ bald von Mellas Gesellschaft genug gehabt.

Möglich, ja sogar wahrscheinlich war auch, daß die beiden einen Kriegsrat abgehalten hatten, bei dem Margot der jüngeren Frau mutigere Schritte nahegelegt hatte. Wer wagt, gewinnt. Diese Annahme zwang mir eine widerwärtige Selbstgefälligkeit auf, vor der ich zurückschreckte. Es war abscheulich, sich selbst als potentielles Opfer ränkeschmiedender Frauen zu sehen, allerdings noch abscheulicher, sich die egoistische Entschlossenheit vorzustellen, mit der man Gegenzüge planen würde, Gegenmaßnahmen, um sie abzuwehren.

Und ich wußte ganz genau, daß es nicht nur abscheulich war, sondern auch irreführend. Nur in albernen Bühnenstücken und Seifenopern oder Romanen wie Mrs. Gaskells *Cranford* werden Pläne ausgebrütet, wie man Männer zum Heiraten verleiten kann. Sie sind ein literarischer Kunstgriff, kein Spiegelbild der menschlichen Natur. Bei der menschlichen Natur geht es um – oft widersprüchliche – Impulse, die das Bewußtsein belagern und es von einem Tag auf den andern stürmen und wieder aufgeben. Nie weiß man, was sie tun wird oder welche Gefühle sie als nächstes auslöst.

Warum war Margot in jener Nacht zu mir ins Bett gekommen? Warum war Mella plötzlich so anders geworden, nachdem sie mitbekommen hatte, daß eine andere Frau im Haus gewesen war? Ihrem Handeln lag bestimmt keine ausgeklügelte Strategie zugrunde. Es war einfach Teil des menschlichen Verhaltens, sozusagen eine Umleitung, die sowohl zu Gutem wie zu Schlechtem führen konnte.

Das zu sagen und auch davon überzeugt zu sein war ja ganz schön und gut. Doch war ich selbst ein gutes Beispiel für dieses Gesetz des impulsiven Verhaltens? Eigentlich nicht, wenn ich mir überlegte, wie selbstsüchtig ich in bezug auf mein Haus war und auch in bezug auf die Art und Weise, in der ich darin glaubte leben zu wollen. Andererseits brauchte man nur an die Gefahren zu denken, die diesen Lebensstil bedrohten und die ich in jüngster Zeit offenbar bewußt heraufbeschworen hatte!

Ich hätte mit Mella leicht in etwas hineinschlittern können. Natürlich nicht in etwas so Altmodisches wie eine Ehe, aber durchaus in eine Hausgemeinschaft. Denn sie tat mir nicht nur leid, zumindest hin und wieder, sondern ich wünschte mir auch ihre Gesellschaft. Ich brauchte sie – zu meinen Bedingungen natürlich. Und bis vor kurzem schien Mella absolut bereit gewesen zu sein, sie zu akzeptieren. Natürlich immer unter der Voraussetzung, daß sie sich dieser Bedingungen überhaupt bewußt war. Ich selbst war mir völlig darüber im klaren, daß man von einer solchen Voraussetzung nicht immer ausgehen konnte.

Aber warum war ich ihr nicht durch den Schnee nachgelaufen und hatte sie gebeten, zurückzukommen und vielleicht ein oder zwei Tage dazubleiben, damit wir anfangen konnten, uns näher kennenzulernen und so weiter? Was wir vorher nicht getan hatten, weil ich nicht gewollt hatte, daß wir uns näher kennenlernten.

Iris starb vor einem Jahr.

Die Zeit nach ihrem Tod hatte ganz besonders still sein sollen. Das war sie nicht. Und zweifellos ist es besser so. Ich muß an ihr Lachen denken, wenn sie ein Lied oder einen Choral zitierte, den sie in der Schule gesungen hatten.

«Kommt, auf, auf zu frischer Tat
Mutig, was der Tag auch bringt!»

Mutig war sie immer gewesen. Und vielleicht war es ihr auch egal gewesen, was der Tag ihr brachte. Ich wollte nur eins: in meinem Haus sein und mit mir und für mich allein dort leben. Das war doch nicht zuviel verlangt.

Aber es gab Leute, die da anderer Meinung waren. Viel zuviel verlangt! Was hat mir die letzte Zeit nicht alles an Aufregungen gebracht. Habe ich die gewollt? Meiner Meinung nach nicht, aber man konnte ja nie sicher sein. Die Menschen lieben Aufregungen. Ich mußte plötzlich an Margot denken, als sie vor der Tür stand, mir über die

Schulter blickte und Mella sah. Ihr großes, freundliches Gesicht war absolut verwandelt gewesen. Als hätte man ihr gesagt, sie werde den Heiland zur Welt bringen oder etwas dergleichen. Statt dessen lernte sie nur die Frau kennen, mit der ich gerade im Bett gewesen war – in demselben Bett, dem sie in der Nacht zuvor selbst einen Besuch abgestattet hatte. Es war für Margot *aufregend* gewesen – so einfach war die Sache. Und so fragte ich mich, alt, wie ich war, und unflexibel wie ein Einsiedlerkrebs in seinem Schneckenhaus, ob ich nicht lieber selber Mittel und Wege suchen sollte, um mir das Leben aufregend zu gestalten.

Angenommen, ich finge damit an, indem ich bei Mellas nächstem Besuch (sie kam bestimmt in ein oder zwei Tagen zurück) zu ihr sagte: «Mella, ich mag dich wirklich sehr gern, weißt du.» Ich würde es fest und männlich sagen, so daß ganz klar würde, was ich meinte. «Ich mag dich sehr gern.» Ich wußte aus meiner Schulzeit oder weil ich es irgendwo gelesen hatte, daß es eine fatale französische Wendung gibt, nämlich *je t'aime bien*. Fatal, weil sie mit unbeugsamer französischer Logik den Unterschied zwischen «Ich mag dich wirklich» und «Ich liebe dich», *je t'aime*, offenlegt.

Die Engländer versuchen den Schock zu mildern. Davon wollen die Franzosen nichts hören. Sie mögen ja nicht so viele Wörter haben, aber sie wissen sie prägnant einzusetzen. *Je t'aime bien* sollte bedeuten können «Ich liebe dich ungemein – ich liebe dich mehr, als man einen Menschen lieben kann.» Aber das tut es nicht. Wegen dieses fatalen *bien* kann es nur «Ich mag dich sehr» heißen. Oder, den Schock ein wenig abmildernd, «ich habe dich wirklich sehr gern.»

Aber was heißt das? Es lief darauf hinaus, daß ich es nicht fertigbrachte, zu Mella «Ich liebe dich» zu sagen. Warum bloß? Es wäre überhaupt nichts Schlimmes dabei gewesen, aber ich konnte es nicht. Zu Iris habe ich es nie gesagt – glaube ich jedenfalls. Es hatte keine Notwendigkeit bestanden, und ich bin nie auf den Gedanken gekommen. Aber zu Mella oder sonst jemandem würde ich es aus Prinzip nie sagen.

Jetzt geht es also ums Prinzip, ja? Und was ist mit dem Gesetz des impulsiven Verhaltens? Wenn man eine Frau aufmuntern kann, indem man plötzlich sagt: «Ich liebe dich», warum sollte man es dann nicht tun? Möglicherweise glaubt sie einem nicht, aber darum geht es nicht. Es wird sie trotzdem freuen, vielleicht sogar trösten.

Ich hätte im Schnee hinter Mella herlaufen und «ich liebe dich» sagen sollen. Was hätte sie dann wohl getan? Hätte sie sich umgedreht und wäre weitergestapft? Sie hätte auch wie ein Vogel in meine Arme fliegen (allerdings bin ich vierundsiebzig und von zierlicher Gestalt) und sagen können: «Ich liebe dich auch.»

Vierzehn Tage später interessierte mich die Frage nicht mehr, ob ich zu Mella «ich liebe dich» sagen sollte oder nicht. Ich wollte sie einfach nur sehen. Ich wollte sie unbedingt sehen, und ihre Abwesenheit brachte mich völlig durcheinander. Falls sie wiederkam, würde ich die Liebeserklärung lassen und statt dessen sagen … Was würde ich sagen? «Komm und versuche ein Weilchen bei mir in meinem Haus zu wohnen, wenn du magst.»

Mella zeigte sich jedoch nicht mehr. Und ich war sehr niedergeschlagen. Ich fragte mich, ob sie möglicherweise wieder bei Margot war. Ich rief Margot an. Sie klang, als wäre sie an Mella nicht mehr sonderlich interessiert. Eine ihrer Töchter war mit ihren Kindern zu Besuch. «Mach dir keine Gedanken», sagte sie. «Ich nehme an, sie taucht in ein, zwei Tagen wieder auf.»

Das tat sie nicht. Unglücklich grübelte ich vor mich hin. Ich hatte ihr Leben zerstört. Vielleicht würde sie als Drogensüchtige oder als Prostituierte enden. Und dabei war unser Zusammensein, symbolisiert durch einen Keks und eine Tasse Nescafé, so angenehm gewesen.

Ein paar Tage später beschloß ich, ihr College anzurufen. Ich wußte noch, welches es war. Nach einigem Hin und Her hatte ich die Verwaltung am Apparat. Ich sprach mit einer sehr hilfsbereiten Dame, aber Mellas Aufenthaltsort kannte sie auch nicht, da Mella offiziell schon lange nicht mehr zum College gehörte. «Vielleicht weiß man im Pförtnerhaus etwas Näheres», meinte sie. Ich versuchte, dort anzurufen, aber es herrschte immer viel Betrieb, und so beschloß ich hinzugehen. Busse machten mich nervös, und einen Parkplatz zu finden war ganz unmöglich geworden. Das Pförtnerhaus war voller Studentinnen, aber eine junge Frau (wo waren die College-Pförtner geblieben?), die die ganze Zeit telefoniert hatte, war endlich frei und sah mich fragend an. Ob sie Mella Handley in der letzten Zeit gesehen habe, brachte ich vor.

«Mr. Pratt, Mella ist doch weggefahren, nicht?» fragte sie einen unsichtbaren Kollegen im Inneren. Mr. Pratt wußte es auch nicht. «In ihrem Fach ist jedenfalls nichts. Sie ist immer hergekommen, um ihre Post abzuholen.»

Ich fragte mich, wer die Leute waren, die Mella früher geschrieben hatten. Hatten sie es aufgegeben? Man konnte sich Mella nur schwer als Briefeschreiberin vorstellen. Hatten sie keine Antwort bekommen?

Ich stand im Hof und wußte nicht so recht, was ich jetzt tun sollte. Da sah ich die Pförtnerin mit einer Tasche und der zufriedenen Miene eines Menschen herauskommen, dessen Schichtdienst vorbei ist. Sie sah mich ebenfalls, und ihr Gesicht nahm einen freundlichen Ausdruck an.

«Haben Sie nicht eben nach der kleinen Mella gefragt? Es tut uns allen leid, daß sie nicht mehr da ist», sagte sie und wedelte mit der Hand in Richtung Pförtnerhaus, um ihre Kollegen miteinzubeziehen. «Wir alle konnten sie gut leiden.»

«Wissen Sie, wo sie gewohnt hat?» fragte ich.

Die Pförtnerin hatte offensichtlich keine Lust, an die

Stätte ihres Wirkens zurückzukehren, um die Adresse herauszusuchen, und ich bestand auch nicht darauf.

«Oh, sie hatte eine wunderschöne Wohnung», sagte sie statt dessen. «Richtung Parktown. Ich habe sie da manchmal besucht, müssen Sie wissen, weil Mella meine beiden Kinder so gerne mochte – zwei kleine Jungs, Damian und Darren. Sie war unglaublich nett und hat die Kinder manchmal eine Weile genommen. Die fanden sie ganz toll. Dauernd kriegten sie etwas geschenkt.»

«Haben Sie mal einen von ihren Bekannten kennengelernt, ich meine, ihren Freund vielleicht? Jemand hat mir erzählt, sie sei verheiratet.»

«Nein, nein, das war sie ganz bestimmt nicht. Sie war ein richtiger Einzelgänger. Ich habe nie irgendwelche Freunde in ihrer Wohnung gesehen.»

Ich bedankte mich, und wir trennten uns. Ich dachte noch rechtzeitig daran, sie zu fragen, ob Mella eine Adresse hinterlassen hatte, an die sie die Post nachgeschickt haben wollte. Das hatte sie nicht. «Aber», sagte die Frau, die ich inzwischen als meine Freundin und Verbündete betrachtete, «es ist schon vorgekommen, daß sie für ein oder zwei Wochen verschwand, manchmal auch länger, und wieder da war, wenn ich sie anrief oder mit den Jungs vorbeischaute. Wir würden sie vermissen, wenn sie für immer fortgegangen wäre, aber das glaube ich nicht. Jedenfalls nicht diesmal. Irgendwann wird sie wieder auftauchen. Wollten Sie ihr eine Nachricht hinterlassen?»

Ich sagte: «Nein, vielen Dank» und bedankte mich überschwenglich für ihre Hilfe. Gab es nicht bei Milton so jemanden, der an der Höllenpforte die Aufsicht führte?

«Wir sind dazu da, anderen zu helfen, sage ich immer», fuhr meine ganz persönliche Pförtnerin in ihrer ungezwungenen Art fort. Ich überlegte, ob und wie ich ihr ein Trinkgeld geben sollte, was zu Zeiten der alten College-Pförtner etwas ganz Normales gewesen wäre. Ich kam zu dem Schluß, daß es unter unseren veränderten Bedingungen heute nur unpassend wäre.

Ich kann nicht sagen, daß ich Mella besonders lange vermißte. Das gleiche gilt für Margot. Im übrigen bestand, was Margot anging, auch kein Grund dazu, denn wir sahen uns von Zeit zu Zeit. Dann sprachen wir manchmal von Mella, und Margot fragte mich, ob sie mir fehle und wie wichtig mir diese Beziehung gewesen sei.

Meine Antwort fiel unbestimmt aus, denn ich wußte es selbst nicht. Mella hatte mir gefehlt, aber was mir die Pförtnerin von ihr erzählt hatte, hatte sie in meinen Augen irgendwie ihres alten Wesens beraubt, das sie gezeigt hatte, wenn sie zu ihrem Becher Kaffee und ihrem Keks gekommen war. Was mir Margot in ihrem Brief enthüllt hatte, veränderte für mich vieles. Mella im Bett oder eine wie wild den Fußboden wischende Mella waren mir als völlig normale Erscheinungsformen jener Mella erschienen, die in regelmäßigen Abständen kam und an meiner Haustür kratzte. Aber nachdem ich von ihrer Wohnung gehört hatte und daß sie so nett zu den kleinen Jungen der Pförtnerin gewesen war (und sie hießen wirklich Damian und Darren), wurde Mella immer mehr zu einem Phantom.

Ihr Verschwinden kam mir ganz natürlich vor, so wie das eines Menschen in der U-Bahn, der aussteigt und davongeht, während man selbst ganz kurz denkt, daß es hätte nett sein können, ihn kennenzulernen.

II ZWISCHENREICH

5. Wände und mit dem Kopf dagegen rennen

Der am wenigsten erwartete Aspekt des Hinterbliebenseins und der, den ein Betroffener am wenigsten erkennt, stellte sich bei genauerem Hinsehen als der allergewöhnlichste heraus. Alle, selbst die ganz Jungen, wissen sozusagen instinktiv, daß das tägliche Leben nach dem Prinzip von Sam und seiner Backsteinmauer funktioniert. Je älter man wird, desto bewußter wird einem diese Tatsache, und man lernt, mit diesem Prinzip zweckmäßig umzugehen. Vielleicht ist es auch eher ein Gesetz als ein Prinzip. Wie auch immer, wenn man, dem sprichwörtlichen Sam vergleichbar, eine Zeitlang mit dem Kopf gegen die Wand gerannt ist, dann weiß man, daß die Zeit danach – bevor es wieder losgeht – angenehm sein wird. Margot und Mella hatten eine wunderbare Wand abgegeben.

In einem allgemeinen Sinne war die Backsteinmauer anfänglich – zu meiner Überraschung – ganz verschwunden. Mein Witwertum berechtigte mich seinem Wesen nach zu uneingeschränktem Mauererlaß. Nahm ich jedenfalls an. Ich konnte mich auf mich selbst konzentrieren und es genießen, mein eigenes Leben zu führen, meine Zeit für mich zu haben und meinen Tagesablauf selbst zu bestimmen. Nirgends schien eine Wand im Wege zu sein. Aber genau das war, wie sich schnell zeigte, das Problem.

Wände haben Ohren. Sie ahnten bald, was ich vorhatte, und machten sich daran, die alte Ordnung wiederherzustellen. Zuvorkommend drängten sie von allen Seiten auf mich ein, und wenn ich ihnen instinktiv mit dem Kopf auswich, dann besorgten sie das Dagegen-Rennen mit Entschiedenheit für mich.

Was sollte ich jetzt anfangen, wo Margot und Mella nicht mehr zu meinen beiden Seiten aufragten? Das sollte ich bald herausfinden, denn jetzt, wo Mella fort und Margot auf gegenseitige Besuche nicht mehr so erpicht war, war ich wieder auf mich selbst angewiesen.

Nach all den Schwierigkeiten, die ich mit den beiden Damen gehabt hatte, hätte ich mir ja wohl nichts Besseres wünschen können. Eine Befreiung von Sams Naturgesetz und von seiner Wand. Und anfangs war es ja auch wirklich sehr angenehm, wie ich fand, allein und ganz für mich zu leben. Angenehm, über Margot und Mella nachzudenken und für ihre Abwesenheit dankbar zu sein.

Aber nach ein paar Tagen kamen mir die ersten Zweifel. Die beiden Frauen mit ihren in mancher Hinsicht gleich starken Persönlichkeiten hatten mich, ob ich wollte oder nicht, verändert. Zweifellos war es eine negative Persönlichkeit, die da entstanden war, denn sie hatte sich unter Streß und zu einem bestimmten Zweck entwickelt. Eine Persönlichkeit, die auf Selbstschutz spezialisiert war.

Jetzt mußte ich versuchen, mich eher wieder zurückzuentwickeln zu dem Menschen, der ich meiner Meinung nach früher gewesen war – mehr in Richtung des Menschen, der sich um Iris gekümmert hatte. Dann würde ich wieder frühmorgens aufwachen und im Bett lesen oder schreiben. Ich würde, so wie früher mit Iris, regelmäßig einen Gang um den Block machen. Ich würde in aller Ruhe einkaufen. Und während der ganzen Zeit würde ich mich auf den Abend und die beginnende Dunkelheit freuen. Und auch – mit den armseligen Überresten eines früheren Vergnügens – auf meinen Drink. Zwei Drinks. Mehr als das war, wie ich inzwischen wußte, ein Fehler.

Ich würde lange und zerstreut bei einem Buch und Radiomusik zu Abend essen. Ein bißchen später dann würde ich vielleicht den Fernseher anstellen. Ich würde mich durch die fünf Kanäle zappen, von denen einer immer idiotischer war als der andere, und dann dankbar ausschalten, es sei denn, es gäbe eine gute Verfolgungsjagd, eine ordentliche Schießerei oder ein vielversprechendes Wesen aus dem All. Früher einmal hatte ich so was wirklich mit Vergnügen gesehen, während Iris oben friedlich schlief. Es hatte alles zur Gemütlichkeit des abendlichen Ablaufs beigetragen. Jetzt empfand ich es als Erleichterung, wenn ich den Kasten abstellen und mit einer Tablette ins Bett gehen konnte.

Allmählich ergriff die Erinnerung wieder von mir Besitz. Margot und Mella hatten sie gemeinsam abgelenkt und in Stücke gehackt, die sich im Staub wanden wie abgeschlagene Drachenköpfe und – wie es zu dem Zeitpunkt aussah – nie wieder zusammenwachsen würden. Aber jetzt erwachten sie zu neuem Leben, glitten schnell aufeinander zu und setzten sich wieder zusammen wie früher diese grünschleimigen Dinger aus irgendeinem Horrorfilm, der mich im Fernsehen amüsiert und getröstet hatte.

Anfänglich begrüßte ich die Erinnerungen. Später dann nicht mehr. Aber da gab es noch etwas anderes, das mit ihnen zusammen aufgestiegen war wie eine bekannte, aber unsichtbare Begleitung. Was war es bloß? Es irritierte mich, weil es so real zu sein schien. Nicht wie die Erinnerung, deren Realität erdrückend und tyrannisch, auf süße und heimtückische Weise zwanghaft, aber ohne Leben war.

Schließlich fiel es mir wieder ein. Wie konnte ich das bloß vergessen haben? Es zeigte zumindest, daß mein Kurzzeitgedächtnis ernstlich Schaden genommen hatte – und zwar so ernstlich, daß ich mich sofort besorgt fragte, ob die Erinnerung an die letzten Monate und Jahre, ehe ich mich's versah, genauso verschwunden sein würde.

Aber wenigstens hatte ich mich doch noch erinnert. Oder besser, es war mir wieder eingefallen. Und es war etwas ganz Einfaches, nämlich die Tatsache, daß ich nach Iris' Tod frühmorgens im Bett gelegen und über das alles geschrieben hatte. (Das war lange vor Margots und Mellas Auftreten.)

Wo war es bloß geblieben, das Zeug, das ich geschrieben hatte? War es ins Pastetenland entschwunden zu der ersten Großen Pastete, die nie wieder aufgetaucht war? Mellas Pasteten hatten jene legendäre Pastete ersetzt, aber jetzt waren auch Mellas Pasteten verschwunden. Befanden sich bei all den gegessenen oder nicht gegessenen Dingen, an dem gleichen Ort, wo auch all die anderen verlorenen Dinge waren, ob man sie nun vergessen hatte oder sich ihrer erinnerte.

Ich fing an zu suchen. Ich mußte an Margots passenden Vergleich mit dem Augiasstall denken. Mellas anschließender Einsatz mit Handfeger und Kehrblech, Mop und Ajax war mir seinerzeit schrecklich effektiv vorgekommen, aber die Zeit selbst war nicht stehengeblieben und machte sich inzwischen darüber lustig. Von all den umfänglichen Arbeiten war kaum noch eine Spur zu sehen.

Nachdem ich immer dieselben Schubladen und Aktendeckel viele Male geöffnet und geschlossen und die Berge alter Papiere auf dem Fußboden umgedreht hatte (so wie Füchse auf der Suche nach Käfern Kuhfladen umdrehen), gab ich die Suche auf. Wozu sollte sie überhaupt gut sein? Mein Gekritzel hatte mir seinerzeit etwas zu tun gegeben und mich möglicherweise sogar aufgemuntert, aber das war auch alles. Ich gab die Suche auf.

Aber eine gewisse Neugier blieb. Was hatte ich damals niedergeschrieben? Ich mußte es ja wohl für wichtig genug gehalten haben – und das zu einer Zeit, als ich mich in einer Art Trancezustand befunden hatte und mehr bei den Toten als bei den Lebenden zu weilen schien. Ich hatte Sachen aufgeschrieben. Und ich hatte mich mit einem geradezu erbarmungswürdigen Vergnügen, wie es mir jetzt vorkam, bereit erklärt, bei mehreren Treffen einer Selbsthilfegruppe und bei Informationsabenden zu sprechen, bei denen wir alle Demenz-Opfer, wenn nicht sogar Fans zu sein schienen, die ihr gemeinsames Interesse und das Bedürfnis nach Trost kameradschaftlich verband.

Ich besaß viele Briefe aus jener Zeit, die sich in einem Pappkarton auf dem Küchentisch befanden. Und ich bekam immer noch Briefe und ging noch relativ oft zu den Treffen, obwohl Mella und Margot für eine zeitweilige Unterbrechung gesorgt hatten.

Diese Briefe waren noch da, auch wenn so viele andere ins Pastetenland abberufen worden waren, und ich fing an, sie eher absichtslos durchzugehen. Ganz zuunterst auf dem Boden der Schachtel lag ein unordentlicher Packen verdrehter und zerknautschter Seiten.

Ich zog sie heraus und erkannte sofort, daß es das war, was ich damals geschrieben hatte. Iris konnte zu dem Zeitpunkt noch keine Woche tot gewesen sein. Der Text begann völlig unvermittelt, und ich setzte mich sogleich hin, um ihn zu lesen. Anfänglich begriff ich gar nicht, wovon ich da redete, aber dann wurde es mir langsam klar. Gewissermaßen. Ich konnte es immer noch nicht fassen, wie ich das alles hatte vergessen können, so als habe mit Iris' Tod das Gedächtnis seine Funktion und seinen Zweck verloren und könne sich nur noch auf die Zeit ihrer Krankheit beziehen, als wir noch beieinander waren.

In der Nacht (so fing der Text an) hörte ich die Stimme der Dame, die am Abend zuvor am gleichen Tisch mit mir gesessen hatte. «Im Garten, direkt neben ihm ... ist das nicht wirklich passend? Und beide waren solche leidenschaftlichen Gärtner ...»

Sie hatte das nicht zu mir, sondern zu ihrem Tischnachbarn unten am Ende der Tafel gesagt. Während es langsam hell wurde und ich schlaflos dalag, grübelte ich über die Vorzüge dieses Arrangements nach und kam zu dem Schluß, daß es in meinen Augen keine hatte. Während ich mit halbem Ohr meiner eigenen Tischnachbarin zugehört und angemessen geantwortet hatte, hatte ich versucht herauszubekommen, ob man dem Paar etwas zur Erinnerung aufs Grab gegeben hatte. Einen kleinen

Stein oder vielleicht bloß ein Beet mit ihren Lieblingsblumen? Aber wenn irgendwelche diesbezüglichen Einzelheiten erwähnt worden waren, dann hatte ich sie nicht mitbekommen.

Jetzt bedauerte ich, daß ich nach dem Abendessen nicht zu der Frau hingegangen war und mich genauer erkundigt hatte. Aber ein solches Interesse von einem erst vor kurzem verwitweten Mann hätte vielleicht ein wenig geschmacklos gewirkt. Meine Neugier war zwar natürlich, aber sie zu befriedigen hätte für einen anderen Gast recht peinlich sein können. Ich war der Frau vorher noch nie begegnet, und auch das freundliche Ehepaar, das mich zum Abendessen eingeladen hatte, kannte ich kaum.

Mir war durchaus klar, daß sie gedacht hatten, man müsse mich einladen, um mich «herauszuholen» – heraus aus einem wie immer gearteten Zustand des Alleinseins, in dem man nicht bleiben sollte. Aber das Paar in dem Garten – oder besser, unter dem Garten – würde nicht allein sein.

Das war, wie ich fand, der entscheidende Punkt. Sie hätten einander, wie im Leben. Und da mir nichts Besseres einfiel, worüber ich in dieser schlaflosen Nacht hätte nachdenken können, dachte ich, ob wohl die Freunde jenes beerdigten Paares angenommen hatten, daß den beiden, als sie noch lebten, die Aussicht, zusammen unter dem Garten zu liegen, gefallen hatte.

Hatten sie sich darauf gefreut? Gefiel es ihnen noch immer? Vielleicht war es die Idee der Frau gewesen, ihn im Garten zu beerdigen? Und war es in diesem Fall eine Überraschung, und vielleicht nicht nur eine freudige, für ihn gewesen, als man seine Frau neben ihm zur Ruhe bettete? Möglicherweise hatte er sich ja inzwischen an die Freuden des Alleinseins gewöhnt. Und aus irgendeinem Grund gefiel mir der Gedanke, daß er in Wirklichkeit gar kein so begeisterter Gärtner gewesen war, sondern daß er aus ehelicher Solidarität der Version, die seine Frau über ihn in Umlauf gesetzt hatte, beigepflichtet hatte.

Endlose Möglichkeiten. Und das einzig wirklich Entscheidende war, daß sie aus der Welt in die absolute Daseinslosigkeit verschwunden waren. Nichtsdestoweniger konnte man weiterhin über ihre hypothetischen Gefühle seine Mutmaßungen anstellen – genauso wie man über ihren physischen Aufenthaltsort Informationen austauschen konnte. Da waren sie, dort in dem Garten. Mußten sie sich dieser tröstlichen Tatsache nicht in irgendeiner Weise bewußt sein? Dies anzunehmen war für andere zweifellos ein Trost.

Das unter dem Rosenbeet in seinem Garten beerdigte Paar existierte im Bewußtsein der Lebenden weiter – in den «Gedanken, die durch die Ewigkeit wandern», wie Milton es ausdrückte. Und die Ewigkeit ist nicht das Leben nach dem Tod, sondern ist in unseren Gedanken beschlossen. Auf diese Weise mit den Toten Zwiesprache zu halten muß etwas sein, dem sich die Menschen schon seit Urzeiten hingegeben haben. Läßt sich etwas Tröstlicheres denken?

Der russische Dichter Tjutschew, ein Zeitgenosse Puschkins, hat ein bewegendes Gedicht geschrieben mit dem Kehrreim: «Meine Liebste, siehst du mich?» Besser, von seiner toten Frau gesehen zu werden als von Gott, aber Tjutschew, ein frommer orthodoxer Christ, hatte, als er sich eine ständige Beobachtung erhoffte, Gott sicherlich miteingeschlossen.

Thomas Hardy bildet dazu einen – unlogischen – Kontrast. Seiner Meinung nach existierte Gott nicht wirklich, brachte es aber dennoch fertig, Mr. Hardy sehr genau im Auge zu behalten – so wie es auch Mr. Hardys verstorbene Frau tat und sein Hund und verschiedene andere Tiere. Hardy bedurfte ihrer fortdauernden Existenz zwar nur, um Gedichte über sie zu schreiben, aber das ist schließlich der beste Gebrauch, den ein Schriftsteller von seinen lieben Entschlafenen machen kann. Oder von Gott, was das anbelangt. Als Dichter, die fähig waren, von ihrem Material guten Gebrauch zu machen, lagen der tiefgläubige Tjutschew und der wehmütige Atheist Hardy gar nicht so weit auseinander.

In der folgenden Nacht begann ich, über die offenkundige Tatsache nachzudenken, daß die Menschen heutzutage, die ja weder an Gott noch an ein Leben nach dem Tod glauben, trotzdem das Gefühl haben, daß ihre geliebten Toten noch immer da und sich ihrer Lage bewußt sind, ob sie nun im Garten oder auf dem Friedhof ruhen oder als eine Handvoll Asche in einer Urne. Die Toten erwarten die Aufmerksamkeiten, die die Lebenden ihnen erweisen, und die Lebenden gehen, ohne groß darüber nachzudenken, davon aus, daß dies so sein muß.

Gewiß klammerte sich Hardy als ungläubiger Mensch an die Vorstellung eines sozusagen poetischen Überlebens. In seinen Versen unterhalten sich die Toten weiterhin mit den Lebenden, streiten mit ihnen, äußern sich herablassend über sie, weil sie noch nicht unter der Erde sind, oder mokieren sich über sie. Manchmal können sie sogar richtig eklig sein.

Und warum auch nicht? Gelegentlich gibt Hardy es offen zu. In einem seiner Gedichte wird «eines Toten besserer Teil» in den Herzen derer, die ihn geliebt haben, am Leben erhalten wie ein histologisches Präparat, bis zu dem Augenblick, in dem die Erinnerung und die Menschheit verlöschen und nur noch im Herzen des Dichters ein schwacher Funke glimmt – «der im Dunkel erlischt».

Über die Toten zu schreiben hilft einem nicht nur, mit ihnen in Verbindung zu bleiben, sondern ist auch eine Art und Weise, seine Schuld zu sühnen. Sobald Hardys Frau Emma gestorben war, besuchte er das Dorf im Norden Cornwalls, wo er sie kennengelernt hatte, und schrieb eine Reihe der wundervollsten Gedichte über jenes erste, verzauberte Zusammentreffen, als «unsere Tage eine Freude waren, und unsre Pfade durch Blumen führten».

Kein Wunder, daß seine Ehefrau Nummer zwei, Florence, von ihrer Vorgängerin ziemlich bissig als von «der verstorbenen anvermählten Heiligen» sprach.

Sie hatte von ihrem Mann eine Menge hinzunehmen, wozu auch gehörte, daß er, obwohl er sich in einem seiner eindringlichsten Gedichte als «jemand, der solche Dinge bemerkte» bezeichnete, die Augen fest zumachte, wenn es um seine eigene häusliche Situation ging, und lieber gar nicht wissen wollte, wie das alles funktionierte, zu welchem Preis und wer den Preis bezahlte. In dieser Hinsicht war er zweifellos nicht der einzigartige und originelle Dichter, der in der warmen und mottenerfüllten Dunkelheit den Igel heimlich über den Rasen laufen sieht, sondern ein Mann, der all den vielen anderen vorsätzlich blinden Männern seiner Zeit ähnelte und – zumindest nach außen – auch ähneln wollte.

Hardys Poesie bezog ihre Kraft einerseits aus seinem fehlenden Gottesglauben und andererseits aus seinem Glauben an ein poetisches Überleben. In einem seiner Gedichte an die tote Emma gesteht er ihre «Daseinslosigkeit» ein. Aber bei einer späteren Überarbeitung des Gedichts ersetzte er das durch den Ausdruck «fahle Wissenslosigkeit», eine Hardysche Wortschöpfung, die sehr altenglisch anmutet. Sie weist auf einen Zustand, in dem man weder Gedanken noch Bewußtsein hat, obwohl die tote Emma in Hardys dichterischer Vorstellung beides in reichem Maße besitzt. «Daseinslosigkeit» ist ein viel kompromißloseres Wort, auch wenn ihm alles andere in diesem Gedicht wie auch in vielen anderen über die andauernde Existenz Emmas widerspricht.

Über solche Dinge nachzudenken munterte einen in gewisser Weise auf. Ich verstand, warum Hardy diese Gedichte über Emma gleich nach ihrem Tod geschrieben hatte. Nicht nur, daß sie für ihn noch sehr gegenwärtig war, sondern es versetzte ihn auch zurück in die Zeit und an die Orte, an denen er ihr zuerst begegnet war, wie in

«Nach einer Reise», als ihre «Tage eine Freude» gewesen waren.

Bei mir war die Wirkung eine andere. Ich konnte wieder über Iris schreiben, so wie ich es vor ihrem Tod getan hatte. Aber ich schrieb genau andersherum über sie. Hardy hatte Emma am Leben erhalten, jedenfalls eine Zeitlang, indem er über sie schrieb. Ich hatte bis zu diesem Morgen das Gefühl gehabt, daß Iris lebendig und bei mir sei. Jetzt war mir ganz plötzlich klar, daß sie wirklich aufgehört hatte zu existieren, und deshalb konnte ich über sie schreiben, als sei sie noch am Leben.

Ich fühlte, daß sie nicht mehr da war. Aber das war nicht alles. Ich *wußte*, daß sie nicht mehr da war. Sie war gestern dagewesen und vorgestern und vorvorgestern. Aber jetzt nicht mehr. Heute morgen um sechs war ich in die Küche hinuntergegangen, wie ich das während des letzten Stadiums ihrer Krankheit immer getan hatte. Ich hatte mir eine Tasse Tee gemacht, schwachen grünen Tee, an den ich mich gewöhnt hatte, als Iris in den frühen Morgenstunden unten im Haus umherzuwandern pflegte, mit sich selbst redete und Abfälle, Besteck, Kissen und Kleidungsstücke aufhäufte.

Sie war niemals schwierig oder unfreundlich, selbst dann nicht, aber es war zwecklos, sie zum Zubettgehen überreden zu wollen, bevor nicht ein innerer Vorgang sie dazu aufzufordern schien. Ich pflegte ihr vorsichtig ins Schlafzimmer zu folgen, und wenn sie dann wieder im Bett lag und zu mir emporlächelte, drehte ich sie behutsam auf die Seite, was sie, wie ich wußte, mochte, deckte sie zu und gab ihr einen Gutenachtkuß, obwohl es inzwischen oft vier oder fünf Uhr morgens war. Ein Augenblick des Glücks.

Ich versuchte dann gar nicht erst zu schlafen, ich war viel zu wach. Ich machte mir also meinen Tee und wanderte selbst ein wenig umher. Dann ging ich hinauf und legte mich neben sie, die jetzt ganz friedlich schlief. Das war für mich die Zeit, wenn ich vor mich hinträumte und mich erinnerte, die beste Zeit des Tages, abgesehen von der Abendstunde, wenn ich, nachdem ich Iris ins Bett geschafft und ihr ihren Gutenachtkuß gegeben hatte, zwei starke Drinks zu mir nahm und irgendeinen alten Lieblingsautor wie C. S. Forester oder Barbara Pym las.

An diese Zeit dachte ich, als ich heute morgen hinunterging, zehn Tage nach ihrem Tod, und mir wünschte, sie sei noch nicht vorbei. Ich wollte mir meine Tasse grünen Tee machen und blieb mit der Rückseite meines Unterhemds an einer Armlehne meines Windsor-Stuhls hängen. Es war erstaunlich schwierig, meinen Becher vorsichtig abzusetzen, mich umzudrehen und mich zu befreien. Während ich das tat, stieg in mir wie ein musikalischer Akkord die Erinnerung auf, daß ich das schon einmal getan hatte, und zwar vor fast genau einem Jahr, und daß ich Iris davon hatte erzählen wollen. Wenn ich es ihr hätte klarmachen können (und sogar in diesem Stadium konnte sie komische Sachen im allgemeinen verstehen), dann hätte es sie bestimmt erheitert. Aber sie schlief gerade, und so konnte ich es ihr nicht erzählen, und später hatte ich an Wichtigeres zu denken und vergaß den Vorfall.

Diesmal war ich fest entschlossen, es ihr zu erzählen. Ich würde mit meinem Becher hinaufgehen und ihr zeigen, wie ich mit dem Loch hinten in meinem Unterhemd an dem Stuhl hängengeblieben war. Wenn ich ihr erklärte, daß ich mich wie ein Hund gefühlt hatte, der an seiner Leine zieht, dann würde sie das, davon war ich überzeugt, bestimmt komisch finden. In allen Stadien der Alzheimerkrankheit scheint es ganz wichtig zu sein, daß dem Erkrankten auch Komisches nahegebracht wird.

Ich hatte in diesem Augenblick ganz ehrlich vergessen, daß Iris tot war und ich es gar nicht würde erzählen können.

Das kam vielleicht daher, daß mir der erste Vorfall mit dem Hemd noch so lebhaft in Erinnerung war. Ich sah mich schon schnell die Treppe hinaufgehen, wobei ich allerdings auf meinen Teebecher achtgeben mußte, und hörte mich sagen: «Liebling, rate mal, was passiert ist!» Ich sah mich, und ich sah Iris im Bett und wie sie sich lächelnd aufrichtete, um zu hören, was ich ihr erzählen würde. Aber bevor ich unser Schlafzimmer erreicht hatte, war sie verschwunden.

Sie war nicht da. Sie war zehn Tage zuvor in Vale House gestorben, und doch schien sie bis zu diesem Augenblick bei mir – in unserem Haus – gewesen zu sein. Mein Wunsch, ihr von dieser komischen Geschichte heute morgen zu erzählen, von der Sache, die mir auch schon vor einem Jahr passiert war, schien ihr ganz plötzlich das Leben genommen zu haben, das sie bis dahin in meiner Vorstellung gehabt hatte. Und mit ihr war auch der Spaß verschwunden. Es gab nichts Komisches mehr, denn das war etwas, was ich mit ihr geteilt hatte.

Ich setzte mich aufs Bett, trank meinen Tee und fragte mich, was ich mit dem Rest meines Lebens anfangen sollte.

Es gibt ein Stück von Bernard Shaw mit dem Titel *Widowers' Houses* (*Die Häuser des Herrn Sartorius*). Ich hatte es weder gesehen noch gelesen und nur eine ganz schwache Vorstellung davon, worum es darin ging. Möglicherweise handelte es von angesehenen Leuten, die ihr Einkommen aus der Vermietung von Elendsquartieren bezogen – jedenfalls von einer der Pestbeulen, die am Leib der feinen Gesellschaft vor sich hin eiterten. Ich erinnerte mich, daß Shaw eine Sammlung von Stücken unter dem Titel *Plays Pleasant and Unpleasant* herausgegeben hatte. *Widowers' Houses* mußte eines der unerfreulichen gewesen sein.

Der Titel faszinierte mich, auch wenn ich nichts unternahm, mehr über das Stück herauszufinden. Für mich waren die Häuser von Witwern Häuser, in denen Witwer lebten. So wie mein Haus. Es war einmal unser Haus gewesen. Es war immer noch unser Schlafzimmer, unser

Garten, unser Feigenbaum, Iris' Stuhl im Garten, der im vorigen Sommer heimlich von wildem Wein in Besitz genommen worden war. Im Herbst färbte er sich scharlachrot, und wie leidenschaftlich hatte ich mich doch nach diesem Herbst gesehnt und nach dem Ende der langen, schalen Sommertage. Iris auch, dachte ich. Herbst und Winter waren unsere Zeit, diese grauen Tage ohne Sonne. Die Sonne haßte ich ganz besonders.

Aus irgendeinem Grund war es nicht mehr länger «unser Haus», aber wir schienen immer noch «unsere Freunde» und sogar «unser Heim» zu haben – nämlich Vale House, wo Iris starb. Tricia O'Leary, die es leitet, war in hohem Maße eine Freundin. Das Heim war ein sicherer, guter, glücklicher Ort, den Iris sofort mochte. Aber bei unserer Ankunft wollte sie nicht aus dem Taxi aussteigen, bis Maureen, eine der Schwestern dort, sanft ihre Hände nahm. Sie lächelte Iris an und führte sie, rückwärtsgehend, zur Tür, als führten sie zusammen einen kleinen Tanz auf. Iris leistete keinen Widerstand, lächelte ebenfalls und blickte nicht ein einziges Mal zurück.

Vale House war weit davon entfernt, ein Tal der Tränen zu sein. Aber als ich, Iris' Hand haltend, im Taxi saß und dem Fahrer die Adresse nannte, fiel mir Mrs. Gamps philosophische Bemerkung ein: «Er is innem Wallfüsch geboren und hat innem Wallfüsch gelebt, und er muß die Folgen seiner Sitiwation akzeptieren.»

Ich habe sie jetzt auch akzeptiert, so wie Iris es getan hat.

Auch wenn es das Haus eines Witwers sein mochte, so fühlte es sich doch nicht anders an als vorher, als es unser Haus gewesen war. Das lag nicht so sehr daran, daß ich es nicht übers Herz gebracht hätte, etwas zu tun, sondern ich konnte einfach nicht einsehen, warum ich etwas tun sollte. Iris' aufgehäufte Sachen blieben unangetastet auf dem Fußboden. Ihre staubige Brille, die sie schon seit mehreren Jahren nicht mehr getragen hatte, lag auf dem Fensterbrett, umwickelt mit der schwarzen Schnur, die ich ihr einmal besorgt hatte, damit sie sich die Brille umhängen konnte, was sie aber niemals tat. Auch bestand die Tendenz, daß sich Dinge in den Zimmerecken ansammelten und bis zu dreißig und mehr Zentimeter tiefe Verwehungen bildeten, über die man hinwegsteigen mußte. Fünf, sechs Wochen waren vergangen, und nichts war aufgeräumt worden.

Eines Tages würde ich wahrscheinlich alles hinauswerfen. Eines Tages würde das Haus ein ganz neues Haus werden, ein Haus für mich. Iris hatte in dem kleinen Zimmer im Obergeschoß gearbeitet. Ich wußte nicht, was ich damit machen würde. Sie hatte dort sechs oder sieben ihrer Romane geschrieben und den größten Teil ihrer langen philosophischen Untersuchung mit dem Titel *Metaphysics as a Guide to Morals*. An welchem Roman sie gerade schrieb, als wir 1989 hier einzogen, weiß ich nicht mehr.

Ich hatte eine plötzliche Vorahnung, daß mein Witwertum im Laufe der Monate und Jahre wachsen und sich voll entwickeln würde. Würde die Vergangenheit die Gegenwart verschlingen und noch mächtiger, noch widerspenstiger und noch verführerischer werden? Würde sie mich, während ich versuchte, mir neue Lebensinhalte zu schaffen, nur wie eine große Katze anlächeln und noch näher herangeschlichen kommen?

Nun, jedenfalls erinnerte ich mich an unseren Einzug als an eine aufregende Zeit. Ich hatte unser kleines Haus in der Hartley Road sehr gemocht. Vorher hatten wir auf dem Land gewohnt, aber unser heruntergekommenes, wenn auch auf seine Weise durchaus prächtiges Haus in Steeple Aston hatte auf uns den Eindruck gemacht, als könne es uns nicht länger ertragen. Unser neues Haus in der Hartley Road war ein Eckhaus gewesen und laut, aber Iris hielt ihm die Treue, weil sie wußte, daß ich mich in die Idee eines solchen Hauses auf sentimentale Weise verliebt hatte, wenn auch nicht in die Realität. Es war für uns beide eine Erleichterung gewesen, als wir unerwartet die Chance bekamen, wieder umzuziehen.

Unser neues Haus war nicht größer als das vorige, und die Zimmer waren noch winziger, aber die beiden kleinen Gärten vor und hinter dem Haus waren voller großer Bäume. Der rückwärtige, auf zwei Seiten von Backsteinmauern begrenzte Garten wies unter seinen neuen Besitzern bald ein prächtiges Dickicht aus Unkraut und Unterholz auf. Holunder, Brombeeren, Haselnußschößlinge, Kastanien und Forsythien wuchsen wild durcheinander bis zum rückwärtigen Zaun und vermittelten den Eindruck einer waldigen Endlosigkeit. Glockenblausterne waren vermutlich schon immer dagewesen, aber jetzt kamen noch Wilde Möhre und Winde dazu, Bingelkraut, Giersch und Schwarzer Nachtschatten.

In eine Ecke pflanzte ich zwei blaue Zypressen, und sie wurden jedes Jahr ein paar Fuß größer.

Unser kleines Rasenstück stach mit seinem adretten Aussehen von dieser Wildnis ab. Ein Knöterich bildete einen Baldachin über der Garage, in der sich alles mögliche befand, nur kein Auto. Vier Zierkoniferen, die wir «König», «Königin» und «die beiden Prinzessinnen» nannten, brachten wir in ihren Kübeln aus der Hartley Road mit. Im Garten wieder eingepflanzt, schossen sie in die Höhe wie die übrigen. Die «Königin» war ihrem Gemahl über den Kopf gewachsen und überragte ihn inzwischen um mindestens anderthalb Meter. Eine gutaussehende Familie.

Hin und wieder saß Iris in dem Gartenstuhl, den ich für sie gekauft hatte, aber nicht sehr oft. Mir war nicht ganz wohl, wenn ich sie mit ihrem Heft und ihrem Füllfederhalter da draußen sitzen sah. Sie sah gedankenverloren aus, aber nicht in einem guten Sinn. Sie schien sich zu fragen, was mit ihr geschah, und es irgendwie nicht einordnen zu können.

Wenn im nächsten Herbst der wilde Wein den Stuhl rot färbt und der Winter ihm dann die Farbe wieder nimmt, werde ich vergessen haben, wie sie aussah, als sie dort saß. Vielleicht nehme ich den Stuhl fort, denn die grünen Plastikstühle, die ich später in einem Supermarkt gekauft habe, sind viel praktischer. Und auch viel bequemer. Der Wein breitete sich über dem verfilzten Efeu aus, und beide machten die Mauern unseres Nachbarn so feucht, daß sie schließlich wegmußten. Der Wein wuchs daraufhin auf der Erde entlang und fing an, sich um den «König» und die «Königin» zu schlingen. Ich hielt es für das beste, ihn von den Majestäten abzureißen, aber ließ ihm weiterhin den Teakholzstuhl, denn er bot ihm die einzige Möglichkeit, in die Höhe zu wachsen. Deshalb werde ich den Stuhl stehenlassen, damit der Wein sich im nächsten Herbst wieder rot färbt. Es ist noch nicht einmal Frühling, und schon hoffe ich, daß der Herbst in diesem Jahr nicht so spät kommt.

Jetzt war das Haus – mein Haus – eher ein Zufluchtsort als ein Zuhause. Eine Höhle, ein Bau. Wenn ich gezwungen war, es zu verlassen, dachte ich voller Sehnsucht daran und konnte es gar nicht abwarten, zurück und wieder in Sicherheit zu gelangen. Aber sobald ich im Haus war, fühlte ich seine Leere und ging, um einen unserer kleinen Spaziergänge zu machen. Es waren immer noch «unsere». Um den vertrauten Block und vielleicht hinunter zum Garten des Wolfson College und zur Mitte der Cherwell-Brücke, wo wir oft gestanden und manchmal Pustöckchen gespielt hatten. Weiter als bis zur Mitte der Brücke waren wir nie gegangen. Von dort hatten wir oft beobachtet, wie sich äußerst ungeschickt gestakte Punts, immer wieder seitlich ausbrechend, unter die Brücke schoben.

Iris hatte das Bootstaken in Cambridge gelernt, als sie ein Forschungsstipendium für das Newnham College bekommen hatte. Die Vereinigten Staaten, wo ihr ein Commonwealth Fellowship zuerkannt worden war, hatten ihr wegen ihrer ehemaligen Mitgliedschaft in der Kommunistischen Partei ein Visum verweigert. (Sie hatte die Tatsache ihrer Mitgliedschaft im Gegensatz zu ihren früheren Freunden, von denen viele inzwischen höhere Regierungsämter bekleideten, zugegeben, wodurch ihr die Vereinigten Staaten automatisch verschlossen blieben.)

Ein arabischer Philosoph in Cambridge hatte ihr das Staken beigebracht, und sie war stolz darauf, daß sie es auf die Art beherrschte, wie sie in Cambridge üblich war. Dort steht der Staker nämlich unsicher ganz hinten auf dem glitschigen Rand anstatt weiter innen auf dem etwas sichereren Heck. Aber ich habe sie nie staken sehen, und ich selbst habe es nie versucht und auch nicht den Wunsch dazu verspürt. Wenn ich mit Iris auf der Brücke stand, betrachtete ich gern die jungen Frauen in den Punts, aber nur die wenigsten von ihnen sahen auch nur annähernd damenhaft aus oder waren dementsprechend angezogen. Sie trugen schmuddelige Jeans, und viele von ihnen taten die Arbeit selbst, oft mit einem verbissenen Ausdruck der Verachtung oder der Konzentration, während sich ihre Freunde auf den Kissen lümmelten.

Wieder zum Haus zurück mit dem üblichen Gefühl der Erleichterung und Befreiung. Zurück in die Sicherheit, wo ich keine Züge kriegen und nicht ins College gehen mußte, wo alle so mitfühlend dreinschauten und wo ich mich auch nicht zum Abendessen einladen lassen mußte. Ich mußte noch nicht einmal ans Telefon gehen, ich konnte es abstellen.

Auch wenn der Vorgarten völlig verwildert war, konnte man dem Äußeren des Hauses doch kaum ansehen, welche Unmengen von Abfall in seinem Inneren schlummerten. Als ich pinkeln ging, stellte ich fest, daß sogar die Seife bei der Badewanne schmutzig war. Wovon? Wodurch? Zu seltener Gebrauch? Zu häufiger? Wohl kaum das letztere.

Es war schon eine ganze Zeit her, daß es mir gelungen war, Iris zum Schlafen auszuziehen, vom Baden gar nicht zu reden. Wie ein scheues Tier, das sich nicht anders kennt, als es ist, war sie in der letzten Zeit ängstlich vor dem Ausziehen zurückgeschreckt. Aber als sie im Heim war (kaum einen Monat lang, wie sich herausstellen sollte), ließ sie sich mit Vergnügen waschen und saß selig lächelnd da, wenn Tricia oder Maureen sie einseiften und abtrockneten. Jim, der engelsgleiche Partner unseres Freundes Peter, besaß diese natürliche Gabe gleichfalls, und Iris liebte es, wenn er ihr die Haare wusch. Manchmal stieß sie dabei schauerliche Schreie aus, woraufhin Jim mit strahlendem Lächeln zurückschrie und beide dann in herzliches Lachen ausbrachen.

Im Schlafzimmer hatte sich nichts verändert, es blieb «unseres». Selbstverständlich schlief ich immer noch auf meiner Seite des Bettes. Hotelbetten sehen so aus, wenn man ankommt. Nichts deutet auf einen früheren Benutzer hin. Hotelbetten werden allerdings gemacht.

Eine Freundin hatte ein Foto geschickt, das sie im vergangenen Jahr gemacht hatte, und zwar in der Küche. Wie bei allen Innenaufnahmen (auch Gemälden, Vermeer eingeschlossen?) sah der Raum geheimnisvoller und reizvoller aus als in Wirklichkeit. Konnte man auf einem Foto Staub erkennen? Wohl kaum. Nicht einmal bei der Menge, die hier bei uns lag. Aber die Wände, die ich vor neun Jahren in einem warmen Rot gestrichen hatte, sahen auf dem Bild wärmer und röter aus und weniger ausgeblichen, als sie waren. Und das Durcheinander von halbleeren Bechern und schmutzigen Tellern und Untertassen wirkte ausgesprochen pittoresk. Sie hatten das Aussehen von Dingen, die – so in einem Gedicht von T. S. Eliot – «angesehen werden» und die sich von ihrer besten Seite zeigen.

Schattenhaft sah man durch die Tür den Bücherberg aufragen. Seit Jahren hatten sich in dem engen Korridor reihenweise aufgestapelte Bücher angesammelt – Rezensionsexemplare, Neuauflagen, Korrekturexemplare oder neue Romane in ihren ehemals makellos sauberen Schutzumschlägen, die mir die Verlage oder manchmal die Autoren selbst geschickt hatten. Sie alle schienen vorwurfsvoll zu sagen, daß sie brillant oder doch zumindest höchst interessant und informativ hätten sein können, wenn sie nur eine Chance bekommen hätten. Aber jetzt war es, wie sie wußten, zu spät. Sehnsüchtig starrten sie in die Küche. Ja, sie weckten sogar Schuldgefühle in mir. Hin und wieder schlug ich eins auf, las ein paar Sätze, konnte nicht schlau daraus werden und legte das Buch zurück.

Manchmal gelang es mir, eins an einen Besucher zu verschenken. Aber meistens lagen sie hoffnungslos dort herum, und für die, die am weitesten unten lagen, gab es die geringste Hoffnung. Ich wußte, ich hätte sie zu Oxfam bringen sollen, aber nun waren sie immer noch da und ihre Zahl wuchs und wuchs. Und wer würde sie jetzt noch lesen wollen? Bestimmt keine Oxfam-Kunden.

Das Foto ließ die trockenen Margeriten in der koreanischen Vase seltsam, ausgefallen, ja fast schön erscheinen. Die Vase kam aus einer Töpferei in Seoul. Als wir einmal im Rahmen eines Kulturprogramms dort weilten, bat man uns, etwas auf eine gerade erst gefertigte Vase, die noch braun und unglasiert war, zu zeichnen. Ich malte ein russisches Щ und ein weiches З, zwei Buchstaben, die ich damals besonders liebte. Ich versuchte zu der Zeit gerade um meiner Liebe zu Puschkins Gedichten willen ein wenig Russisch zu lernen.

Am nächsten Tag erhielten wir die glasierten Vasen. Sie glänzten in einem exquisiten Grau, und die dunkelbraune Zeichnung erschien in Vermeerblau. Iris hatte es vorgezogen, ihre Vase unbemalt zu lassen. Sie mußte irgendwo in einem Schrank sein, aber wo?

Iris schaute – die Hände auf der Stuhllehne – direkt in die Kamera. Sie sah wach und glücklich aus und trug das lila T-Shirt, das Jim ihr einmal geschenkt hatte. Die Vorderseite zeigte das kunstvoll aufgebrachte Logo eines kanadischen Sportvereins. Auf ihrer Schulter saß der kleine gelbe Teletubby, den ihr jemand anders geschenkt hatte.

Die Angehörigen eines wilden Stammes, wenn es denn noch wilde Stämme gab, würden sofort gewußt haben, daß das kleine Wesen der Alzheimerdämon war – eine greifbare Emanation, die hier von der Kamera überrascht worden war.

Ich mußte beim Betrachten des Fotos an die letzte Seite von Iris' letztem Roman, nämlich *Jackson's Dilemma*, denken. Jackson sitzt im Gras und fühlt, daß sein Leben zu Ende ist. «Er dachte, meine Kraft hat mich verlassen, wird sie je zurückkehren? ... Am Ende dessen, was nötig ist, bin ich dort angekommen, wo es keine Straße gibt.»

Jackson verfolgte mich, genauso wie sein Bild auf dem Schutzumschlag, schemenhaft, halb durchsichtig. Besorgt sah er aus, unglücklich, aber immer wohlmeinend und so, als würde er gleich für immer verschwinden. Das Bild stammte, wie man lesen konnte, von einer Dame namens Liz Cooke. Ganz kurz hatte ich das Bedürfnis gehabt, mich mit Liz Cooke in Verbindung zu setzen, wo immer sie war, und sie zu fragen, was sie über Jackson dachte und warum sie ihn so gezeichnet hatte.

Jackson ist ein Charakter, der einen nicht losläßt, aber er ist auch ein merkwürdig erfolgreicher Charakter. Der Leser glaubt an seine Kräfte, seine Güte, seine Fähigkeit, anderen zu helfen, was ihm für sich selbst offensichtlich Hilfe genug ist. Er ist nicht so sehr nett oder stark oder wunderbar, sondern gut. Ein irischer Mönch, der Iris ein- oder zweimal besuchen kam, widersprach mir höflich, als ich die Ansicht äußerte, Jackson sei möglicherweise der Ausdruck eines Gefühls, das Iris gehabt hatte, einer Ahnung von dem, was mit ihr geschah. Verkörpere Jackson vielleicht «das Ende von dem, was nötig ist», nämlich den Tod, der nur gut sein könne? Wir alle hätten teil an ihm. Der Mönch wollte davon nichts hören. Für ihn war Jackson der Heilige Geist, schlicht und einfach, den Iris mit ihrem dichterischen Genie gefunden und dem sie gedient hatte, auch wenn sie niemals bewußt gläubig gewesen war.

Nichtsdestoweniger hat Jackson am Ende des Buches seine Kräfte verloren, auch wenn ihm eine seltsame Heiterkeit bleibt. Auf der letzten Seite rettet er eine Spinne. Das hätte Iris auch getan, in jedem Stadium ihrer Krankheit.

Im letzten Satz heißt es, er lächele – wie Iris selbst am Tag ihres Todes gelächelt hat.

Das Zimmer, in dem sie geschrieben hatte, betrat ich nicht gern. Es war immer noch «ihr Zimmer». Einmal war sie – aber wie lange schien das bereits her zu sein – in unserem Schlafzimmer gewesen. Ich meine, nachdem sie gestorben war. Ein paar Tage lang. Aber man hatte nicht den Eindruck, daß sie jemals in «ihrem Zimmer» gewesen war. Oder irgend jemand sonst. Es sah jetzt so aus, als sei es schon lange vor unserem Einzug verlassen worden.

Auf dem Fußboden lag ein Exemplar von *Jackson's Dilemma*, und ich hob es auf. Überall lagen einzelne Schuhe und Socken und Teile des *Evening Standard* herum, den sie früher – vor langer, langer Zeit, wie es mir vorkam – aus London mitzubringen pflegte. Ich nahm ein Stück auf (das Papier färbte sich bereits braun) und sah das Datum: 5. Februar 1994. Das war, ungefähr ein Jahr bevor sich die Krankheit unverkennbar als das zeigte, was sie war. Nein, noch nicht einmal so lange, eher fünf oder sechs Monate davor.

Iris mochte den *Evening Standard* und besonders die Comics – «Modesty Blaise» war ihr Lieblingscomic. Ich glaube nicht, daß sie sich je mit jenem furchteinflößenden Geschöpf und seinen Abenteuern identifizierte, aber vielleicht mochte sie – unbewußt – eine Frau, die, obwohl sehr weiblich (ein Wort, das Iris gar nicht schätzte), die Kraft und Entschlossenheit eines Supermanns an den Tag legte. Bis zu dem Zeitpunkt, wo Iris gänzlich aufhörte zu lesen, sah sie nur wegen Modesty in die Zeitung. An den meisten Tagen konnte ich sie ihr besorgen, indem ich zum Bahnhof fuhr – dem einzigen Ort in Oxford, wo man den *Stan-*

dard bekommt. Ich konnte es zu einer kleinen Gewohnheit machen, daß wir zusammen hinfuhren, Iris im Auto sitzen blieb und ich hineinlief, um ihn am Zeitungskiosk zu kaufen. Auch ich verfolgte die Abenteuer Modestys, obwohl sie in meinen Augen überhaupt keine Frau war und in meinen sexuellen Tagträumen keine Rolle spielte. Iris meinte, ihr gefalle es, daß kein Sex darin vorkomme. «Wie in der *Schatzinsel*?» fragte ich, und Iris stimmte mir emphatisch zu. Stevenson war ein Lieblingsautor ihres Vaters gewesen, und im Alter von fünf oder sechs Jahren hatte sie *Die Schatzinsel* vorgelesen bekommen.

John Mortimer berichtet, daß die letzten Worte seines Vaters «Ich bin immer wütend, wenn ich sterbe» gewesen seien, und setzt hinzu, daß man bei ihnen den Eindruck gewinne, sein Vater – Barrister bei der Abteilung für Testamentsbestätigungen, Scheidungen und Seerecht – habe sie sich schon einige Zeit vorher zurechtgelegt. Wie auch immer, sie waren genau richtig. Und doch waren es die Worte eines Schauspielers, was ja alle Rechtsanwälte bis zu einem gewissen Grad sein müssen. Iris hatte keine letzten Worte parat, was in ihrer Situation nur natürlich war, aber sie brauchte auch in keiner Weise zu schauspielern.

Tatsächlich war es so, daß wir beide eine große Abneigung gegen das Theater hegten, obwohl sich meine Abneigung stärker artikulierte als die ihre. Iris äußerte sich immer höflich und respektvoll über das Theater, so wie sie sich auch ihren Schauspielerbekannten und -freunden gegenüber verhielt. Aber wenn wir einmal ins Theater gehen mußten, hatte sie mit der gleichen gräßlichen Mischung aus Langeweile und Verlegenheit zu kämpfen wie ich – ein Gefühl, das jeder, der von Natur aus kein Theatergänger ist, der ganzen Sache entgegenbringt. Es ist genauso, wie wenn man nicht in der Lage ist, unterschiedliche Tonhöhen zu unterscheiden.

Auch Shakespeare war von dieser unserer Reaktion nicht ausgenommen, ja er war – natürlich ganz ungewollt

– der größte Stein des Anstoßes. Ihn zu lesen, sich die Worte seiner Geschöpfe in Erinnerung zu rufen, das war eine Sache. Den armen Mann gespielt zu sehen war jedoch – für uns – eine ganz andere. Wir hätten lieber viel Geld bezahlt, als eine Vorstellung von *König Lear* durchzustehen, und wir hätten alles getan, um einer «spritzigen Darstellung» der Rosalind in *Wie es euch gefällt* oder der Beatrice in *Viel Lärm um nichts* zu entgehen.

Bühnenautoren sind keine spontanen Leute, genausowenig wie Schauspieler, aber während letztere so tun müssen, als ob, wissen Stückeschreiber und ihr Publikum ganz genau, wie viele Nächte Arbeit in einem Theaterstück stecken, und können das Ergebnis dementsprechend genießen – so wie Connaisseure einen guten Wein. Shakespeares geglückteste Sachen mögen den Eindruck erwecken, als seien sie aus dem Handgelenk geschüttelt (was Dryden und Ben Jonson vor Neid erblassen ließ), aber wie bei aller Wortkunst kann der Schein trügen.

Der Dramatiker J. B. Priestley, der sehr an Iris hing und sie «Schatz» nannte, beriet sie väterlich, als sie versuchte, den einen oder anderen ihrer Romane zu dramatisieren. Er schrieb mit ihr zusammen *A Severed Head* und produzierte eine Reihe neuer Witze, die, wie selbst ich zugeben mußte, im Theater großartig ankamen. Ich bemerkte etwas zu ihm in diesem Sinne, und er erklärte mir, daß ein Satz, der eigentlich überhaupt nicht komisch sei (wie zum Beispiel «Hast du eine Parklücke gefunden?»), im Munde eines wirklich guten Schauspielers durch Kontext und Timing umwerfend komisch werden könne. Für Menschen wie uns, für die das Theater eine harte Prüfung darstellt, ist dies eigentlich das einzige, wofür ein Schauspieler gut ist.

Zu meiner Überraschung fand ich die Stücke von Iris nicht im geringsten peinlich – im Gegenteil, sie gefielen mir sogar recht gut, vor allem *The Servants and The Snow*, woraus William Matthias dann eine Oper machte. Eine ihrer traurigen kleinen Arien ist mir immer noch im Ohr.

Obwohl wir nicht absolut unmusikalisch waren, hatten Iris und ich für die Musik letztlich genausowenig wirkliches Verständnis wie für das Theater. Zwar hatte John *A Severed Head* zu einem großartigen Erfolg gemacht, aber die anderen Stücke sind alle ein bißchen lahm, worüber sich Iris völlig im klaren war und was ihr nicht das geringste ausmachte. Sie wußte, daß das Theater nicht ihr eigentliches Gebiet war, aber warum sollte sie nicht gelegentlich einen Versuch wagen? Es interessierte sie und machte ihr Spaß und tat niemandem weh.

Witwerschaft muß dargestellt werden. Das ist eine der kleinen Ironien des Lebens, was man aber erst nach einem Todesfall herausfindet. Jetzt, allein in meinem Witwerhaus, konnte ich nicht einfach sagen: Ich mache mir nichts aus Theater, denn Witwer sind gezwungenermaßen Schauspieler. Sie haben keine Wahl. Natürlich spielen wir alle immer eine Rolle, spielen uns selbst. Und wenn wir einen neuen Beruf ergreifen und damit auch noch ein neuer Status verbunden ist, dann bringt das eine neue Rolle mit sich. Zuerst spielte ich einen Professor für Englisch, dann einen emeritierten Professor für Englisch. Diese Art von Rolle beherrscht man schnell.

Einen verwitweten Ehemann zu spielen war dagegen eine viel anspruchsvollere Rolle, aber auch – absurderweise – eine viel dankbarere. Der scharfsichtige, wenn auch ermüdende alte Theologe Friedrich von Hügel hat bemerkt, daß man sein Kind nicht nur deshalb küsse, weil man es liebe, sondern auch, *damit* man es liebe. Das klingt wie teutonisches Übermaß oder, angelsächsischer ausgedrückt, wie eine Doppelt-genäht-hält-besser-Politik: etwas so tun, als ob man etwas fühlte, damit man etwas fühlt.

Beim Lesen eines Kondolenzbriefes, dessen Schreiber imstande gewesen war, echtes Mitgefühl auszudrücken statt sich auf konventionelle Worte des Beileids wie «in dieser schweren Zeit sind wir in Gedanken bei Ihnen» zu beschränken, schossen mir plötzlich Tränen in die Augen, und mein Gesicht verzog sich wie das eines enttäuschten Babys. Solche Symptome der Trauer waren in der Öffentlichkeit eisern zu unterdrücken und durch eine auf das korrekte Maß reduzierte, beherrschte Traurigkeit zu ersetzen. In jener Zeit mußte ich daran denken, wie in Dickens' Roman der kleine David Copperfield, an die acht oder neun Jahre alt, seine Rolle als Waisenkind lernt. Er stellt sich im Klassenzimmer auf einen Stuhl, um im Spiegel zu sehen, wie rot seine Augen sind, was nicht heißt, daß seine Trauer über den Tod seiner Mutter nicht tief und trostlos ist. Es ist eine Methode, sie offenkundig zu machen und dadurch mit ihr fertig zu werden. Der schlaue alte von Hügel hat seinen Sprößling, wenn er denn überhaupt einen hatte, vielleicht gehaßt, aber er erkannte auch, daß er, wenn er seine Rolle nur richtig spielte, eines Tages das Richtige für ihn empfinden würde. Das hat nichts mit Heuchelei zu tun.

So habe ich also meine Rolle gespielt. Und wirklich, manchmal ist es schwer gewesen zu unterscheiden, ob ich die Rolle eines trauernden Hinterbliebenen spielte oder ob ich diese tiefinnerliche Trauer tatsächlich empfand.

Als ich noch ein «Betreuer» war, konnte von dieser ganzen Schauspielerei keine Rede sein. Es gab damals niemanden, vor dem ich diese Rolle hätte spielen können. Ich spielte sie nicht einmal vor mir selbst. Zum erstenmal in meinem Leben – und für alle übrigen Betreuer muß das ebenfalls gegolten haben – befand ich mich in dem, wie es schien, natürlichen Zustand des Menschen: Ich tat nicht, was ich tun wollte, sondern das, was getan werden mußte. Tagtäglich ergriff mich Mutlosigkeit. Ich bekam Wutanfälle. Ich erlebte unglaubliche Augenblicke der absoluten Erleichterung und der Hochstimmung, in denen ich Iris mehr liebte und mich ihr näher fühlte als je zuvor ...

Hier endete das, was ich kurz nach Iris' Tod geschrieben und ganz offensichtlich in der darauffolgenden Zeit vergessen hatte. Die beiden Frauen und meine Erfahrungen mit ihnen hatten es aus meiner Erinnerung verdrängt.

Ich saß am Küchentisch und dachte über das Geschriebene nach. Ich kam zu dem Schluß, daß es mir gutgetan haben mußte, es niederzuschreiben. Ich kam auch zu dem Schluß, daß es mir guttun würde weiterzuschreiben. Ich erkannte mit einer gewissen Gleichgültigkeit, wie ungemein egozentrisch ich offensichtlich geworden war. Jetzt, wo Iris nicht mehr da war, gab es kein anderes Zentrum. Alles, was ich schrieb, würde nur noch mich zum Thema haben. Daran war nichts zu ändern. Jedenfalls würde ich nichts tun, um etwas daran zu ändern.

Margot und Mella waren zweifellos eine Abwechslung gewesen. Wenn ich jetzt wieder anfinge zu schreiben, wäre das zumindest ein Ersatz für die verschwundene Mella. Sollte ich über die Zeit schreiben, die ich mit den beiden verbracht hatte, und über das Drama – denn so mußte man es doch wohl nennen – ihres Zusammentreffens?

Ich entschied mich dagegen. Vielleicht hatte ich das Gefühl, daß das Drama noch nicht vorbei war? Vielleicht kam Mella ja zurück. Vielleicht wünschte ich fast, daß es so wäre?

Ich konnte aber auch dort weitermachen (mehr oder weniger), wo ich aufgehört hatte – an jenem Morgen nicht lange nach Iris' Tod. Wahrscheinlich würde jetzt, wo Mella verschwunden war und Margot selten etwas von sich hören ließ, nicht mehr viel passieren. Ein Teil von mir – der größte – hoffte, daß es so sein würde. So hatte ich mir doch mein zukünftiges Leben gewünscht, nicht wahr? Und so sollte es nicht nur werden, sondern auch bleiben.

III EINGEWÖHNUNG

6. Wörter und Bücher

Ich hatte immer noch die Empfindung, die vielleicht alle Witwer und Witwen, überhaupt alle Hinterbliebenen kennen, die Empfindung, tot und begraben zu sein. Im Grab neben dem geliebten Menschen – wie die Tote, die eine leidenschaftliche Gärtnerin gewesen sein mochte oder auch nicht. Ein ziemlich bizarres Gefühl, das einen außerdem in die gleiche Lage versetzt wie Hardys Ehefrau oder seinen Hund oder die anderen Bewohner jener begrabenen Welt, von denen er sich – in seinen Gedichten – vorstellt, daß sie sich immer noch mit den Lebenden in Verbindung setzen können. Gelegentlich denken sie an uns und winken uns zu, und der Gedanke tröstet sie, daß wir dort unter der Erde sind, getrennt und doch zusammen. Selbst dann nicht ungetrennt, wenn wir nur noch Asche sind (die Asche kremierter Knochen wiegt anscheinend eine ganze Menge), die man über den Feldern oder im Meer ausstreut.

Angenommen, man würde als das namenlose Skelett enden, das in einer staubigen Ecke der Anatomie hängt. Schon seltsam, wie schwierig es sein würde, sich «zusammen mit und getrennt von» einem Skelett zu fühlen, selbst wenn es das eines Menschen wäre, den man liebt und dessen Identität bekannt ist. An diesem Punkt wird die Sache zu schaurig. In dem Stück *Die Tragödie des Rächers oder Der loyale Bruder*, für dessen Verfasser man jetzt, wenn ich mich recht erinnere, Middleton hält und nicht – wie früher – Tourneur, trägt der Held den Schädel seiner Verlobten mit sich herum. Dies soll ihn daran erinnern, ihren Tod zu rächen, aber das wäre ein bißchen so, als wüßte man, wessen Skelett da in der Ecke der Anatomie hängt.

Da ich mich – wie Iris – testamentarisch der Wissenschaft vermacht habe, könnte ich leicht auch so ein Skelett werden. Die Hälfte von mir würde dann vielleicht einem Medizinstudenten gehören. Mein Freund Peter Conradi hat mir erzählt, daß er, als er mit dem Medizinstudium begann (später hat er die Medizin wieder aufgegeben), zeitweise im Besitz einer solchen Hälfte war, die er einem bedürftigen Studenten für Whisky und Zigaretten abgehandelt hatte.

Hardy hätte gut ein Gedicht – vielleicht nicht eins seiner besten – über ein solches Skelett schreiben können, das in einer Ecke der Anatomie hängt und dem Dichter gegenüber klagt, daß es sich als Mann in der Blüte seiner aufgeklärten mittleren Jahre, wenn der Tod noch unvorstellbar ist, der Wissenschaft vermacht habe und dies nun, hier in seiner staubigen Ecke, bitterlich bereue.

Ich weiß noch, wie ich mich bei dem Bestattungsunternehmer wegen des Sarges erkundigte. Ich war bereits telefonisch darüber informiert worden, daß Iris eingeäschert oder bestattet werden müsse. Nach einer Entnahme von Proben ihres Gehirns war eine Weitergabe an das Anatomische Institut nicht gestattet.

«Braucht man denn unbedingt einen Sarg?» fragte ich. Der Bestattungsunternehmer sah nicht überrascht aus, sondern bloß ein bißchen müde, so als sei mein Vorschlag nur einer der Kniffe, mit denen seine Kunden versuchten, die Kosten zu drücken, und als kenne er sie alle in- und auswendig.

«Einen Sarg? Nicht für die Beerdigung, Sir.»

Ich muß überrascht ausgesehen haben, denn er erklärte mir, daß für eine Beerdigung genaugenommen nur ein Leichentuch erforderlich sei. Die Feuerbestattung dagegen erfordere einen Sarg. Das erschien mir unlogisch, aber es hatte keinen Sinn, darauf einzugehen.

Statt dessen hätte ich ihn am liebsten gefragt, welcher Preisunterschied sich daraus ergab. Aber ich fühlte mich dem Versuch, ihn aufzuziehen, nicht gewachsen. Es war ohnehin klar, daß ihm damit nicht beizukommen war, denn er sah alle Fragen voraus, die ich ihm hätte stellen können.

«Die Kosten, Sir, sind so ziemlich dieselben, es sei denn, Sie wünschten etwas sehr Außergewöhnliches.»

Ich überlegte, was ich mir in der Beziehung wünschen könnte – vielleicht eine Hängebirke oder einen Ginkgobaum (Iris' Lieblingsbaum) auf dem Grab? Aber wieder schien der Bestatter auf seine ein wenig unheimliche Art zu ahnen, in welche Richtung meine Gedanken gingen. Sollte ich an etwas Ökologisches denken, dann sei der einfache Holzsarg naturverträglicher als der Ersatz aus Kunststoff.

Er erklärte nicht, warum, und wieder mochte ich ihn nicht fragen. Ich wollte das Gespräch so schnell wie möglich beenden. Aber irgend etwas ließ mich plötzlich zu dem Entschluß kommen, meinen Letzten Willen zu ändern. Ich war davon überzeugt gewesen, daß es mir völlig egal sei, was nach meinem Tod mit mir geschah. Aber etwas an dem Bestatter hatte mich nachdenklich gemacht. Ich fühlte mich erleichtert und dankbar dafür, daß Iris, abgesehen von Proben ihres Gehirns an verschiedenen Orten der Gelehrsamkeit, sicher eingeäschert werden würde. Ich war entschlossen, ihrem Beispiel zu folgen.

Ich bräuchte bei Iris' Einäscherung auch nicht anwesend zu sein, beruhigte mich jetzt der Bestatter. Man würde das in aller Frühe besorgen, wenn es noch ruhig sei, bevor der eigentliche Betrieb losgehe, sozusagen. Ich war froh darüber. Und ich war froh, daß ich beschlossen hatte, kein offizielles Skelett zu werden. Ich durfte nicht vergessen, mein Testament zu ändern.

Ich dachte an das Skelett, an seine Knochenarme und Knochenbeine, deren Bewegungen von einem Assistenten sachverständig demonstriert oder die von müßigen Studenten zum Spaß in Bewegung gesetzt wurden. Dieser Gedanke weckte die Erinnerung an jenen Moment an einem Montag, Iris' letztem Tag, wie viele Wochen das auch schon her war. Sie hatte sich in der Rückenlage offensichtlich nicht ganz wohl gefühlt, und so hatte ich sie auf die Seite gedreht. Mit offenen Augen lag sie ruhig da, streckte die Arme aus und bewegte sie hin und her, als ob sie spiele. Vielleicht spielte sie ja wirklich ein Spiel, dessen Regeln nie erklärt werden würden. Ich streichelte ihre Hände und versuchte, mit ihr zu spielen, aber ihre Arme waren wie eine gut konstruierte mechanische Vorrichtung, sie leisteten meiner Hand keinen Widerstand, aber sobald sie frei waren, nahmen sie ihre kontinuierliche Bewegung entschlossen wieder auf, hin und her, hin und her. Es lag etwas Beunruhigendes darin und hatte nichts mit den Spielen zu tun, die wir vorher miteinander gespielt hatten.

Die Erinnerung an die eigenartige Weichheit und Sanftheit ihrer Bewegungen ließ mich an Dr. Jacoby denken, den liebenswürdigen Gelehrten und Gehirnspezialisten, der gelegentlich bei uns vorbeischaute, als Iris' Alzheimersche Krankheit in ihr letztes Stadium trat. Nachdem Iris gestorben war, sagte er mir, daß unser Gehirn eine sehr weiche, fast gallertartige Masse sei. Um es unter dem Mikroskop studieren zu können, müsse man es erst in Formalin präparieren, ein delikates und kompliziertes Verfahren, das im Laboratorium der Pathologie Wochen, wenn nicht Monate beanspruche.

Durch diese weiche Masse im Kopf wird die unendliche Komplexität aller physischen und geistigen Vorgänge übermittelt und kontrolliert. Waren Iris' Armbewegungen alles, was von den Geheimnissen in diesem ehemals brillanten Gehirn übriggeblieben war? «Ich beabsichtige, mir einen Namen zu machen», hatte die junge Iris einmal gesagt, lange bevor wir uns kannten. Ihr Genie lebt in ihren

Büchern, aber ihr brillantes Gehirn wird sonderbarerweise auf seine Art physisch weiterexistieren.

Ich weiß noch, wie ich Iris sanft auf die andere Seite drehte und dabei merkte, daß sie nicht mehr da war. Sie hatte aufgehört zu atmen. Und das auf genauso natürliche Weise, wie wir übrigen atmen. Da hielt ich dann ihre Hände, und sie blieben wie vertrauensvoll in den meinen. Ich schloß ihr die Augen und öffnete sie wieder, so als spiele ich ein kleines Spiel mit ihr. Und wenn ich sie öffnete, schaute sie mich irgendwie fröhlich an und so, als sei sie froh, daß ich noch da war.

Ich war auch froh. Ich hätte es ewig bedauert, wenn ich nicht dort gewesen wäre. Ich hätte mich wie ein Vogelbeobachter gefühlt, der beim Auftauchen eines seltenen, wundervollen Vogels gerade nicht anwesend war oder in die falsche Richtung geschaut hatte.

Aber diese Hochstimmung verflog bald. Und bald mußte ich mich auch um die Beerdigung kümmern. Vielleicht war ja die Nachwirkung jener Hochstimmung der Grund dafür, daß ich auf die Idee kam, den beruflich nicht auf den Arm zu nehmenden Bestatter aufzuziehen – einen großen, kräftig gebauten Mann, der so aussah, wie ich mir einen viktorianischen Archidiakon vorstellte. Er trug eine merkwürdige Weste aus schwarzem, wattiertem Nylon, die als eine Art Alltagskleidung für Kundenbesuche an kalten Tagen absolut passend erschien, wenn natürlich auch nicht für den Pomp und Prunk einer Beerdigung.

Seine Art war gleichermaßen ruhig wie beruhigend. «Wir kümmern uns um alles. Sie brauchen nur die Rechnung zu bezahlen.» Was ich auch tat, auf der Stelle und ohne zu murren.

Nach vierundvierzig Jahren und noch ein bißchen länger Witwer. Ich fühlte mich in dem Augenblick nicht stark genug, die noch dazugekommenen Monate zusammenzuzählen. Nur so stark, um weiter über Iris zu schreiben, was hieß, über uns zu schreiben – über mich. G. K. Chesterton hat gesagt, daß jemand, der aufhöre, an Gott zu glauben, nicht an nichts glaube, sondern an alles und jedes. Ich klammerte mich an das Schreiben als eine Form des Glaubens. Ich glaubte sonst nichts, aber ich glaubte an Iris, und an sie zu glauben hieß, an ihr Weiterleben zu glauben, sowohl für mich auf meine Weise wie auch für alle, die ihre Werke lasen. Wie hätte ich nicht daran glauben können?

Ich war wie Hardy, der daran glaubte, daß seine Frau Emma an den wilden Gestaden Nordcornwalls weiterlebte und oben auf dem Kliff, wo sie auf ihrem Pony zu reiten pflegte. Daß sie weiterlebte und zu ihm sprach und ihm sagte, daß sie jetzt nicht mehr sei wie vordem. Für mich jedoch war Iris genauso wie früher, ob nun vor oder nach ihrer Erkrankung, wenn ich auch wußte, daß ihr Weiterleben von mir abhing, daß wir bald zusammen in die «Daseinslosigkeit» übergehen würden und daß Iris von da an nur für ihre Leser lebendig bleiben würde.

«Es wird nicht ewig währen, auch Himmel und Erde vergehn», wie Housman sagt, aber wenigstens wird es so lange dauern, wie es Bücher gibt.

Ich dachte an Jack in Iris' erstem Roman *Unter dem Netz*, der auf dem Oberdeck eines Busses sitzt und über den Tod nachdenkt. «Die Gedanken kommen und gehen. Man benutzt sie, sie machen einem Freude, und sie verschwinden mit dem letzten Schlag, der sie beendet. So meditierte ich und wollte gar nicht aussteigen.» Hatte Iris, bevor sie starb, alle Gedanken verloren? Wieder stellte ich mir vor, wie es in diesem einst so aktiven, schöpferischen Kopf immer dunkler wurde, leerer ... Und wie so oft, während sie noch lebte, wußte ich nicht, ob ich hoffen oder nicht hoffen sollte, daß in dieser dunklen Zeit nichts da war.

Was kann man meinen, wenn man von einem Gehirn spricht, in dem nichts ist? Es klingt friedlich, ja gnädig, aber natürlich war es das nicht. Es gab die beständige

Angst und Unruhe der Alzheimerschen Krankheit. Während der letzten Monate, als die Zusammenhanglosigkeit des Sprechens, die mit der Angst einhergeht, endlich aufhörte, konnte Iris nicht mehr denken. Aber sie konnte fühlen, impulsiv etwas tun, sogar planen.

Die Unruhe als ein Gemütszustand wurde von einem nur gelegentlich auftauchenden, aber starken Impuls zu fliehen, an der Tür zu rütteln, abgelöst. Und eines Tages geschah es dann. Ich hatte vergessen, nach unserer Rückkehr die Haustür wieder abzuschließen, und Iris lief hinaus, um der Bedrängung und der Leere in ihrem Kopf zu entfliehen – und auch dem Haus und seiner Leere. Sie konnte es nicht länger mit ihrer Liebe, ihren Vorstellungen und den Wundern ihres Geistes erfüllen. Die Liebe hatte ihren Inhalt verloren und blieb nur noch als sie selbst bestehen, als der Impuls, der Iris immer noch dazu trieb, sich in meine Arme zu werfen. Aber sie konnte nicht mehr um uns weinen oder mir in die Augen sehen.

Fliehen. Irgendwohin, fort aus der Welt. Nicht in den Tod, denn als Vorstellung existierte der Tod natürlich nicht mehr. Iris wußte nichts mehr von ihm.

Oder doch? In Vale House, wo sie ihren letzten Monat verbrachte, war sie glücklich. Kein Grund zum Fliehen mehr. Ihr Körper schien zu wissen, daß der Tod kam, und wurde froh. Ihr Lächeln, das dem Lächeln der Schwestern Antwort gab, wurde immer verzückter. Sie lächelte uns alle an, als gäbe sie ein Fest. Daß sie nicht aß und nicht trank, schien sie halb entschuldigend, aber auch ein wenig spitzbübisch als kleinen Scherz zu betrachten. Aber niemand in Vale House glaubte, daß sie so schnell sterben würde.

Ihr Körper wünschte, mit sich fertig zu sein. Dieses Ausstrecken der Arme war wie eine Abschiedszeremonie. Und dann war sie fort. «Bronchopneumonie» stand auf dem Totenschein, die Standarddiagnose. Aber ein alter Körper kann ohne Nahrung und Flüssigkeit nicht lange durchhalten, und das weiß der Körper sehr wohl.

Immer wieder kam ich auf das alles zurück und brachte meine Erfahrungen auf chaotische Weise durcheinander. Aber ich mußte Ordnung in meine Gedanken bringen, mich in meinem neuen Haus eines Witwers einrichten, meine Zimmer und mich selbst in Ordnung bringen. Mochte doch alles im Haus verschwinden – vergessen und nirgends festgehalten –, ohne daß ich mich noch darum kümmern mußte! Sollten die Sachen doch alle auf Nimmerwiedersehen verschwinden, damit ich neu anfangen konnte!

Aber für die Hinterbliebenen wird die Erinnerung zu einer Leidenschaft. Sie wächst und wächst. Soweit ich konnte, habe ich alles weggeworfen, nicht jedoch die Tagebücher, die ich während Iris' Krankheit geführt hatte. Ich habe mich in alle Einzelheiten der Aufzeichnungen vertieft, wieder und wieder, tagtäglich. Es war nicht einfach nur «Erinnerung an Vergangenes». Es war ein Erinnern an die Zeit, die immer noch gegenwärtig zu sein schien, an die Zeit, an deren Verschwinden ich nicht glauben konnte, an die Zeit, in der wir immer zusammen gewesen waren, jede einzelne Stunde jedes einzelnen Tages.

Für den Trauernden ist die Erinnerung genauso eine besitzergreifende Leidenschaft, wie es einmal die erste Liebe war.

Als Romanschriftstellerin war Iris immer knapp, ruhig, konzentriert. Sie war, was ihre Arbeit anbetraf, sehr zurückhaltend und zeigte mir nie etwas, solange sie noch daran schrieb. Und ich fragte sie nie. All das hatte nichts mit uns zu tun und lag außerhalb unseres gemeinsamen Lebens. Jetzt las ich unablässig ihre Bücher. Und ihr zu schreiben – mit ihr, wie es schien – war die einzige Möglichkeit, mit ihr in Verbindung zu sein, die mir geblieben war.

Kein Wunder, daß Hardy mit seiner toten Frau seine poetischen Zwiegespräche führte. Sie hatten sich auseinandergelebt – wirklich auseinander, nicht näher auseinander. Als sie noch am Leben gewesen war, hatte er nicht viel mit ihr gesprochen, und mit seiner zweiten Frau Florence redete er allem Anschein nach auch nicht. Bei ihm bestand die Kommunikation in seinen Gedichten, und durch sie lernte er nach ihrem Tod mit Emma zu sprechen. Für einen zurückhaltenden Mann war es auch ein Weg, mit sich selbst zu kommunizieren.

Ich hatte nie das Gefühl gehabt, daß dies für Iris ebenfalls zutraf. Die Iris, die mit mir zusammen war, war nicht die Iris, die schrieb, aber in dem, was sie schrieb, schien sie auch nie mit einem anderen Selbst zu kommunizieren. Ein Grund, warum Hardys Romanfiguren oft unbefriedigend sind, ist der, daß sie von ihm abgelöst erscheinen. Iris' Figuren sind alle Teil ihrer selbst. Hardys eigenes Wesen kommt nur in seinen Gedichten zum Vorschein. Er hat sich immer als Lyriker verstanden, der Romane nur um des Geldes willen schrieb. Im Unterschied zu den Romanen führte er in der Lyrik sein eigenes Leben, sprach er mit sich selbst, wie er wollte.

Seine eigenen kleinen Träume, die seine Gedichte häufig offenbaren, waren ziemlich normal. Mal hätte er gern jemand anders geheiratet, mal wäre er gern ein feiner Herr oder ein Großgrundbesitzer oder eine schöne Frau gewesen oder auch ein Singvogel. Doch waren für ihn – wie auch für Yeats, der eine ganz andere Art von Dichter war – die Wörter selbst das eigentlich Gute, der einzig sichere Trost.

In viel höherem Maße, wie ich heute selbst feststellte, als Träumereien. Und ich erfand Geschichten mit Wörtern. Sie führten zu nichts und hätten bei anderen wohl kaum Anklang gefunden, aber sie beschäftigten mich auf sozusagen familiäre Weise, denn ich ertappte mich dabei, daß ich sie Iris erklärte, die mir nachsichtig zuhörte. Natürlich wäre ich ihr nicht damit gekommen, als sie noch am Leben und gesund und beschäftigt gewesen war.

Wie der Dichter W. H. Auden so weise bemerkt, ist «unvergeßliche Wörter» die einzige gute Definition von Poesie. In seiner Jugend liebte er geologische Begriffe wie «Eisenkies».

Ich hatte früher einmal ein paar Worte Spanisch gelernt, nützliche Wörter, die genau deshalb so schwer zu merken waren. Das einzige, was wirklich hängengeblieben war, war das Wort für unser schlichtes, bescheidenes Adverb «zu», das wohl niemand in irgendeiner Weise den «unvergeßlichen Wörtern» zuordnen würde. Das spanische *demasiado* dagegen – das ist doch mal ein prächtiges «zu», ein äußerst distinguiertes Wort, ein Wort, das mit vollen Segeln daherkommt! Ich stellte mir vor, wie ich ins heiße Badewasser stieg und zu einem erschrockenen kleinen Zimmermädchen knapp, aber huldvoll *«¡Demasiado caliente!»* sagte. Sofort würde sie unterwürfig kaltes Wasser einlaufen lassen, was mir Anlaß gab, ein paar Augenblicke später *«¡Ahora demasiado frio!»* zu ihr zu sagen. Welch glorreicher Tag!

Solches Phantasieren kennt keine sprachlichen Grenzen, besonders wenn man nur sehr wenige Worte einer Sprache und nichts von ihrer Grammatik weiß. Wir, Iris und ich, befanden uns einmal (es war das Jahr 1993) in einem klapprigen russischen Lieferwagen auf der Fahrt von Moskau zum Flughafen. Wir begleiteten Sir Michael Caine, den Organisator des russischen Booker-Preises, eines kühnen Unternehmens, das in jenem Jahr gestartet worden war. Obwohl Iris früher einmal Russisch studiert hatte, wollte sie in ihrer Bescheidenheit zuerst nicht daran teilnehmen. Aber Sir Michael, der sie inzwischen sehr gerne mochte, hatte sie inständig gebeten, doch trotzdem mitzukommen und die Preisverleihung mit ihrer Anwesenheit zu zieren. Wie viele nicht besonders sprachbegabte Menschen (unter ihnen auch, wie er selbst behauptet, Edward Lear) kann ich eine Sprache bis zu einem gewissen Grad lesen, ohne sie richtig zu verstehen und sprechen zu können. Das trifft auch auf mein Russisch zu. Ich liebe die Wörter, aber ich habe sie nur aus Puschkins Gedichten gelernt, von denen ich Stellen auswendig kann.

Die Liebe zur russischen Sprache ist nun kaum ein ausreichender Grund, um ein Mitglied dieser Booker-Jury zu werden, aber Sir Michael war da anderer Meinung. Und so mühte ich mich denn mit der zum Glück kläglichen Zahl von Romanen ab, die skeptische russische Verleger unserer Aufmerksamkeit empfohlen hatten. Vorher war die Liste bereits von einheimischen Kritikern ausgedünnt worden. Wir kamen zu einem Urteil, das sowohl einigermaßen gerecht war als auch auf allgemeine Zustimmung hoffen konnte, wobei wir uns von der gebieterischen Vorsitzenden leiten ließen, einem ehemals hohen Tier im sowjetischen Erziehungswesen. Sie hatte eins der uns unterbreiteten Bücher mit großer Schärfe abgelehnt als einen Roman, der zu ekelerregend sei, als daß man ihn lesen könne – ein Urteil, das sowohl den Amerikaner in der Jury als auch mich ein wenig überraschte. Wir beide waren in der zeitgenössischen westlichen Literatur an sehr viel Schlimmeres gewöhnt. Aber die russischen Romanschriftsteller kosteten erst seit kurzem die unzensierte sexuelle Freiheit und waren rührend entschlossen zu demonstrieren, daß in der früheren Sowjetunion heutzutage alles möglich ist. Mit den üblichen Ergebnissen.

Die Verleihungszeremonie lief nicht ohne ein paar heikle Momente ab. Die versammelten Gäste, die bereits nicht wenig Wodka getrunken hatten, schienen weder mitzubekommen, daß Sir Michael auf englisch eine ziemlich gute Rede hielt, noch auf die anschließende Übersetzung zu achten, sondern diskutierten untereinander mit einiger Leidenschaft und so laut sie konnten über den Preis. Am nächsten Morgen machten wir uns auf den Weg zum Flughafen, und zwar in einem Lieferwagen, der, wie es aussah, jeden Augenblick liegenbleiben konnte. Das einzige, was wirklich gut funktionierte, war die Heizung, die mehr als effizient war. Zufälligerweise herrschte jedoch um diese Zeit – es war Anfang November – eine ungewöhnliche Wärme, während es bei unserem ersten Besuch vor über einem Monat geschneit und so sehr gefroren hatte, daß die Flugzeuge auf dem Runway enteist werden mußten. Dementsprechend waren wir für ein arktisches Moskau und nicht für diese unerwartete und überwältigende Wärme angezogen. Nachdem wir ein paar Minuten vor uns hin gelitten hatten, wandte sich Sir Michael mir zu und sagte: «John, sagen Sie ihm, er soll das Fenster aufmachen und die verdammte Heizung abstellen. Ich komme um vor Hitze.»

Es gab keinen Russen in dem Lieferwagen und auch keinen Dolmetscher, der mir hätte helfen können. Einen Augenblick lang war ich völlig vernagelt, aber dann fielen mir wie durch Zauberei zwei Wörter aus Puschkin ein, so zauberhaft wie die wunderbaren Ereignisse in seinem Gedicht «Ruslan und Ljudmila». Zum Fahrer gewandt, sagte ich in – wie ich hoffte – bestimmtem Ton ziemlich von oben herab: *«Slischkom teplo!«*

Der junge Fahrer, der wie ein altmodischer englischer Schieber aussah und auch dementsprechend angezogen war, wandte mir sein bleiches kummervolles Gesicht zu und sah mich einigermaßen überrascht an. Panik stieg in mir auf. Waren Puschkins Worte völlig obsolet, poetisch, altmodisch, für heutige Menschen absolut unverständlich? … Aber dann fing der Fahrer plötzlich an, mit respektvoller Hast an seinem vorsintflutlichen Armaturenbrett herumzufummeln. Ein ungleichmäßiges Brausen, das wir über den Fahrgeräuschen des Lieferwagens beim Überqueren der Schluchten und Spalten in der Straßendecke dieses Moskauer Vorortboulevards kaum gehört hatten, brach urplötzlich ab. Mit einer ausholenden Armbewegung drückte der Fahrer das Fenster herunter, und innerhalb von Sekunden war die Temperatur wieder normal – ja sogar eher darunter.

Puschkin hatte mich gerettet. Ganz kurz sah ich sein von dunklen Haaren umrahmtes, freundliches Gesicht vor mir und seine berühmten blitzenden weißen Zähne, als er mir koboldhaft zulächelte. Aber augenblicklich kehrte meine Besorgnis zurück. Was, wenn es Sir Michael jetzt zu kalt war und er mich bat, das Fenster schließen und die Heizung wieder anstellen zu lassen? Ich suchte fieberhaft nach einem entsprechenden Ausdruck, aber umsonst. Iris lächelte mich tröstend an und drückte meinen Arm, aber ich saß weiter auf glühenden Kohlen, bis wir an den letzten dürren Birken vorbei in den Flughafen hineinholperten. Seit meinen majestätisch geäußerten Worten hielt mich außerdem der junge Fahrer in Atem, der mit mir eine einseitige Unterhaltung führte, vermutlich weil er davon ausging, daß «zu heiß» nicht mein einziges Russisch war. Er schien mich richtig ins Herz geschlossen zu haben. Ich lachte herzlich über seine Worte, um zu zeigen, daß ich im Bilde war, und gab gelegentlich ein «*da*« oder ein «*choroscho*« von mir, hatte aber nicht die geringste Ahnung, wovon er redete. Ich war erleichtert, als ich den Flughafen ohne allzu großen Gesichtsverlust erreicht hatte.

«*Slischkom teplo!*», «*¡Demasiado caliente!*» Diese herrischen Worte schienen von entgegengesetzten Enden Europas miteinander zu sprechen. Von ihrer Bedeutung fast gänzlich losgelöst, teilten sie miteinander jenen Klang lebensvoller Genauigkeit, die den Worten anhaftet, aus denen Dichtung entstehen kann.

Wenn in Puschkins Versepos *Poltawa* die jungen Kosaken den intriganten alten Mazepa wegen seines Alters als ihren Anführer mit «*on slischkom star!*» ablehnen, vermitteln die Worte den Eindruck einer Poesie, die nicht geschaffen worden ist, sondern direkt auf der Seite entsteht. Ein verächtlicheres *slischkom* ist nicht möglich. Puschkin verwendet in seinem Epos nur einfache Wörter, aber so, als seien sie nie zuvor benutzt worden und hätten nie zuvor die Kraft und die Magie besessen, die seine Kunst ihnen gibt.

Seit Iris' Tod gingen mir zu jeder Tages- und Nachtzeit Gedichte und Gedichtzeilen durch den Kopf – anstelle jener kleinen *soaps*, die früher dort liefen, sich manchmal wieder zurückspulten und in leicht veränderter Form erneut auftauchten. Aber jetzt kamen Gedichtfragmente, sobald ich aufstand und die gestörte und verstörende Leere des Vormittags alles zu sein schien, was der Tag zu bieten hatte. Diese Gedichtfetzen trösteten mich nicht nur mehr, als meine *soaps* es je vermocht hatten, sondern sie schienen auch in meinem Kopf umher- und aus ihm hinauszuwandern wie die Gedanken, von denen Belial im *Verlorenen Paradies* sagt, daß sie einen am ehesten mit dem Bewußtsein, mit dem Am-Leben-Sein aussöhnen.

... Denn wer wollte gar,
Wenn auch gepeinigt sehr, dies geistig Wesen,
Das denkend Ewigkeiten sich durchmißt,
Verlieren, um vollauf zugrund zu gehen,
Verschluckt und aufgelöst im weiten Schoß
Der unerschaffnen Nacht, beraubt des Sinns
Und Lebens?

Als Iris noch lebte, mußte ich oft an Belials Worte und an das Entsetzliche in ihrem armen Kopf denken, wo keine Gedanken mehr umherschwebten wie Stäubchen im Sonnenlicht des Geistes. Oder vielleicht doch? Wie konnten wir so sicher sein? Wer wußte es schon? Vielleicht konnte sie es mir nur nicht mitteilen? Ist der Ausdruck unserer Erfahrung von der Erfahrung selbst wirklich nicht zu trennen, wie wir wohl unbewußt annehmen und für eine Selbstverständlichkeit halten? Wenn wir etwas fühlen oder denken, dann können wir nicht anders, als es in irgendeiner Weise auszudrücken, für uns im Kopf oder anderen gegenüber, und das eine folgt aus dem anderen.

Literaturwissenschaftler halten es für möglich, daß Milton, als er diese Stelle im *Verlorenen Paradies* schrieb, bewußt oder unbewußt Lucios Rede in Shakespeares *Maß für Maß* aufgriff, in der dieser, zum Tode verurteilt, seinem Grauen vor dem Verlust des Bewußtseins und alles dessen, was es uns bringt, so dramatisch Ausdruck verleiht.

Ja! Aber sterben! Gehn, wer weiß wohin,
Daliegen, kalt und regungslos und faulen,
Dies lebenswarme, fühlende Bewegen
Verschrumpft zum Kloß; und der entzückte Geist
Getaucht in Feuerfluten, oder schaudernd
Umstarrt von Wüsten ewger Eisesmassen …

Lassen wir einmal das Feuer und das Eis beiseite, die einstmals zu Hölle und Fegefeuer gehörten. Der wirklich schockierende Gedanke ist, wie wenig sicher wir im Besitz unseres «entzückten Geistes» und unseres «lebenswarmen, fühlenden Bewegens» sind. Nein, das können wir nicht aufgeben, nicht solange wir nicht unbedingt müssen.

Es ist möglich, daß beide Stellen, vielleicht unabhängig voneinander, ihren Ursprung in dem kleinen Gedicht haben, das dem Kaiser Hadrian zugeschrieben wird und das er möglicherweise kurz vor seinem Tod verfaßt hat.

Kleine Seele, zarte Wanderin,
Gast und Gefährtin des Körpers,
Wohin mußt du jetzt gehen? An einen Ort,
der recht dunkel und starr und düster,
und kannst nicht mehr wie gewohnt scherzen.

Die Übersetzung, so unzulänglich sie auch sein mag, zeigt zumindest die Ähnlichkeit mit den anderen beiden Stellen. Der Geist ist, wie der Körper, warm und zart, aber bis er stirbt und mit dem Körper verschwindet, kann er umherschweifen, wie der Körper es nicht kann, und sich selbst, seine Gedanken und seine Freude an Scherzen wertschätzen.

Wenn man nach Beispielen wie dem hier zitierten gehen kann, dann war der römische Sinn für Humor dem unseren sehr ähnlich. Diese üblichen oder zur Gewohnheit gewordenen Scherze dürften in den meisten Familien zu finden sein, heute wie damals. Ihre Alltäglichkeit kann ermüden, ist aber auch Teil ihrer tröstenden Wirkung. Man denke etwa an die «Situations»-Witze, die Woche für Woche im *New Yorker* erscheinen – der Sensenmann in Mönchskutte, der an der Wohnungstür des Ehepaares auftaucht. Oder wie früher die Charles-Addams-Familie, die ihre ganz eigene Art von freundlicher Verständigkeit verbreitete.

Ein wirklich neuer Witz ist etwas äußerst Seltenes, aber vielleicht hat Kaiser Vespasian, einer von Hadrians Vorgängern, einen solchen Witz gemacht, als er auf seinem Totenbett unabsichtlich oder absichtlich ausrief: «*Ut puto deus fio*!», was heißt: «Ich glaube fast, ich werde ein Gott!» Die Vergöttlichung nach dem Tod gehörte bei den Kaisern dazu, aber Vespasian, ein durch und durch harter Bursche, der zusammen mit seinem Sohn Titus Jerusalem zerstört hatte, wäre, wie man meinen sollte, doch wohl der letzte gewesen, der sich selbst auf die Schippe genommen hätte, auch auf dem Totenbett. Seine Bemerkung kann natürlich ganz ernst gemeint gewesen sein, aber so klingt sie nicht. Es ist ein beunruhigender Gedanke, daß Unmenschen und Tyrannen – und möglicherweise war Vespasian weder das eine noch das andere – unter Umständen genausoviel Sinn für Komik haben oder die gleiche Fähigkeit, sich selbst durch den Kakao zu ziehen, wie wir selber sie gerne hätten oder zu haben uns einbilden. Trotz alledem kann man sich nur schwer vorstellen, daß Hitler oder Stalin einen Witz über ihre nachlassenden Kräfte oder ihr letztendliches Schicksal gemacht hätten.

Wie der Zufall es will, hatten der Dichter A. E. Housman und das Monster Adolf Hitler die gleiche Art von

Humor – abstoßend, primitiv, ordinär, skatologisch und überhaupt nicht komisch. Aber irgendwelche Schlüsse kann man daraus wohl nicht ziehen. Iris konnte unanständige Witze nicht leiden, mit Ausnahme der wirklich eleganten und witzigen. Sex ist ein Thema, das mit großer Vorsicht und Delikatesse behandelt werden muß – nicht gerade das übliche Rezept für erfolgreiches Witzemachen. Und auch nicht für die Art von Eingebung, die den Kaiser Vespasian zu seiner seltsamen Bemerkung veranlaßte, er fühle, wie er kurz davorstehe, ein Gott zu werden.

Die Erinnerung an den russischen Booker-Preis (der inzwischen leider nicht mehr existiert) und die beiden schönen, kraftvollen Wörter *slischkom* und *demasiado* lenkte meine Gedanken auf das darauffolgende Jahr und den englischen Booker-Preis. Wir fünf Mitglieder der Jury mußten uns durch vier- oder fünfhundert Romane durcharbeiten, vielleicht auch mehr – an die genaue Zahl kann ich mich nicht mehr erinnern. Von einem vorherigen Aussieben der schwächsten war keine Rede. Wir mußten vielmehr alles selber lesen und hatten drei oder vier Monate Zeit dazu. Ich befand mich in einem Zustand benommenen Vergnügens, als Buch um Buch – alle noch ganz frisch und optimistisch in ihren glänzenden Schutzumschlägen – seine ihm zugemessene Zeit in meiner Gesellschaft verbrachte und dann seiner Wege ging. Ein paar wenige, auserwählte wurden zurückgehalten, damit ich später noch einmal hineinsehen konnte.

Es hieß Bücher, Bücher, Bücher von morgens bis abends. Ich fragte ein oder zwei Freunde, ob sie wohl ein paar lesen würden, die mich interessierten, über die ich mir aber nicht sicher war. Iris, die gerade *Jackson's Dilemma* beendete, behelligte ich allerdings nicht – mit einer Ausnahme. (Das war 1994, ungefähr ein Jahr bevor die ersten Anzeichen der Alzheimerschen Krankheit deutlich sichtbar wurden.)

Iris selbst war viele Male in der engeren Wahl für den Preis gewesen und hatte ihn 1978 mit *The Sea, the Sea!* gewonnen. *Jackson's Dilemma*, ihr letztes eingereichtes Buch, kam 1995 heraus. Das davor, *The Green Knight*, war Ende 1993 erschienen und kam für den 94er Preis in Frage. Meine Kollegen reagierten enthusiastisch auf das Buch, aber wir waren uns alle einig (vernünftigerweise, wie ich meine), daß jemand, der den Preis schon einmal gewonnen hatte, als nicht wählbar gelten sollte, zumindest inoffiziell. (Dieser gute Ad-hoc-Brauch wurde außer acht gelassen, als man J. M. Coetzee den Preis ein zweites Mal verlieh.)

Ich brauchte natürlich kein Interesse an *The Green Knight* anzumelden, meine Beziehung zu Iris lag auf der Hand. Aber zufällig erschien im Juni 1994 mein eigener Roman *Alice*, mein erster seit vielen Jahren. Der Verlag meinte, er würde ihn gern für den Preis vorschlagen, war aber auch der Meinung, daß das unter den obwaltenden Umständen kaum möglich sei.

Alice war ein kleines *jeu d'esprit*, das zu schreiben mir großen Spaß gemacht hatte, und Colin Haycraft, der netteste Mann unter der Sonne, der seinen Verlag Duckworth praktisch ohne einen Pfennig Geld betrieb, sagte, er werde das Buch mit Freuden herausbringen, vorausgesetzt, ich erwartete kein Honorar.

Ein anderer Kollege, James Wood, sorgte für eine leichte Mißstimmung in unseren Beratungen, auf die sich die Presse mit dem üblichen Vergnügen stürzte. Seine Frau hatte, wie die meine, einen Roman eingereicht, und er war auf die tolle Idee gekommen, nichts davon verlauten zu lassen. Er wollte erst die offenherzigen Kommentare seiner nichtsahnenden Mitjuroren abwarten, denn bei unseren Sitzungen besprachen wir kurz jedes eingereichte Buch. Dann wollte er in aller Bescheidenheit anmerken, daß die Dame, über deren Roman wir gerade redeten, zufällig seine Frau sei.

Aber unglücklicherweise hatte ein anderes Jurymitglied Wind von der Sache bekommen und warf James sein Verhalten vor, noch ehe wir dazu gekommen waren, über das Buch zu sprechen. Es hatte uns allen gefallen, wie sich herausstellte, obwohl es keiner in die engere Wahl gezogen hätte. Das Ganze war nur eine Kleinigkeit, obwohl die Presse die Angelegenheit natürlich nach Möglichkeit aufbauschte. Aus irgendeinem Grund war alles, was bei uns vor sich ging, berichtenswert, und die Journalisten freuten sich diebisch, als es bei der Endauswahl eine große Konfusion gab und wir schließlich bei einem Gewinner landeten, nämlich James Kelmans *How Late It Was, How Late*, den eigentlich niemand von uns so richtig wollte. Ich konnte leider für meinen eigenen Favoriten – Alan Hollinghursts *The Folding Star* – nicht mit allem Nachdruck eintreten, weil dieser wunderbare Schriftsteller mein Schüler gewesen war, als er in Oxford seine Doktorarbeit schrieb. Unser temperamentvollstes Jurymitglied, die Rabbinerin Julia Neuberger, protestierte heftig gegen unsere Entscheidung – mit ungefähr denselben Argumenten gegen «Obszönität» wie unsere russische Vorsitzende im Jahr zuvor in Moskau.

Von der Obszönität einmal abgesehen (sie kann zweifellos monoton und sogar zu einem Ritual werden), war James Kelmans eingereichter Roman auf seine Weise durchaus bemerkenswert, und ich glaube nicht, daß wir mit unserer positiven Einschätzung so falsch lagen, obwohl diese nicht so weit ging, daß wir in ihm den Gewinner sahen. Einer von uns sprach sich nachdrücklich für ein merkwürdiges Werk aus (im Augenblick kann ich mich nicht auf den Titel besinnen), das die Verfasserin im Selbstverlag herausgebracht hatte. Es war eine religiöse Allegorie, die weniger in einer historischen als in einer imaginären Vergangenheit spielte. Ich fragte Iris, ob sie sich das Buch einmal anschauen wolle, da es zweifellos Eindruck gemacht hatte. Auch Iris, die das Buch mit der für sie typischen Sorgfalt las (was der Grund war, warum ich sie nur mit diesem einen, ungewöhnlichen Buch von meinem Stapel behelligte) und einige scharfsichtige und zum Teil kritische Bemerkungen machte, war beeindruckt. Nur ein knappes Jahr später waren dann die früheren Symptome ihrer Krankheit so schlimm, daß Lesen für sie so gut wie unmöglich wurde.

Der Booker-Preis leistet der Leserschaft einen guten Dienst, und die Publicity, die ihm zuteil wird, ist nicht unbedingt etwas Schlechtes. Martin Goff, der humorvolle und kompetente Vorstandsvorsitzende, der damals verantwortlich zeichnete, erzählte mir, daß der Vorstand entzückt gewesen sei, wie viele Meinungsverschiedenheiten und Kontroversen es in dem Jahr gegeben habe. «Sie waren sich alle darin einig, daß Sie der unfähigste Jury-Vorsitzende aller Zeiten gewesen sind, John, und daß das ganz hervorragend gewesen ist.»

Von einer etwas ernsteren Seite aus betrachtet, konnten die Juroren schon auf viele herausragende Autoren aufmerksam machen – nicht zuletzt auf Anita Brookner und Penelope Fitzgerald, die den Preis in ihren noch unsicheren Anfängen bekamen und dann viele reife Meisterwerke hervorgebracht haben. Eine solche Auszeichnung kann einen vielversprechenden und originellen Autor auf die beste Art und ganz praktisch ermutigen.

Ich mußte immer wieder an den – inzwischen lange zurückliegenden – Tag denken, als ich die Menschenfallen-Episode wiederholt hatte und mit dem Rücken an meinem Windsor-Stuhl hängengeblieben war. Daß mich dieser Vorfall hatte vergessen lassen, daß Iris tot war, ist wirklich bemerkenswert. Ich hatte allen Ernstes gedacht, ich könnte ihr erzählen, was passiert war. An dem Tag, nur ein wenig später, brach ich zum erstenmal wirklich in Tränen aus. Es kam so unerwartet wie ein plötzlicher Wolkenbruch, und es strömte wie ein Sturzbach. Ich fühlte mich von ihm mitgerissen, aber das Gefühl der Hilflosigkeit hatte etwas ungemein Tröstliches, und ich überließ mich ihm ganz. Mir schoß durch den Kopf, daß so ähnlich der weibliche Orgasmus sein müsse, den man mit einem Wasserfall verglichen hat. Vielleicht kann ein Mann nur in einem solchen Augenblick eine Vorstellung davon bekommen, wie Frauen das erleben.

Aber das Weinen an sich ist etwas Einsames. Männer weinen genauso wie Frauen, aber insgeheim sind beide den Tränen des anderen Geschlechts gegenüber gleichgültig. Richtig ausweinen kann man sich nur, wenn man allein ist. Sonst sieht Weinen so aus, als wolle man etwas damit bezwecken.

Tennysons Prinzessin hatte keine Wahl, sie mußte in der Öffentlichkeit weinen. Aber da sie daran gewöhnt war, konnte sie auch spontan sein. Tennyson, der Viktorianer, kannte sich da bestens aus. «*Home they brought her warrior dead*» («Tot sie ihren Krieger sah»), aber ihr Gesicht bleibt ausdruckslos, und ihre Augen bleiben trocken. Was können ihre Jungfrauen tun, um sie zum Weinen zu bringen?

Setzt ihre Amme da sein Kind
Auf den Schoß ihr mildiglich –
Wie Regen kamen Tränen lind:
«Leben will ich, Kind, für dich!»

Eine ziemlich genaue Darstellung – in meinem Fall ohne das Kind natürlich. Aber vielleicht war die Menschenfallen-Geschichte, die ich Iris so gern hatte erzählen wollen, ein Ersatz für jene kathartische Amme mit dem Kind.

Kenneth Grahame benutzte ein Zitat aus diesem Lied in *Der Wind in den Weiden*. Es macht sich etwas seltsam aus, ist aber ein voller Erfolg – wie fast alles in dem Buch. «Wie Regen kamen Tränen lind» wurde zur Überschrift des letzten Kapitels. Es sind Tränen der Reue, die Toad vergießt. Er hat – noch rechtzeitig vor dem Ende, so unwahrscheinlich es auch ist – ein neues Leben angefangen.

«Er war in der Tat nicht wiederzuerkennen.» Dieses Ende der unsterblichen Geschichte ist so gut wie jedes andere.

Iris pflegte ihre ganz persönlichen Krötenlieder zu summen und tat dies auch nach Ausbruch ihrer Krankheit noch.

«Wau-wou-wou-wau-wau-wau
Wau-wauwau-wou-wau-wau-wau»

Als sie überhaupt nicht mehr zusammenhängend sprechen konnte, summte sie ihre Melodie, wenn wir frühmorgens zusammen im Bett lagen. Früher pflegte ich manchmal unsere Platte mit der Ballettmusik zu *Petruschka* aufzulegen, und Iris liebte diese Stelle ziemlich am Anfang, von der wir annahmen, daß es der Tanz der Puppenballerina für den Mohr sein mußte. Wir pflegten sie gemeinsam zu summen:

«WAU-wauwau-wau-wau
wau-wauwau-wou-wau-wau-wau»

Wir versuchten zum Schluß, den ein wenig zögernden, fragenden Ton zu treffen, der von neuen, drohenden Klängen unterbrochen wird. Zusammen mit der späteren Melodie vom Jahrmarkt (den ich bei mir immer den «Sorotschinsker Jahrmarkt» nannte, obwohl das eine Erzählung von Gogol ist, während es sich bei Strawinskys Jahrmarkt um den großen, jährlich stattfindenden Jahrmarkt in St. Petersburg handelt) mochten wir diese Stelle in *Petruschka* am liebsten.

Ich erinnerte mich, irgendwo gelesen zu haben (oder vielleicht hatte ich es auch im dritten Programm im Radio gehört), daß Strawinski die Melodie, die wir für die der kleinen Ballerina hielten, von einem Leierkastenmann vor seinem Hotel in Paris hatte spielen hören. Zu seiner Überraschung und zu seinem Ärger war der Komponist dieser Melodie – ein populäres Chanson – noch quicklebendig und erkannte sie sofort wieder, als die Musik von *Petruschka* öffentlich aufgenommen wurde. Sein Agent verklagte Strawinski umgehend wegen Verletzung des Urheberrechts, und der große Komponist mußte zahlen.

Iris' kleine Melodie war mir oft im Kopf herumgegangen, aber jetzt erkannte ich zum erstenmal, daß es Iris' Erinnerung an *Petruschka* gewesen war. Ihre Wiederholung von «wau-wau» näherte sich betont und vereinfacht der Melodie, die wir zusammen zu summen versucht hatten.

Soweit ich wußte, hatte Iris nie versucht, selbst zu komponieren, obwohl sie, als sie klein war, ein paar Klavierstunden gehabt und im Alter von etwa sieben Jahren ein Märchenspiel geschrieben hatte, das von ihrer Klasse aufgeführt wurde. Darin kam eine Gruppe tanzender Kaninchen vor, die wohl vorwiegend in ihren Pelzkostümen umhertollen mußten und sonst nicht viel zu tun hatten. Aber die Hauptrolle der Feenprinzessin hatte sie für eine der großen Schülerinnen geschrieben, die kurz vor dem Abschluß stand. Sie war, wie mir Iris erzählte, zu den Kleinen immer nett gewesen und hatte ihnen Mut gemacht. Sie hieß June Duprez. Ihr Vater war irgendeine Art von Impresario, und später gelang es ihm, seiner Tochter, die ungemein hübsch war, die Hauptrolle in einem zu Anfang des Krieges gedrehten Alexander-Korda-Film zu besorgen.

Der Dieb von Bagdad war ein prächtiger Farbfilm und zu Recht sehr erfolgreich und June Duprez ein ebenso süßes wie schönes Geschöpf. Spielen konnte sie allerdings beim besten Willen nicht, so gut sie auch bei Iris und den Kaninchen angekommen sein mochte, und ich glaube, ihre weitere Karriere als Filmschauspielerin starb eines schmerzlosen Todes. Der Film war voll der erstaunlichsten Spezialeffekte – der Geist, der in einer großen, schwarzen Wolke aus seiner Flasche kam, und der Kinderstar Sabu, bekannt als der *Elephant Boy*, der auf seinem Zauberteppich über atemberaubende arabische Berge und Schluchten flog, die zweifellos von einigen Filmmetern Kaliforniens stammten, die das Studio zufällig zur Hand gehabt hatte. Denn das Ganze war ja in den Pinewood Studios bei London gedreht worden.

Ich weiß noch, was für ein Schock es war, als ich aus dem kleinen Kino, wo diese Wunder stattgefunden hatten, in den grauen Winternachmittag von Gerrards Cross hinaustrat. Und in meiner Erinnerung vermischten sich jetzt June Duprez, der junge Kalif und der schurkische Wesir Conrad Veidt mit seinen grünen Augen und seinem unheimlichen deutschen Akzent mit Iris' Kaninchenstück, ihren frühmorgendlichen Wau-wau-waus und der mir nachgehenden kleinen Melodie aus *Petruschka*, die Strawinski auf einem Leierkasten hatte spielen hören. «Wau-wau» war jedenfalls von früh an unser Erkennungszeichen gewesen. Wenn ich nach Hause kam und Iris nicht sofort finden konnte, stieß ich ein oder zwei «Waus» aus und hörte dann aus der Ferne ihr «Wau-wau» als Antwort, und je mehr wir uns einander näherten, desto mehr «Waus» wurden es.

Selbst heute noch würde sich mein Puls beim Anblick von June Duprez in diesem Film ein wenig beschleunigen. Mit ihrem Sprecherziehungstonfall wies sie die Annäherungsversuche Conrad Veidts zurück, bis er den jungen Kalifen in seine Gewalt brachte und drohte, ihn blenden und in ein Verlies werfen zu lassen. Da gebot sie dem schurkischen Veidt mit eisiger Verachtung: «Nimm mich in deine Arme!», und dabei klang sie, als komme sie gerade vom Schulfest irgendeiner höheren Lehranstalt, die der junge Sabu besuchte. Ich weiß nicht mehr, wie sie gerettet wurde, erinnere mich jedoch noch deutlich an einen früheren Augenblick, als der junge Kalif auf einen Baum geklettert war, der in den Garten des Harems hineinragte, um sie zu sehen. Sie saß mit ihren Begleiterinnen am Rande eines Bassins – natürlich vollständig bekleidet – und sah sein Gesicht, das sich im Wasser spiegelte, und hörte seine geisterhafte Stimme, die schwor, daß er sie liebe. «Wirst du mich, o Dschinn des Teiches, jetzt, da du mich gefunden hast, bis ans Ende aller Tage lieben?»

Manchmal, wenn Iris von ihrer frühen Schulzeit erzählte, machte ich June in dieser Szene nach, und jedesmal vergoß Iris ein paar Tränen und sagte, wie nett June zu den Jüngsten gewesen sei, was ich gerne glauben wollte, und wie die Mädchen sie vergöttert hätten. Ein paar der Lehrerinnen auch, könnte ich mir vorstellen.

Einmal hatte ich Iris vorgeschlagen, mit mir zusammen eine akademische Version des Kaninchenspiels zu schreiben, bei der ein Chor betrunkener Professoren singt:

Weg mit allen Brillenschlangen,
Blauen Strümpfen, Bohnenstangen,
Hoch die Frau'n, die mehr verlangen,
Flotte Mädchen, freche Rangen …

Soweit ich mich erinnern kann, blieb es bei dem Vorschlag, aber manchmal sangen wir etwas in der Art beim Autofahren. Es wurde Teil unserer privaten Überlieferung.

Das trifft auch auf zwei Lieder zu, die wir auf dem Grammophon spielten – *Yellow Bird* und *Yellow Submarine. Yellow bird, you seem all alone like me*, summte Iris manchmal und warf mir dabei einen liebevollen Blick zu, der zu sagen schien, daß ich niemals so allein sein sollte wie der Vogel. Obwohl doch die Ehe, wie wir beide wußten, die bestmögliche Art des Alleinseins war.

Der Text von *Yellow Submarine* ärgerte mich, wie ich Iris wiederholt sagte. Der Refrain hätte die Worte des grauhaarigen Seemanns aufnehmen sollen, der angeblich von seinem Leben im Land der Unterseeboote erzählt. *We all lived in a yellow submarine*, hätte es heißen sollen, wie ich fand, und nicht *live in a yellow submarine*. Ich zog den Gedanken an frühere Gefahren und Patrouillen in Kriegszeiten dem wenig angenehmen Gedanken einer modernen Party vor, auf der die Geschichte des alten Seebären untergeht. Für die Jungen von heute muß der Song ohnehin etwas Vorsintflutliches sein.

Wenn ich bei solchen Sachen zu pedantisch wurde, sagte Iris manchmal «Wuff, wuff», wie ein Hund, der will, daß sein Besitzer aufhört zu reden und mit ihm spazierengeht. In ihren Romanen achtete sie peinlich auf Genauigkeit, und ihr gefiel alles, was darauf abzielte, etwas genau richtig zu machen. Einer ihrer Freunde, ein kanadischer Philosoph, der an einer Militärakademie unterrichtet hatte, erklärte ihr einmal, wie wichtig es gewesen sei, die Proportionen der neuen kanadischen Flagge richtig hinzukriegen – das Ahornblatt genau in der richtigen Größe und in der Mitte des weißen Mittelfelds, die roten Ränder weder zu breit noch zu schmal. Iris war fasziniert gewesen. Ich selbst hatte eine Vorliebe für Fahnen. Iris hatte mir ein Handbuch geschenkt, das *Die Fahnen der Welt* oder so ähnlich hieß. Und während sie einmal mit einer Delegation drei oder vier Wochen lang in China war (die längste Zeit, die wir je getrennt gewesen waren), zeichnete ich zur Feier ihrer Heimkehr eine Valentinskarte mit Fahnen darauf. Zufälligerweise sollte sie am 14. Februar zurück sein.

Es waren die Fahnen von Catland, wie wir unser eigenes Phantasieland nannten. Heute habe ich ganz überraschend die große Karte gefunden. Iris hatte sie sorgfältig zuunterst in einer vollgestopften Schublade in ihrem Arbeitszimmer aufbewahrt – oder besser gesagt, in dem Zimmer im ersten Stock, in dem sie schrieb. «Arbeitszimmer» klingt wie etwas Geordnetes, Methodisches, aber das Zimmer, in dem Iris arbeitete, war alles andere als das. Die Menge an herumliegenden Papieren, Steinen vom Strand, Schuhen und Kleidungsstücken, von nicht zu identifizierendem Müll gar nicht zu reden, ist so groß, daß ich sie nicht in Angriff genommen habe. Ich wollte das Zimmer noch nicht einmal betreten. Heute morgen habe ich versucht, wie geistesabwesend hineinzuwandern, fest entschlossen, es nicht wie einen Willensakt aussehen zu lassen, aber als ich dann darin herumstöberte, wurde mir klar, daß ich vorher beinahe Angst gehabt hatte hineinzugehen.

Lag es an der Anhäufung von jetzt herrenlosen oder undefinierbaren Dingen, die Iris einst etwas bedeutet hatten, und sei es auch nur für kurze Zeit? Vor den Brieffragmenten – enige halb vollendet, andere kaum angefangen – hatte ich eine fast abergläubische Angst. Aber jedenfalls freute ich mich, meine Valentinskarte aus jenem Jahr («Die Fahnen von Old Catland») zu finden, auch wenn sie fast bis zur Unkenntlichkeit verblichen war. Meine Entwürfe in Purpur und Dunkelblau waren mit den Jahren rosa und grau geworden. Die Buntstifte oder was immer ich benutzt hatte, waren keinesfalls farbecht gewesen.

Aber die Zeichnung, auf die ich, wie ich noch weiß, am stolzesten gewesen war und der ich den Ehrenplatz in der Mitte des Arrangements zugewiesen hatte, «Das Banner der kämpfenden Maus», war immer noch schwarz und kraftvoll. Die streitlustig gesträubten Schnurrhaare der Maus in Ausziehtusche sahen noch genauso forsch und deutlich gezeichnet aus wie vor vielen Jahren, als «Wie geht's der Katzenmaus?» eine unserer Begrüßungen gewesen war.

Die China-Reise in den späten siebziger Jahren, angeführt von Richard Attenborough, war, wie ich mich erinnerte, eine ziemlich bedeutende Angelegenheit. Iris war eines der renommierten weiblichen Delegationsmitglieder gewesen – vermutlich als Vertreterin von Kunst und Literatur. Sie waren von Deng Xiaoping, dem stellvertretenden Partei- und Regierungschef, empfangen worden. Meistens waren sie mit dem Zug gereist und hatten in riesigen, düsteren Hotels übernachtet. In einem dieser Hotels, so ging das Gerücht, war auch eine Gruppe von Rolls-Royce-Ingenieuren untergebracht. Iris und ein paar andere machten sich auf den Weg die langen Flure hinunter, um ihre Landsleute zu suchen. Iris hatte den genialen Einfall, dabei *Rule Britannia* zu singen, und es klappte. Türen flogen auf, und einsame Ingenieure kamen herausgeströmt.

Bei einer anderen Gelegenheit unterhielt sich Iris recht allgemein mit ein paar Bäuerinnen. Als die Atmosphäre entspannter wurde (Zuhörer wirkten auf Iris immer entspannend), fingen die Frauen an, die Dolmetscherin mit Fragen zu bombardieren. Diese Übersetzerin, eine fähige und kultivierte Dame aus Peking, die die Delegation betreute, wirkte ziemlich verlegen. Iris wollte wissen, was los sei. «Sie müssen das bitte entschuldigen, Miss Murdoch. Es sind einfache Frauen, und sie fragen, ob westliche Frauen da unten genauso sind wie die chinesischen.» Die Dolmetscherin erläuterte die Frage, indem sie mit ihrem zarten Zeigefinger unterhalb der Taille etwas in die Luft zeichnete. Iris versicherte den Bäuerinnen (zu deren Enttäuschung, hatte sie das Gefühl), daß diese Einrichtung, soweit ihr bekannt sei, auf der ganzen Welt die gleiche war.

Die Geschichte machte die Runde und wurde dabei immer mehr ausgeschmückt. Ein anderes weibliches Mitglied der Delegation schwor, Iris habe sofort Rock und Höschen fallen lassen, um den praktischen Beweis zu liefern, was freudigen Beifall hervorrief. Das kommt mir aber äußerst unwahrscheinlich vor. Wenigstens hat mir Iris nichts davon erzählt. Sie besaß viel natürliches Schamgefühl, und ich nehme an, daß die Chinesinnen das trotz ihrer Neugier verstanden hatten.

Geht es allen Witwen und Witwern so, daß sie eine Zeitlang die Stimme des geliebten Menschen hören? Oder vielleicht handelt es sich eher darum, daß man unwillkürlich das hört, woran einen die Stimme denken läßt – Tonfall, Lieblingswörter, Liedfetzen. Manchmal *Yellow Submarine*, dann die kleine Melodie aus *Petruschka*. Das war die hartnäckigste von allen. Wenn ich versuchte, sie zu summen, stimmte Iris immer mit ein, und wir vermurksten sie zusammen. Mit großem Vergnügen versuchten wir jedesmal, das letzte «Wau» an der richtigen Stelle unterzubringen.

Ich fing an, diese Melodie auf fast masochistische Weise zu summen, als ich mich bemühte, mir durch all das Zeug, das den Fußboden in Iris' Zimmer bedeckte, einen Weg zu bahnen. Und als ich so summte, ging mir plötzlich ein Name durch den Kopf, den ich nicht unterbringen konnte. Maud Bigge. Wer war das, und woher war sie aufgetaucht? Gab es eine Verbindung mit *Petruschka*? Ja, tatsächlich! Ich summte von neuem, hörte Iris ebenfalls summen, und mir fiel der Titel ein. *My Secret London*, von Maud Bigge. Sie war, wenn ich mich richtig erinnerte, eine Journalistin, die in den zwanziger oder dreißiger Jahren vermutlich für die *Evening News* oder den *Evening Standard* geschrieben hatte. Dann hatte sie ihre gesammelten Artikel als Buch herausgegeben. Jetzt erinnerte ich mich auch an seine Farbe und an den Verlag – Methuen.

Ich war sechs oder sieben Jahre alt gewesen. Meine Patentante hatte das Buch meiner Mutter zum Geburtstag geschenkt. Ich war aufgefordert worden, auf das Deckblatt einen Geburtstagsgruß zu schreiben, was ich mit Bleistift und unter großen Mühen vollbrachte.

Ich bezweifle, daß meine Mutter das Buch je gelesen hat. Ich stieß erneut darauf (es stand versteckt auf einem Bücherbord in einer Ecke ihres Schlafzimmers), als ich im Begriff war, ins Internat zurückzukehren. Es war mein erstes Jahr dort, und ich war ängstlich und unglücklich. Aus einer plötzlichen Regung heraus fragte ich, ob ich das Buch mitnehmen könne, etwas über London würde mich trösten. Meine Mutter erlaubte es, und ich hatte mich nicht getäuscht. Das Buch munterte mich wirklich auf.

Heute kann ich mir kaum erklären, warum. Das anspruchslose, auf stille Weise amüsante kleine Buch wurde Teil meiner Vorstellungswelt. Und *Petruschka* hatte auch damit zu tun. Miss Bigge – oder Mrs., obwohl ich immer noch Miss vorziehen würde – hatte in London eine Aufführung von Strawinskis Ballett gesehen, und der Clown

Petruschka hatte sie tief bewegt. Sie schrieb anschließend einen ganzen Artikel über ihn.

Ich erinnerte mich, daß ich das Buch vor vielen, vielen Jahren – wahrscheinlich einige Zeit nachdem Iris und ich geheiratet hatten – wiedergefunden hatte. Aber mein Interesse daran war erloschen, und so verschwand es wieder aus meinem Gesichtskreis. Und jetzt hatte ich zwei Tage damit verbracht, es im ganzen Haus zu suchen. Ohne jeden Erfolg. Es war in das schattenhafte London von damals zurückgekehrt – mitsamt seiner unbekannten Autorin.

Ob sie wohl noch lebte? Kaum. Aber ich hatte das Gefühl, daß wir beide verwitwet waren. Maud Bigge und ihr Buch waren genauso definitiv verschwunden wie Iris. Aber Iris' Bücher lebten weiter. Ich hoffte, die von Maud Bigge taten das – irgendwo – auch, wurden immer noch von irgendeiner alten Dame oder einem alten Herrn, wie ich es war, aus einer nostalgischen Regung heraus aus dem Bücherregal gezogen und gelesen.

Ich stellte mir damals die Journalistin Maud Bigge als vergnügte junge Frau mit dunklen Haaren und entschiedenem Auftreten vor. Die Art von Frau, mit der ein Junge von zwölf Jahren gut auskommen würde. Und mich rührte ihr Mitgefühl für den armen Petruschka, von dem ich vorher nie gehört hatte.

Iris hatte dagegen nie von Maud Bigge gehört und auch das Buch nie gesehen, und ihr Interesse an Petruschka beschränkte sich auf das kleine Gesumm, das ihr auch noch gefiel, als sie krank geworden war, weil wir es zusammen gesummt hatten. In glücklicheren Zeiten liebte sie robustere Sachen, wie zum Beispiel die irischen Lieder von Percy French, der *Abdul the Bul-Bul Emir* geschrieben und es an einen Verleger in Dublin für fünf Schilling verkauft hatte. Hätte er das Copyright behalten, hätte ihm das Gedicht viele tausend Pfund eingebracht.

Iris konnte auch den ganzen Text von *The Old Orange Flute* und sang das Lied damals mit großem Feuer.

In the midst of the flames there was heard a great noise,
'Twas the old flute still playing «The Protestant Boys».

The Protestant Boys wurde ursprünglich auf die Melodie von *Lilliburlero* gesungen, jenem herausfordernden, ironischen, von protestantischen Sängern erfundenen Lied, das zeigen sollte, was für ein Kauderwelsch die einheimischen Iren redeten. Der BBC World Service hat die Melodie zu seiner Erkennungsmelodie gemacht. Sie war wahrscheinlich schon alt, als Purcell sie in einer Suite verwandte. Einige politisch korrekte PR-Leute gaben der BBC zu bedenken, daß die Iren vielleicht nicht so glücklich über diese Wahl sein könnten – aber es ist zu hoffen, daß die Iren nicht so töricht sind und vor allem nicht so humorlos.

Ich pflegte Iris hin und wieder wegen ihres eisernen irischen Protestantismus aufzuziehen, woraufhin sie die Lippen schürzte und dann verzeihend lächelte, was heißen sollte, daß ich vielleicht etwas von Geschichte verstünde, aber trotzdem nicht das geringste von Irland. Das mag schon stimmen. Ich erinnerte sie dann aber immer an meinen irischen Großvater mit Namen Heenan, der allerdings mit dem berühmten Kardinal nicht verwandt war. Er war als vielversprechender Ingenieur nach England gekommen, um hier sein Glück zu versuchen. Er hat es auch gemacht und hörte auf, ein Ire zu sein, oder zog es zumindest vor, diese Tatsache zu vergessen. Das war damals gang und gäbe – aber heute ist es ganz anders: Die Engländer tun inzwischen alles, um irische oder schottische Vorfahren für sich aufzutreiben. Aber es ist doch merkwürdig, daß man noch nie von einem Schotten oder einem Iren gehört hat, der von sich behauptet, englische Ahnen zu haben.

Mella war aus meinem Gesichtskreis verschwunden, Margot ließ mich ziemlich in Ruhe. Ich war jetzt entschlossen, mich ernsthaft meinem Witwertum zuzuwenden. Ich nahm mir vor, einen Beruf daraus zu machen. Ich mußte versuchen, mein Witwerdasein so befriedigend und tröstlich zu gestalten, als sei es meine Arbeit. Mein Haus, mein Witwerhaus, sollte mein Arbeitsplatz sein.

Kaum hatte ich das beschlossen, begann ich an unsere Auslandsreisen zu denken und von den Orten zu träumen, die wir besucht hatten. Da war unsere uralte Freundin Audhild Villers (kurz Audi genannt), die auf den Kanaren lebte …

7. Lanzarote

Nach dem Tod des Partners kann eine Zeit kommen, in der alles besser oder doch wenigstens anders wird. Meine vierzehn Tage mit unserer alten Freundin Audi auf den Kanaren war eine solche Zeit.

Während Iris krank war, war Audi, wenn sie uns besuchen kam, eine riesige Hilfe gewesen. Und Iris liebte sie. Als es ihr noch gutging, hatten die beiden ein ganz besonderes Verhältnis zueinander. Freunde fragten immer: Worüber reden sie die ganze Zeit?

Audi war damals schon seit fast acht Jahren verwitwet, also eine Veteranin in dem Geschäft. Obwohl sie nie etwas sagte, wußte ich, wie sehr und wie anhaltend sie ihren Mann vermißte. Wir waren so lange befreundet gewesen, wir vier. Borys und Audi und Iris und ich. Jeden Sommer reisten wir zusammen ein bißchen, und Iris und ich waren oft in ihrem Häuschen, das sie sich – zum Teil wegen Audis schwerem Asthma – auf Lanzarote gebaut hatten. Das Klima bekam ihr gut.

Das Haus stand ganz im Innern der felsigen Insel, weit weg von den überfüllten Stränden. Damals, als sie das Haus gebaut hatten, waren die Strände allerdings noch nicht so voll gewesen. Es gab kein Telefon, und auf die Stromversorgung war kein Verlaß. Es gab sehr wenig Wasser, denn es regnete selten, und nur sehr wenige Menschen.

Inzwischen hatte man die Insel «entwickelt». Mit dem üblichen Resultat. Aber mit der Zeit schloß ich sie trotzdem ins Herz. Ich muß zugeben, daß ich sie anfänglich verabscheute. Die Sunset Boulevards entlang der Strände voller Diskos, Kneipen und Wikinger-Weinstuben. Aber sobald wir die Küste im Rücken hatten, war das alles verschwunden, und obwohl die Insel nicht sehr viel länger als achtzig Kilometer ist, ist es im Innern weitgehend ruhig. Touristenbusse fahren zu den Feuerbergen, einer Masse erstarrter Lava mit ein oder zwei kleinen Stellen permanenter vulkanischer Aktivität, aber der eigentliche Charakter der Gegend zeigt sich nicht in diesen ausgefallenen und vergleichsweise neuen Manifestationen eines unterirdischen Infernos. Er liegt in den runden Bergen, die sich aus der gelbbraunen Landschaft konisch, ja fast pyramidenförmig erheben und eine seltsame, ein wenig unheimliche Leichtigkeit und Anmut ausstrahlen. Sie sind glatt und kahl, unberührt von Touristen, und abends zerschneiden ihre Silhouetten den klaren Himmel in Teile, die sowohl rasiermesserscharf als auch von sinnlicher Zartheit sind. Die fremde, stille, ferne und lange erloschene Welt, aus der die Berge kommen, hat nichts mit den sich ständig ausbreitenden Wucherungen an der Küste zu tun. Und auch nichts mit den rötlichen Verrenkungen der Feuerberge, jener vulkanischen Emporkömmlinge, auf deren unschöner Gestalt wie auf widerlichen, verwesenden Ungeheuern die Touristenbusse auf ihrer ständigen Runde gleich Maden umherkriechen.

Selbst die niedrigen Kliffs der Insel an der geschützten Ostküste, die einzige Alternative zu den Stränden, rufen diesen Eindruck hervor. Von weitem gesehen, beruhigen sie das Auge durch ihre scheinbare Kahlheit und Menschenleere, aber beim Näherkommen entdeckt man, daß jede Spalte und jede Ritze eine menschliche Gestalt enthält. Gewichtig aussehende, barbusige deutsche Mädchen haben sich zum Sonnenbaden überall ausgebreitet, während ihre Freunde unermüdlich in den Felsen hängen und sich um die Wette hinaufhangeln oder sich einen Weg hinab zu dem friedlichen Meer suchen.

Lanzarote ist keine Insel, die die Illusion von Offenheit

und Weite vermittelt. Ganz im Gegenteil. Aber obwohl sich die flachen weißen Häuser zwischen den Bergen und zu ihren Füßen fortwährend vermehren, so als seien auch sie Maden, gibt es im Inland bei den kegelförmigen Bergen immer noch Ecken, wo sich nichts regt und kein Ton zu hören ist, bis auf das ständige Wehen des Passats und den gelegentlichen Ruf eines Wiedehopfs. Im Flug ähneln diese bizarren Vögel mit dem scharf gegen das Zimtbraun ihres Körpers abgesetzten schwarz-weißen Muster der Flügel Riesenmotten.

Einer dieser immer noch abgeschiedenen Orte ist Audis Haus. Es ist weiß, wie alle Häuser auf der Insel, überwuchert von Bougainvillea in aparten zartlila, orange und kastanienbraunen Tönen und mit einem Garten, in dem hinter halbkreisförmigen Mauern aus schwarzem Lavagestein Peruanische Pfefferbäume und kleine, wie Ananas aussehende Palmen wachsen. Um ihn noch zusätzlich vor dem Wind zu schützen, wird jeder Baum in eine flache Mulde gepflanzt. Man gräbt diese Mulden in den schwarzen, sandähnlichen *picon* (samtig wirkende, gemahlene Lava),weil er den reichlich fallenden Tau zurückhält. Regen gibt es nämlich auf der Insel für gewöhnlich überhaupt nicht.

Es gibt auch Weinstöcke. In den abgelegeneren Teilen der Insel sind ganze Abhänge und große Flächen voller schrumpeliger Schößlinge am Grund der Mulden, die sich die sanften Berghänge hinaufziehen und sie bis zu einer gewissen Höhe glatt und schwarz aussehen lassen. Sonst sind sie von einem seltsamen Goldbraun, das sich unter Wolkenschatten in dem reinen strahlenden Licht dauernd verändert. Der auf diese Art angebaute Wein ist teuer, das ist ganz klar, aber er ist auch nicht besonders gut. Ein paar der Einheimischen und einige Touristen trinken ihn aus Loyalität trotzdem.

Die auf der Insel wohnenden Engländer – es sind nicht so sehr viele – sprechen meistens nur ein paar Worte Spanisch und haben nur relativ wenig Kontakt untereinander. Aber mit den Einheimischen oder den Touristen verkehren sie auch nicht. Mir ist ziemlich schleierhaft, womit sie sich beschäftigen, da sie auch an keinem touristischen Leben teilnehmen. Wahrscheinlich sehen sie fern und schauen sich Videos an, so wie sie es in England auch täten.

Einer, den ich kennengelernt hatte, sagte, als wir beim dortigen Wein saßen, vertraulich: «Wissen Sie, es gibt Leute, die nach Lanzarote kommen und schwören, daß sie hier nie wieder fortgehen werden.» Er dachte einen Augenblick nach und setzte dann hinzu: «Andere reisen sofort wieder ab.»

Aber die Insel gewinnt mit der Zeit, daran besteht kein Zweifel. Die Küste Afrikas ist nicht weit; die Häuser mit ihren flachen Dächern und ihren dicken weißen Wänden, die aussehen, als seien sie aus Lehmziegeln gebaut, haben etwas Maurisches. Audis Haus besitzt keine Treppe, sondern ist auf verschiedenen Ebenen gebaut, und das geräumige Innere ist mit spanischen und italienischen Fliesen ausgelegt, auf die der warme Wind schwarzen *picon* aus dem Garten weht.

Iris fand es wundervoll hier, und Audi fuhr mit uns zum Meer, damit Iris schwimmen konnte. Anschließend ging sie mit uns in ein kleines Fischrestaurant, wo sie und ich manchmal eine seltene einheimische Delikatesse bekamen, von der die Touristen nichts wußten, während Iris, die Fisch mißtraute, bei Ei und Salat blieb. Die merkwürdigen, *clacas* genannten Geschöpfe, die wir aßen, kamen von einem Abschnitt der rauhen Westküste, der von einer Masse zerklüfteter schwarzer Lavafelsen (Überreste vom letzten Vulkanausbruch) gebildet wurde. Die Einheimischen lassen sich an Seilen herab, um diese riesigen Entenmuscheln abzubrechen, die dann in Meerwasser gekocht werden. Man ißt sie, indem man mit einem Stück Draht hineinfährt und das Innere herauspult. Die Stückchen schmecken wie sehr zarter Hummer. Anschließend trinkt man die warme

Flüssigkeit aus der Öffnung, eine delikate Meeressuppe, mit der vielleicht die Göttin Venus getauft worden ist.

Audi kannte alle ruhigeren Strände, an denen man baden konnte. Zu ihnen gehörte auch einer, der von nackten, braungebrannten deutschen Großmüttern frequentiert wurde. Sie schienen unseren bekleideten Zustand zu mißbilligen, lächelten uns aber nichtsdestoweniger verzeihend an. Mit fortschreitender Krankheit bekam Iris Angst, ins Wasser zu gehen, und Audi nahm sie bei sich zu Hause mit unter die Dusche. Das fand Iris herrlich.

Die beste Zeit auf der Insel ist der Abend. Obwohl die Kanaren ein gut Teil oberhalb der Tropen liegen, bricht hier die Nacht sehr schnell herein.

Die Sonne sinkt, schon leuchten Sterne.
Im Nu ist dunkle Nacht …

So drückt es Coleridge in seiner *Ballade vom Alten Seemann* aus. Südlicher als bis nach Malta ist er nie gekommen und auch nach Malta, erst lange nachdem er das Gedicht geschrieben hatte. Er war Sekretär des Gouverneurs Sir Alexander Ball, der einer von Nelsons Kapitänen bei dem großen Sieg in der Nilschlacht von Abukir 1798 gewesen war. Wie in aller Welt war Coleridge zu diesem Job gekommen? Und wie hatte er sich in dieser Stellung gehalten? Möglicherweise durch seine großartige Gabe der Unterhaltung – die Menschen damals liebten einfach die Konversation.

Ich erinnerte mich an eine rührende kleine Einzelheit in Richard Holmes' Coleridge-Biographie. Wegen seiner Opiumsucht litt Coleridge auf der Reise nach Malta so sehr unter Verstopfung, daß der Flottenarzt herübergerudert werden mußte, um die Sache in Ordnung zu bringen. Aber als Coleridge erst einmal auf Malta war, brachte er jedes Dinner in Schwung. Vielleicht war er überhaupt nur eingestellt worden, um zu reden und die englische Garnison zu unterhalten. Als Sekretär schien er völlig unbrauchbar zu sein, aber Sir Alexander ertrug ihn mannhaft. Wie wäre Coleridge heutzutage auf Lanzarote zurechtgekommen? Wahrscheinlich nicht besonders gut.

Und doch hätte ihm unser Abendessen bestimmt sehr gut gefallen. Garnelen, Ossobuco, viel Rotwein – vom Festland, obwohl wir loyal einheimischen Weißwein als Aperitif tranken. Das Essen endete in Gelächter und guter Laune, was Coleridge und seinen Zeitgenossen gefallen hätte.

Ein englischer Gast erzählte uns eine wahre Geschichte, wie er sagte, und nicht etwa einen alten spanischen Witz. Er habe sie vom Barkeeper gehört, einem richtigen Original. Den habe ein Mann einmal aufgefordert, ihm einen Drink aus Kümmel, Anis, Wermut, Crème de Menthe, Grappa und noch ein paar anderen Bestandteilen zu mixen. Er trank und verzog das Gesicht.

«Verzeihen Sie die Frage», sagte der Barkeeper, «aber mögen Sie das Zeug wirklich?» – «Nein», erwiderte der Mann. «Ich trinke es, weil es mich an den Geschmack einer Frau erinnert.» Der Barkeeper, neugierig geworden, bat, einmal kosten zu dürfen. Er tat es und schüttelte den Kopf. «*Ne parecido*», sagte er, womit er meinte, daß er keine Ähnlichkeit feststellen könne.

Gelächter jedenfalls, besonders von den Damen, die wohl auf keinen Fall spießig oder prüde erscheinen wollten.

Ich vermutete, daß die Pointe der Geschichte ein wenig abgemildert worden war. Aber viele spanische Redensarten klingen irgendwie rätselhaft. «Mit dem heiligen Joseph – ein Bart; ohne, die Jungfrau Maria.» Was kann das bedeuten? Es klingt zweideutig, aber dunkel. Man muß Bescheid wissen, um hinter den Sinn zu kommen, wenn es denn überhaupt einen gibt.

Coleridge hätte die «Keine-Ähnlichkeit»-Geschichte vielleicht gefallen, aber ob er sie in Damengesellschaft erzählt hätte? Sein Vater, der Pfarrer, der seinem Sohn durchaus ähnlich gewesen sein muß, bemerkte einmal beim Abendessen, daß sein Hemd vorne herausrutschte, worüber seine Gäste vor Lachen brüllten. Er stopfte es wieder in die Hose und redete weiter, aber kurz darauf sah er, daß es schon wieder draußen war. Das ging so weiter, bis sich die Damen erhoben, um sich zurückzuziehen. Da stellte sich heraus, daß der lange weiße Rock seiner Tischnachbarin in seinem Hosenbund feststeckte.

Mir war die Geschichte, die nicht unamüsant ist, wieder eingefallen, und ich erzählte sie unseren Gästen. Ein hochgewachsener Norweger mit einer ungemein angenehmen Stimme begann ohne jede Einleitung einen skandinavischen Witz zu erzählen, ein Pendant zu unseren alten, oft recht mühsamen Witzen von dem Engländer, dem Iren und dem Schotten. Ein Norweger, ein Schwede und ein Däne – Revolutionäre in Südamerika – werden von Regierungstruppen gefangengenommen. «Es tut mir leid, meine Herren», sagt der General, «aber wir werden Sie erschießen müssen. Doch Sie können einen letzten Wunsch äußern.» Der Däne wünscht sich ein Steak, eine Flasche Wein und eine Zigarre. Der Norweger möchte eine Rede halten. Bleibt nur noch der Schwede, der darum bittet, erschossen zu werden, bevor der Norweger mit seiner Rede anfängt.

Viel Gelächter und Applaus. Audi hatte mir erzählt, wie gerne ihre Landsleute Tischreden hielten. Diese Geschichte stammte natürlich von einem Norweger.

Die Vögel von Lanzarote machen große Freude, auch wenn es nicht viele gibt. Kurz vor Einbruch der Dämmerung kommen manchmal die Wiedehopfe und flattern wie Riesenmotten zwischen den winzigen Pfeffer- und Akazienbäumen umher. Ihre schwarz-weiß gestreiften Flügel heben sich kräftig von dem schlichten Zimtton des Gefieders ab. Am Boden waren sie fast unsichtbar, aber die lebhaften Flügelbewegungen zeigten an, wo sich die kleine Gruppe niedergelassen hatte. Eigentlich ist es ein kleiner Vogel, kaum größer als eine Drossel, aber wenn er seine rostrote Kopfhaube mit den schwarz-weißen Spitzen aufrichtet, die wie der Kopfschmuck eines Indianerhäuptlings aussieht, dann wirkt er viel größer und eindrucksvoller. Die Vögel nisten zwischen den niedrigen Mauern aus schwarzer Lava, in denen man viele Löcher gelassen hat, damit der Wind sie nicht umbläst. Einmal beobachteten wir vom Fenster aus, wie sich die Wiedehopfe zum Schlafen niederließen. Sie erinnerten mich an eine aufgeregte Schar unverheirateter älterer Damen, die in einem überfüllten Hotel höflich miteinander über die ihnen zugewiesenen Zimmer streiten. Vogelfreunde sagen, daß das Profil der Vögel an eine bestimmte Art von verblichener Weiblichkeit um die vergangene Jahrhundertwende erinnert.

Noch ein anderer Vogel, der in England fast verschwunden ist, stattete dem Haus auf Lanzarote seinen Besuch ab, nämlich der Raubwürger. Trotz seines furchteinflößenden Namens und seiner entschiedenen Männlichkeit (verglichen mit der Weiblichkeit der Wiedehopfe) war er nicht sehr groß. Aber er war sehr selbstbewußt. Er saß oben auf einem großen Kaktus oder einer Wolfsmilch und hielt Ausschau nach Eidechsen und Käfern, die seine Beutetiere sind, und stieß einen rauhen Ruf aus, fast ein Bellen, wie ein zorniger Colonel. Sein lateinischer Name ist *Lanius excubitor*. *Excubitor* heißt «Wächter» – wörtlich, nehme ich an, der aus dem Bett raus muß. Auf Spanisch heißt er *alcairon*, was, wie Audi fand, maurisch klang. Vielleicht heißt es ja in der Sprache ungefähr dasselbe. Candellaria, Audis Putzfrau, sagte uns einen Vers im dortigen kanarischen Dialekt her.

«¿Alcairón, Alcairón, qué noticias traye?
Si es para mí,
Deja lo aqui.

Si es para otro que,
Te vaya.»

(Würger, Würger, was für Nachricht bringst du?
Wenn sie für mich ist,
laß sie hier.
Wenn sie für jemand anderen ist,
nimm sie mit.)

Mit der Zeit wurde mir klar, wie gut Audi über Lokales und anderes informiert war. Nutzlose, aber faszinierende Informationen hatten mich immer aufgemuntert, und hier, so stellte ich fest, erwachte mein altes Interesse aufs neue. Aber nur für Dinge, die unbezweifelbar und auf zauberhafte Weise der Vergangenheit angehörten, ein Aspekt, der sogar erklärte, warum ich die Wiedehopfe so gern mochte. Denn sie sahen nicht nur wie bizarre, riesenhafte Motten aus, sondern ähnelten auch den aus Bindfaden und Kaliko bestehenden Flugapparaten aus der Frühzeit des menschlichen Fliegens. Alle meine «Flugzeugbücher», wie Iris sie nannte, handelten von veralteten Flugzeugen, Schiffen und Waffen, niemals von modernen.

Auch das Witwersein kann altmodisch, wenn nicht gar überholt anmuten. Vielleicht hatte ich deshalb die Idee so begierig aufgegriffen. Die Viktorianer waren sehr gut darin, wenn man das so sagen kann. Die Epoche scheint voller Witwen und Witwer in ihrem kleidsamen Schwarz gewesen zu sein. Aber während ich mit nostalgischer Zuneigung an die Hinterbliebenen dachte, die einmal gewesen waren, spürte ich gleichzeitig den Drang, den Zustand des Hinterbliebenseins auf moderne, nüchterne Art zu analysieren.

Sollte ich jetzt der Psychiater oder der Patient sein? Es war eigentlich ziemlich egal. Der scharfsichtige Arzt konnte diese Gleichgültigkeit natürlich nicht übersehen und fand sie vielleicht beachtenswert.

Aber ich war seiner bereits überdrüssig. Er stellte zwar einen Gewichtsverlust fest, ansonsten jedoch keinen merklichen körperlichen Verfall.

«Menschen, die einen Partner verloren haben, neigen dazu, ihn zu idealisieren», sagte er ausdruckslos.

Tat ich das? Meiner Meinung nach nicht. Zwar habe ich neulich im Zusammenhang mit unseren gemeinsamen Bekannten gedacht, daß ich Iris nie habe schlecht von jemandem reden oder spitze Bemerkungen über einen unserer Freunde habe machen hören. Aber das war keine Idealisierung. Das war einfach nur die Wahrheit. Und diese Eigenschaft von ihr irritierte mich sogar manchmal, wenn ich gern über einen mühsamen Bekannten, den wir einmal wieder zu ertragen hatten, von Herzen gelästert hätte. Iris besaß ihre ganz persönliche Art von Political Correctness – sie mißbilligte nicht etwa Klatsch und Geläster, sondern sie waren ihrem Wesen einfach fremd.

Ich habe sie also nicht idealisiert. Ich habe mich an sie erinnert, so wie sie war, wie sie für mich war.

Aber der Witwer entdeckte bald, daß es zwei Arten von Erinnerung gab. Da war das absichtliche Sich-Erinnern an das, was wir getan und gesagt hatten. Ich stellte sie mir vor, wie sie ging, sprach, sich hinsetzte, abwusch. Aber nach wenigen Augenblicken dieses bewußten Erinnerns verlor die Person ihre scharfen Umrisse, wurde nicht bloß zu einem Schatten, sondern unwirklich. Ich konnte sie nicht festhalten, wußte noch nicht einmal mit Sicherheit, daß sie die richtige war.

Und dann wieder überfiel mich die ungerufene Erinnerung wie ein Rowdy auf der Treppe. Sie war absolut echt, kein Zweifel, tauchte auf und verschwand. Da war es dann plötzlich das Bild, bei dem ich vor Schmerz weinen mußte, gerade weil es so lebensecht war, gerade weil es ohne mein Zutun gekommen war. Das passierte mir auf Lanzarote genauso, wie es mir zu Hause passiert war. Ich machte eine Tür auf, hier wie dort, und hörte die echte

Iris «Wauwau» sagen, während sie lächelnd von ihrer Arbeit aufblickte.

Auf unserer letzten gemeinsamen Reise nach Lanzarote sahen Iris und ich noch einmal die ein oder zwei Orte, die uns inzwischen auf ihre Art wichtig geworden waren. Wir blickten uns lächelnd an, wenn Audi mit uns an Stellen vorbeifuhr, zu denen wir eine ganz persönliche Beziehung entwickelt hatten. Ein weißer Fleck auf der braunen Flanke eines der kegelförmigen Berge, der in der glasklaren Luft weithin sichtbar war, hatte unsere Neugier geweckt. Er stellte sich als ein weißes, verrostetes Stück Autoblech heraus, das jemand, weiß der Himmel warum, so weit oben und so weit von jeder Straße entfernt deponiert hatte. Dann war da eine Art Haus neben den riesigen Lavafelsen an der wilden Westküste, ein kleines, rechteckiges Hotel, das, aufgegeben und verfallen, aussah wie eines der Häuser, die auf Bildern von Magritte im Hintergrund zu sehen sind. Es faszinierte mich. Es war der einzige wirklich einsame Ort auf der Insel. Der schwedische Besitzer hatte gehofft, zwischen den von den Wellen gepeitschten Felsen einen künstlichen Strand anlegen zu können, aber daraus war nichts geworden. Die Einheimischen hatten das Haus völlig ausgeschlachtet und alles – Fenster und Türen eingeschlossen – davongeschleppt.

Audi kannte sich aus mit der Vogelwelt der Kanaren, den Vulkanen und den Koschenille-Plantagen, mit dem Segeln, den Segelschiffen und der Entdeckung der Längenkreise. Sie wußte sogar alles über die Guanchen, jenes geheimnisvolle Volk, das vor der Ankunft der Spanier die Kanaren bewohnte und das wohl ursprünglich von Afrika herübergekommen war, obwohl dies von einigen Fachleuten bezweifelt wird. Nachdem sie sich hier niedergelassen hatten, vergaßen sie oder ihre Nachfahren, wie man Boote benutzte oder herstellte, so daß sie nicht einmal von einer Insel zur anderen gelangen konnten. Auf Lanzarote lebten die Guanchen vorwiegend in abgelegenen Höhlen am Nordende der Insel.

Dann schrieb mir Audi und lud mich ein. Ich zögerte. Es schien nicht zu meinem Witwerleben zu passen. Es würde auch nicht so wie früher sein, als Iris und ich zusammen hingefahren waren. Aber jetzt war ich doch froh, daß ich die Reise unternommen hatte.

Audi spielte Patience, und ich las einen Roman, den sie mir empfohlen hatte, *The Blue Afternoon* von William Boyd. Er spielt auf den Philippinen nach dem Spanisch-Amerikanischen Krieg, also um 1900 oder so, als viele Filipinos die Unabhängigkeit wollten und die Amerikaner paternalistisch befanden, daß sie noch nicht soweit seien. Es ist eine packende Liebesgeschichte von einem Arzt und der Frau eines Offiziers, voller Lokal- und Zeitkolorit. Der Krieg begann 1898, nachdem sich die Philippinen von der spanischen Herrschaft befreit hatten, und dauerte viele Monate. Auf den Philippinen ging der Kampf bis 1902 weiter, als man endlich bereit war, Frieden zu schließen – mit Ausnahme der Moros. Im Zuge jener Kämpfe kam es zu unendlich vielen Vorfällen, die das Massaker von My Lai in Vietnam als kleine, unbedeutende Episode erscheinen lassen.

Ich erinnerte mich, daß ich in Louis Untermeyers lange veralteter Anthologie einige von hoher Gesinnung zeugende und angemessen gequälte Gedichte amerikanischer Lyrikerinnen über diesen schändlichen Krieg gelesen hatte. Solche Gedichte waren in jener Zeit die Entsprechung zu Studentenprotesten und Friedensmärschen gegen den Krieg in Vietnam gewesen.

Betretene Sieger und tapfere Verlierer sind heute gleichermaßen vergessen. Viele der amerikanischen Soldaten, die an dem Spanisch-Amerikanischen Krieg teilnahmen, kamen – wie später dann auch im Vietnamkrieg – aus den Südstaaten, und einige dürften sich an den Kampf daheim gegen die Union nur etwa vierzig Jahre zuvor erinnert haben. Der Unterschied liegt darin, daß dieser Krieg auf den Philippinen allgemein vergessen worden ist, während der amerikanische Bürgerkrieg auf immer in der Erinnerung und im Legendenschatz des amerikanischen Volkes geheiligt bleibt.

Rudyard Kipling war über den Konflikt auf den Philippinen hoch erfreut und schrieb ein Gedicht darüber, das die Amerikaner äußerst geschmacklos fanden.

Nehmt auf des weißen Mannes Bürde,
Die grimm'gen Friedenskriege ...

Diese so großartig selbstzufriedenen Zeilen haben jedenfalls überlebt. Sie entstanden nur kurze Zeit nach unserem eigenen Zulu-Krieg und dem Krieg im Sudan gegen den Mahdi Muhammad Ahmad, die beide von den üblichen Massakern begleitet waren. Die britische Armee hatte zu tun, und Großbritannien stand im Begriff, einen militärischen Konflikt mit den Buren zu beginnen (einen «Krieg der Sahibs», wie Kipling ihn nannte), aber noch wichtiger war es für ihn zu sehen, wie das «*Land of the Free*» es dem Britischen Empire gleichtat mit seinen immer wiederkehrenden Polizeiaktionen gegen «primitive» Völker, die «zivilisiert» werden mußten, so oder so – ein wahrhaft erhebendes Schauspiel.

Das ist jetzt alles vergessen, nur Historiker wissen es noch und ein oder zwei Romanschriftsteller sowie ein paar Politiker, wenn es ihnen in den Kram paßt. Für sie – wie auch für mich – gehört all das zum Trost der Geschichte. William Wordsworth hat ein paar denkwürdige Zeilen geschrieben, als er von «alten, unglücklichen, weit entfernten Ereignissen und lange zurückliegenden Schlachten» sprach. Aber er hatte unrecht. Diese Dinge sind nicht wirklich unglücklich. Die Zeit sorgt immer für die nötige Distanz, um uns wieder aufzumuntern. Die große Heilerin. Aber nur über Jahrhunderte hinweg, nicht, wenn bloß ein Jahr dazwischenliegt. Oder zwei. Oder drei.

Und das erste Jahr des Alleinseins ist wahrscheinlich das beste, nicht das schlimmste. Ein Gedanke, der mich beunruhigte, aber das war nicht zu ändern. Aus diesem Grund dachte ich dauernd über die Vergangenheit nach, über Kriege, Schlachten, über das, was gewesen war – und das, was hätte sein können. Über die Kriege Hannibals und Belisars, den spanischen Erbfolgekrieg ... Inzwischen spielte Audi gelassen Patience, und ich dachte an die acht Jahre, die seit dem Tod ihres Mannes vergangen waren.

Erinnerungen, Tagträume, Assoziationen – alle sehr nützlich für den Tröstungsprozeß. Bei der Lektüre von Boyds hervorragendem Roman wurde ich an das Museum in Tromsö in Nordnorwegen erinnert. Ich fragte Audi, die Norwegerin ist, ob sie jemals dort gewesen sei, aber sie verneinte. Ich konnte mich noch gut daran erinnern. Iris und ich hatten dort einmal auf Einladung des British Council und der dortigen Universität einen Vortrag gehalten. Was wir dort gesagt und wen wir kennengelernt hatten, wußte ich kaum noch, aber ich erinnerte mich noch lebhaft an das kleine Museum, das der Geschichte norwegischer Siedler auf Spitzbergen und in der Arktis gewidmet war. Es gab dort Nachbildungen von arktischen Hütten im Schnee und lebensgroße Puppen in weißen Pelzen. Besonders faszinierend fand ich die Nachbildung einer Eisbärenfalle. Diese Bären stellten für die Siedler, die oftmals einen einsamen Winter in einem Schneehaus verbringen mußten, eine tödliche Gefahr dar. Um einen Bären zu töten, legte man ein großes Stück Seehundfleisch auf ein Gestell vor einer Deckung. Dahinter befand sich ein Gewehr, das sorgfältig auf einen Punkt oberhalb des Köders ausgerichtet war, von dem eine Schnur zum Abzugshahn führte. Wenn der Bär den Köder ergriff, zog er gleichzeitig an der Schnur, und der Schuß ging los. Wenn alle Glück hatten, war der Bär auf der Stelle tot.

Ich erkannte das Gewehr – das richtige Gewehr – wieder. Nach dem Zweiten Weltkrieg war ich als Soldat in Norwegen gewesen und hatte eine Menge der berühmten Krag-Jörgensen-Gewehre gesehen, die die norwegischen Truppen damals immer noch benutzten und die die Amerikaner vor mehr als vierzig Jahren auf den Philippinen benutzt hatten. Es war ein einfaches Gewehr, aber es hatte sich auf Grund seiner phänomenalen Zielgenauigkeit auch bei großen Entfernungen international einen guten Ruf erworben. Die Norweger waren auf diese Waffe mit Recht stolz gewesen – und in *The Blue Afternoon* wurde sie oft erwähnt.

Während ich so über das Krag-Jörgensen-Gewehr nachdachte, das die Amerikaner schlicht «*the Krag*» nannten, und dabei Audi zusah, wie sie ihre Patience zu Ende legte, kam mir die Situation auf einmal vertraut vor. Vor Jahren, als wir noch in Steeple Aston wohnten, schlief Iris, nachdem wir ins Bett gegangen waren, immer sofort ein, erschöpft nach einem langen Arbeitstag. Ich lag dann neben ihr und schmökerte in einem meiner «Flugzeugbücher». Als Überraschungsgeschenk hatte sie ein Buch für mich bestellt, das *Phoebus History of Two World Wars* hieß, aber nicht so sehr die Kriege selbst zum Gegenstand hatte als vielmehr die in ihnen verwendeten Waffen. Ich betrachtete also die Bilder von Maschinengewehren, Panzern und Messerschmidts, während Iris ruhig neben mir schlief. Sehr oft wachte sie dann in den frühen Morgenstunden auf und kam zu meiner Seite des Bettes, um das Licht auszumachen und mir die Brille abzunehmen. Das Krag-Jörgensen und meine anderen Lieblingswaffen, die ebenso klangvolle Namen hatten, zusammen mit Audis ruhiger Konzentration hatten meine Erinnerung aufleben lassen, während ich versonnen Boyds Buch las.

Zwei Menschen, die jeder für sich ihrer Arbeit nachgehen. Eine alltägliche Situation – in Büros oder bei Menschen zu Hause und zweifellos auch auf Schiffen und in

Flugzeugen. Der Steuermann bewegungslos am Steuerrad, während der wachhabende Offizier auf der Brücke ruhig auf und ab geht. Oder gibt es das alles nicht mehr? Aber die Vorstellung von einem Paar in einer Gemeinschaft, in der man sich des anderen nicht bewußt ist, die hat ihren ganz eigenen tieferen Sinn. Witwen und Witwer dürften oft darüber nachgrübeln, wenn sie langsam dahinterkommen, was ihnen dieser Zustand einmal bedeutet hat.

Ich verlor mich über *Phoebus History* in Träumereien, so wie ich mich in der Zeit zwischen den Kriegen im Alter von sieben oder acht Jahren bei Betrachtung der Historienbilder in Warnes *Encyclopedia of Pictorial Knowledge* verloren hatte – Bilder von Hannibal und seinen Kriegern, wie sie, das Schwert in der Hand, von den Alpen hinabschauen, Napoleon in der Schlacht von Lodi oder auf der Insel Sankt Helena. Ich glaube nicht, daß mir die «Flugzeugbücher» ohne diese alten Erinnerungen so viel Freude bereitet hätten – und auch ohne Iris nicht, die neben mir schlief.

Der schlimmste – oder der beste? – Moment für den Hinterbliebenen ist der, wenn er sich an solche gemeinsamen Augenblicke erinnert, in denen sich keiner des anderen bewußt war. Aber zur Zeit von Iris' Krankheit mochte ich meinen Träumereien nur nachhängen, wenn wir zusammen waren – auf einem unserer ewigen kleinen Spaziergänge um den Block oder wenn ich neben ihr im Bett lag und sie leise vor sich hin schnarchte und für ein paar Stunden von der unaufhörlichen Unruhe und Angst befreit war, die sie zwangen, in den frühen Morgenstunden im Haus umherzuwandern und ihren Kram zusammenzusuchen.

Während jener Tage und Nächte, als Iris krank war (und durch ihre Krankheit seltsamerweise auch geselliger), bestanden meine gewöhnlichen Tagträume aus langen Geschichten, Seifenopern mit ausgedachten Menschen, deren Leben ich nach Gefallen veränderte. Eine dieser Geschichten, die am längsten fortbestand und so alt war wie Iris' Comics im *Evening Standard*, handelte von der Großen Frau von Gerrards Cross. Die Große Frau war genau das: eine Frau von ungeheurer Größe und riesigem Umfang. Sie wohnte in einem hübschen Haus, das sie von ihrem Vater geerbt hatte, um den sie sich viele Jahre lang aufopfernd gekümmert hatte. Jetzt lebte sie allein und widmete sich vor allem karitativen und kirchlichen Aufgaben.

Mein Verhältnis zu der Großen Frau war nicht festgelegt und sehr unterschiedlich. Manchmal zog ich es vor, sie sozusagen nicht zu kennen, sondern nur über sie nachzudenken. Einmal war ich ihr sogar begegnet, und zwar auf einer Party von Freunden, die ich seit den ersten Kriegsjahren, als wir in Gerrards Cross wohnten, nicht mehr gesehen hatte. Ich erblickte sie nur ganz kurz.

Gelegentlich hatte die Große Frau in meiner Vorstellung eine Freundin bei sich wohnen, und der Pfarrer hatte die beiden einmal zu der Party mitgebracht. Ich kann seine muntere Stimme hören, als er sich bei der Gastgeberin dafür «entschuldigt», daß er ihr noch zwei weitere Gäste «aufbürdet». «Aber Miss ... (ich kann ihren Namen nicht verstehen) ist ein solcher Segen und mir so eine Hilfe. Eine echte Stütze, was sage ich, eine *riesige* Stütze!» Seine salbungsvolle Stimme zittert einen Augenblick, als sei ihm gerade klargeworden (wie wohl jedem in Hörweite), daß sein letztes Adjektiv angesichts der beachtlichen Größe der Dame nicht gerade glücklich gewählt war. Sie und ihre Freundin sehen erwartungsgemäß verlegen aus – nicht wegen seiner Worte, sondern weil sie überhaupt auf der Party sind.

Ich folge in meiner Phantasie einer plötzlichen Eingebung und gehe kühn zu der Großen Frau hin. Ich lächele zu ihr hinauf – mein allerschönstes Lächeln, warm, freundlich, ermutigend und die Gewißheit verkündend, daß wir beide uns verstehen, daß wir vom gleichen Schlag sind. Ihr eigenes Lächeln strahlt von weither auf mich herunter wie das Licht eines Leuchtturms, ist aber voller Dankbarkeit.

Das Szenario kannte viele Variationen. Manchmal brach es ganz ab und begann wieder an einem anderen Punkt der Saga. Es war wichtig, daß nichts Dramatisches passierte. Keine Liebe, keine Küsse. Die Große Frau war auch nicht gerade für so etwas gedacht, selbst dann nicht, wenn es um mich ging, denn ich bin natürlich die absolute Ausnahme. Unsere Beziehung ist geheim, unschuldig. Wir verstehen einander vollkommen, und das Gefühl der unausgesprochenen Intimität zwischen uns ist manchmal geradezu überwältigend.

Und inzwischen ging ich mit Iris Hand in Hand um den Block. Oft ließ sie meine Hand los und grabbelte auf dem Bürgersteig nach einem Stück Silberpapier, das ihre Aufmerksamkeit erregt hatte, nach einem Plastikverschluß, sogar nach einer Zigarettenkippe. Sie untersuchte diese Dinge sorgfältig. Enthielten sie eine Botschaft für sie? Es war schwer, sich nicht vorzustellen, daß diese Abfälle zu Requisiten einer Szene gehörten, mit der sie innerlich beschäftigt war.

Es tat mir gut, etwas zu glauben, was, wie ich fühlte, ja wußte, unglaubhaft war, nämlich daß Iris immer noch ein Innenleben hatte, das so wie das meine war. Das früher viel reicher gewesen war als das meine. Konnte dieses Gehirn, das einmal so viele Phantasiegebilde hervorgebracht hatte, so viele Geschichten und Situationen für Romane, die echte Meisterwerke geworden waren, seine Arbeit wirklich so vollständig eingestellt haben, gelähmt und gefangen in den Läsionen und unregelmäßigen Flecken, die sich auf seiner nicht sichtbaren, geheimnisvollen, ehemals symmetrischen Oberfläche entwickelt hatten? Ich wollte einfach glauben, daß es wie früher, als wir zusammen im Bett gelegen hatten, ich in meinen «Flugzeugbüchern» lesend und sie friedlich schlafend, oder als ich in Haus und Garten herumgewerkelt hatte, von irgendeiner Kleinigkeit ganz in Anspruch genommen, und sie mir vom Fenster zuwinkte und dann weiterschrieb – daß es auch jetzt noch und selbst im schlimmsten Fall irgendwelche unbekannten Schwingungen zwischen uns gab.

An diese Momente auf der Straße mußte ich denken, als ich eine Seite meines Buches umblätterte und dabei kurz aufblickte und Audi ansah, die still ihre Patience legte. Audi und das Krag-Jörgensen-Gewehr und die Große Frau von Gerrards Cross – alles durcheinander ...

Das mußte wohl alles zum Witwersein gehören. Ich hatte einmal meine Gedanken und Sätze recht gut ordnen und dem, was ich sagen wollte, einen gewissen Zusammenhang verleihen können. Jetzt kam ich vom Hundertsten ins Tausendste und wußte nicht, ob es Erinnerung, Einbildung, etwas Altes oder etwas Neues war. Ein typisches Trauersyndrom?

Mir wurde allmählich klar (zumindest glaubte ich das), was da vor sich ging. Irgend etwas in mir fügte Dinge zusammen, flickte aus einer Abwesenheit mühsam eine Gegenwart zusammen. An einer Gegenwart sind zwei Menschen beteiligt. Jeder ist für sich, keiner ist sich der Gegenwart des anderen bewußt, und beide sind sich, weil das so ist, nur um so näher. «Enger und enger auseinander.»

Diese Formulierung (aus einem Gedicht von A. D. Hope, einem geheimnisvollen Australier, von dem ich nicht das geringste wußte) hat mich sehr getröstet. Ich stieß erst auf sie, als Iris bereits krank geworden war. Sie beschreibt so gut unsere frühere Beziehung, deren Wesen mir erst voll bewußt wurde, als die Krankheit sie praktisch zerstört hatte.

Wir konnten uns noch einander mitteilen, ja wir taten das allem Anschein nach noch in gleichem Maße wie vorher, aber jene Augenblicke ruhigen Auseinanderseins, des

Zusammenseins im Auseinandersein, die gab es nicht mehr. Ich las nun nicht mehr meine «Flugzeugbücher», während Iris schlief, oder gärtnerte, während sie mir vom Fenster aus mit einer Hand zuwinkte und mit der anderen schrieb. Aber als ich Audi träumerisch bei ihrem Kartenspiel zusah und mich dann wieder meinem Buch zuwandte, schien sich das gleiche Muster wieder herauszubilden.

Aber es war – wie alle Muster – auch wieder anders. Iris hatte keine Romane gelesen. Audi schon, und sie hatte diesen gelesen, *The Blue Afternoon*, weshalb ich ihn jetzt las und sie hin und wieder etwas über ihn fragte. Ohne den Blick von den Karten zu wenden, antwortete sie vernünftig, aber zerstreut, und ich vergaß, was sie gesagt hatte, und vertiefte mich schnell wieder in mein Buch. Es war darin von allen möglichen obskuren Krankheiten die Rede, denn der Held ist Arzt. Und Audi, die, seit sie erwachsen ist, unter schweren Asthmaanfällen und von Geburt an unter Allergien leidet, weiß eine Menge über Krankheiten und Kranksein.

Bei meinem Besuch bei ihr machte mir das Lesen wirklich Spaß – neue Bücher und alte, mir bekannte und unbekannte –, und seit dem Ausbruch von Iris' Krankheit war das wirklich das erstemal. Zusätzlich zu *The Blue Afternoon* fand ich Audis Paperback von Waughs *Eine Handvoll Staub* und las es wieder, zum dritten oder vierten Mal und mit noch größerem Vergnügen. Es ist die Art von Meisterwerk, die – wie zum Beispiel auch Jane Austens Romane – bei jeder erneuten Lektüre ein anderes Bild und eine andere Gewichtung vermittelt. Früher hatte ich immer den Eindruck gehabt, daß der Autor seine Figuren zu sehr für seine eigenen, entschieden außerkünstlerischen Zwecke benutzt habe – nämlich Rache zu nehmen an seiner Frau, die ihn verlassen hatte, und an dem Mann, mit dem sie davongelaufen war. Ich hatte gemeint, daß er die beiden realen Personen über die Romanfiguren Brenda Last und

John Beaver zu seiner eigenen Befriedigung so unsympathisch wie möglich gezeichnet habe.

Aber so genau man auch über Evelyn Waughs Leben und die unglückliche Geschichte seiner ersten Ehe Bescheid wissen mag – der Roman als Kunstwerk bleibt davon unberührt. Ich war immer der Meinung gewesen, daß Brenda Lasts Reaktion auf die Nachricht vom Tod ihres kleinen Sohnes bei einem Reitunfall zwar hochdramatisch und wirkungsvoll, aber psychologisch unwahrscheinlich sei. Jetzt jedoch schien sie mir Zeugnis davon abzulegen, wie vollkommen Waugh die Gesellschaft verstand, in der er lebte und die er in seinen Romanen erschuf. Brenda ist kein kaltes, egoistisches Ungeheuer, sondern sie besitzt die extreme Gleichgültigkeit ihrer Clique und der Gesellschaft, in der sie sich bewegt. Das Leben, so wie sie es lebt, auf einem häßlichen großen Landsitz, mit ihrem Mann, der sie anbetet, und ihrem kleinen Sohn, besitzt für sie einfach keine Realität und berührt sie daher nicht. Sie langweilt sich nicht einfach, sondern sie weiß nichts von den wahren Bedürfnissen des Lebens, ihren Hoffnungen und ihrem Ziel. John Beaver, dieser gewöhnliche Niemand, den keiner sonst haben will, stellt für sie eine Realität dar, die sie ergreifen und festhalten kann, eine Realität, die ihr zum erstenmal zu Bewußtsein bringt, was Liebe ist. Indem sie sich ihm an den Hals wirft, werden sie beide wirkliche Menschen, die fast so etwas wie Gefühl haben.

Ich hatte großes Verständnis für Brenda. Seit Iris' Tod hatte ich mich selbst ein wenig wie Brenda gefühlt, aber wie eine Brenda, die ihren Realitätssinn verloren hat, statt ihn plötzlich zu entwickeln. Witwer sind nicht notwendigerweise egoistische Ungeheuer, aber möglicherweise entdecken sie in sich dieselbe Gleichgültigkeit. Ich hatte das Gefühl, daß ich jetzt in einem fort eine Brenda darbot.

John Beaver – so wie ihn Waugh zeichnet – ist der perfekte Partner für Brenda. Beide sind innerlich völlig leer.

Zu ihm empfand ich jetzt ebenfalls eine Affinität. Kein Seelenleben mehr, die Gedanken Belials, die ewig umherwandern.

Das Leben der beiden besteht einzig und allein aus dem, was sie von der Gesellschaft bekommen. Brenda allerdings ist imstande zu lieben, obwohl sie ihre Liebe nicht als solche erkennt, während Beaver in ihr nur ein Mittel sieht, um in der feinen Gesellschaft Fuß zu fassen. Für ihre Freunde gewinnen die beiden an Interesse, weil ihre Beziehung so absolut unwahrscheinlich ist, was beide mit Genugtuung erfüllt. Ein weniger guter Autor hätte Beaver vielleicht als Muttersöhnchen dargestellt, aber Waughs Beaver ist noch nicht einmal das. Er benutzt seine Mutter, soweit er irgend kann, so wie er jede Verbindung benutzt, die möglicherweise seinem gesellschaftlichen Vorwärtskommen dient. Das ist der Mann, dessentwegen Brenda «Gott sei Dank!» ausruft, als sie feststellt, daß nicht er – wie sie gefürchtet hat – bei einem Flugzeugunglück umgekommen ist, sondern nur ihr kleiner Sohn bei einem Reitunfall.

Brenda kann den Gedanken nicht ertragen, daß ihr das einzig Reale, was ihr gehört, genommen wird. Beaver erfüllt es bloß mit Genugtuung, daß der Gesellschaftsklatsch von diesem unwahrscheinlichen und unerwarteten Abschied so gefesselt ist. Es muß doch mehr an ihm dran sein, als man gedacht hatte. Aber da ist nichts, nicht das geringste, und Brenda liebt ihn gerade deshalb. Bei ihm braucht sie sich endlich nicht mehr zu verstellen, braucht keine Rolle mehr zu spielen.

Brenda hätte ihren Beaver geheiratet, wenn er sie hätte haben wollen. Aber natürlich wollte er das nicht. Hätte die Ehe gehalten, wenn es anders gewesen wäre? Schwer zu sagen. Vielleicht ja, auf ihre Weise. Brenda hätte vielleicht an ihm geklebt wie ein Blutegel. Ihr Eigentum! Aber das liegt außerhalb des Kerns dieses Romans, des Kreises, in dem – wie Henry James sagt – die Beziehungen des Lebens, die nirgendwo enden, auf überzeugende Weise den *Anschein* erwecken müssen, als ob sie es täten. Brenda heiratet schließlich Jock, den ältesten Freund ihres Mannes. Auch bei ihm braucht sie sich wahrscheinlich keinen Zwang aufzuerlegen, wenn auch aus einem anderen Grund. Er hatte nämlich gehört, was sie sagte, als ihr kleiner Sohn gestorben war und sie einen Augenblick lang geglaubt hatte, es sei ihr Geliebter. Sie heißen beide John.

Im wahren Leben verlief das alles ganz anders, was nur natürlich war. In seinen Memoiren liefert Anthony Powell eine ausgezeichnete Skizze von John Heygate, dem Mann, mit dem Waughs Frau auf und davon gegangen war. Im Hinblick auf Waughs Welt hätte niemand einen größeren Gegensatz zu John Beaver bilden können. Heygate war gutaussehend, talentiert und beliebt, kam aus einer alten Familie, hatte die richtigen Schulen besucht und gehörte den richtigen Klubs an. Auch scheint er die Art von verwegener und verantwortungsloser Lebenslust besessen zu haben, die man in seinen Kreisen guthieß, denn als die Affäre bekannt wurde, war er nicht mit Waughs Frau zusammen, sondern bereiste den Kontinent mit einem Tourenwagen.

Ein herrisches Telegramm von Waugh, der auf seine Weise äußerst furchterregend sein konnte, rief ihn zurück, damit er die Suppe auslöffelte, die er sich eingebrockt hatte. Er und Waughs Frau heirateten dann später, und die Ehe lief recht gut, auch wenn sie nicht hielt. Um Geld zu verdienen, schrieb Heygate einen Schulroman, der sich gut verkaufte, und außerdem hatte er auch Erfolg in der Filmwelt. In seinem späteren Leben hatte er des öfteren Nervenzusammenbrüche und litt unter Anfällen von Geistesgestörtheit. Das hätte Waugh als Autor von *The Ordeal of Gilbert Pinfold* interessieren können, aber im großen und ganzen gab Heygate keine gute Romanfigur ab, schon gar nicht für einen Roman von Waugh. Man versteht, was Waugh veranlaßt hatte, John Beaver zu erschaffen, eine seiner besten Romanfiguren und eine, die er mit all den verachtenswerten Eigenschaften ausstatten konnte, die er in Heygate zweifellos gern gefunden hätte, aber nicht hatte finden können.

Tony Lasts neogotischer Landsitz hat eindeutig Madresfield House in der Nähe von Malvern zum Vorbild, das Waugh gut kannte und ebensogern mochte wie Tony Last seinen Familiensitz. Die Idee zu Tonys vermutlichem Ende in den Wäldern des Amazonas als Gefangener des furchtbaren Mr. Todd geht offensichtlich auf Waughs persönliche Erfahrungen in Guayana zurück, wo er als Forschungsreisender seine Scheidung und seine gescheiterte Ehe zu vergessen versucht hatte. Die beste von Waughs vorzüglichen Reisebeschreibungen ist *Ninety-Two Days*, in der er seine Erfahrungen in Südamerika schildert. Selbst Mr. Todd steht uns nicht so lebendig vor Augen wie sein Gegenstück im wirklichen Leben, der alte Einsiedler, auf den Waugh im Urwald traf und der seinen Gast mit theologischen Spekulationen verwirrte. Er wanderte um Waughs Hängematte herum, als dieser im Regen dalag und sich mit Rum betrank. Der seltsame alte Mann wies auch ein Medaillon mit der Jungfrau Maria zurück, das Waugh ihm anbot, und zwar mit den Worten: «Wozu brauche ich ein Bild von jemandem, den ich so oft sehe?» Dann setzte er noch verächtlich hinzu: «Außerdem ähnelt es ihr nicht im geringsten.»

Als Tony Last von seiner Frau verlassen wird und diese auf einer Scheidung besteht, findet er sich in einer Welt wieder, «die plötzlich bar jeder Ordnung war», in der «kein noch so ungeheuerlicher Umstand auch nur ein Jota zu dem alles umfassenden Chaos hinzufügen konnte». Was gewöhnliche Witwer entdecken, ist nicht ganz so intensiv und dramatisch, aber im wesentlichen doch ähnlich. Selbst die Bücher, die ich jetzt las, schienen das zu spiegeln. Barbara Pym zu lesen, die mir doch so viel Vergnügen bereitet hatte, brachte ich nicht mehr fertig. Aber in

Waughs kalter, sinnloser Welt fühlte ich mich jetzt genauso vollständig zu Hause wie früher bei Pyms alten Jungfern, Hilfsgeistlichen und Exzentrikern ganz anderer Art.

Nach meiner Rückkehr von Lanzarote versuchte ich während einer schlaflosen Nacht, mir zu Waughs Roman ein anderes Ende auszudenken. Angenommen, Tony Last wäre rechtzeitig aufgewacht, nachdem ihn Mr. Todd betäubt hatte, um ihn vor dem Rettungstrupp zu verstecken? Mr. Todd mußte unbedingt in der Geschichte drin bleiben – er ist eine der unvergeßlichsten Figuren Waughs. Aber wenn Tony Last die Flucht gelungen wäre, was hätte dann geschehen können? Die nächste Szene würde wieder in England in Hetton spielen, wo Brenda viel Wind um den zurückgekehrten Helden macht. In der folgenden glücklichen Zeit hätte sie vielleicht Tony dazu überredet, sie finanziell abzusichern, ihr einen Teil des Vermögens zu überschreiben. Tony frißt ihr jetzt aus der Hand, aber Brenda steht insgeheim immer noch mit Beaver in Verbindung und liebt ihn nach wie vor. Beaver weiß nicht, was er tun soll. Die feine Welt hat ihn wieder fallenlassen, nachdem sie sich zunächst für ihn interessiert hatte, weil er Brendas Freund geworden war.

Als Brenda über eigenes Geld verfügt, bittet sie Beaver, sie zu heiraten, nachdem sie sich hat scheiden lassen. Beaver ist versucht zuzustimmen. Sie hat zwar nicht allzuviel Geld, aber zusammen und verheiratet werden sie in die Londoner Gesellschaft aufgenommen werden. Man wird über sie reden. Er sagt zu, will aber erst mit seiner Mutter eine Amerikareise unternehmen. Und drüben in Amerika lernt er eine Erbin kennen, die sehr reich ist, die sehr gut zu ihm paßt und die sich sehr leicht täuschen läßt. Beaver im Glück. Seine zukünftige Braut ist selig über die Aussicht, mit einem jungen Engländer aus der guten Gesellschaft in Mayfair zu leben. Mrs. Beaver ist entzückt. Sie behält ihren Sohn, und sie hat die Erbin unter ihrer Fuchtel und kann sie für ihre persönlichen Zwecke einsetzen.

Und was wird aus Brenda? In ihrem tiefsten Inneren ist die Arme eine Stoikerin. Sie weiß, wann sie verloren hat – und ihren Geliebten verloren hat. Sie will ihn immer noch. Vielleicht kann sie ihn ja noch haben – heimlich. Sie denkt an ihn, wenn sie mit Tony schläft, und dann erwartet sie wieder ein Kind. Das war das Ende meines alternativen Romans, und ich als alternativer Autor war immer noch voller Sympathie für Brenda. Ich wußte ja nur zu gut, wie es war, wenn man einen geliebten Menschen verlor.

Durch die Vorhänge drang das Tageslicht. Waugh selber hätte so einen Roman natürlich nie schreiben können. Sein Genius ging in eine ganz andere Richtung und hatte seine Freude an dem grotesken Alptraum des Endes, das er dem Roman gab. Tony Last, der letzte seiner Gattung, wird von einem Einsiedler im Urwald gerettet, der von einem unstillbaren Durst nach den Romanen von Dickens erfüllt ist, die er nicht lesen kann. Und während das Leben in England weitergeht, wird Tony von seinem gräßlichen Gastgeber gefangengehalten und gezwungen, ihm einen Roman nach dem anderen vorzulesen – immer wieder, bis in alle Ewigkeit.

Meisterhaft. Waughs unnachahmlich kühle Art läßt das alles absolut glaubhaft erscheinen – und furchterregend. Aber für Waugh stehen die Charaktere völlig im Dienst des dramatischen Effekts. Hätte Henry James den Roman geschrieben, wäre er sehr viel interessierter an den Menschen selbst gewesen. Er hätte darüber nachgedacht, was im Innern von Brenda und Beaver vor sich geht – auch im Innern von Tony als dem letzten Vertreter eines Typs und einer Tradition. Er hätte jedes sensationelle Ende vermieden, das auf Kosten der menschlichen Beziehungen gegangen wäre, die «nirgends enden».

Eine Gewissenhaftigkeit wie die von Henry James verträgt sich natürlich nicht mit der Bitterkeit, die Waugh damals erfüllte und die ihn zu diesem düsteren Ende veranlaßte. Aber so großartig Waugh als Künstler auch sein konnte, er war auch ein Zyniker. Er war sofort bereit, seinem amerikanischen Verlag entgegenzukommen und dem Roman ein anderes Ende zu geben, da der amerikanische Leser, wie Scott Fitzgerald sagt, immer eine Tragödie mit einem Happy-End haben muß.

Waughs alternative Lösung ist auf absurde Weise kuschelig. Tony Last freut sich – wie Waugh selbst in seiner Reisebeschreibung *Ninety-Two Days* – auf die Heimreise, auf sein erstes Abendessen bei Wheeler's oder im Savoy, vielleicht auch auf eine Aussöhnung mit Brenda. In London trifft er auf sein Telegramm hin in der Tat eine reuige Brenda, die mehr als bereit ist, dem armseligen und einsamen Leben zu entfliehen, zu dem sie jetzt gezwungen ist. Sie fahren zusammen nach Hetton zurück, und als letztes sieht man sie im Speisewagen Muffins essen. Völlig untypisch für Brenda? Natürlich ist es das, und Waugh hatte ja auch bereits mehr als deutlich vor Augen geführt, wie tief sich Brendas Treulosigkeit in Tonys Seele gefressen hatte.

Aber der Autor war offensichtlich zu dem Schluß gekommen, daß die unterschwellige Ironie um so stärker sein würde, je heimeliger er die Szene gestaltete. Und er war der Meinung, daß die Amerikaner die Ironie ganz sicher nicht verstehen würden. Daß dies eine Fehleinschätzung war, zeigt der große Erfolg, den seine viel spätere Satire *Tod in Hollywood*, eine schwarze Komödie über kalifornische Bestattungssitten, in Amerika hatte. Und inzwischen hatte natürlich der Erfolg auf beiden Seiten des Atlantiks von *A Handful of Dust* zur Wiederherstellung seines ursprünglichen Endes geführt.

8. Belial und seine Freunde

Ich habe den Versuch, mich an Iris zu erinnern, wie sie vor ihrer Krankheit gewesen war, aufgegeben. Sie hat noch «Hier ist Ginger» gesagt, als sie kaum noch etwas anderes sagen konnte.

Ich habe mich mit besitzergreifender Liebe an die Iris geklammert, die an Alzheimer litt und um die ich mich während all dieser Jahre gekümmert habe. Ja, die Krankheit selbst schien mir ganz allein zu gehören, und ich mochte es nicht, wenn andere Leute sie hatten, obwohl ich, wenn ich zu den Treffen der Selbsthilfegruppe ging, die Kameradschaft und das Gefühl der Zusammengehörigkeit genoß und mich fühlte wie ein ehemaliger Soldat bei einem Veteranentreffen.

Wenn ich mit Iris um den Block spazierenging, dann war da immer ein Haus, das ich mit besonderen Augen ansah, das Haus meines früheren Lehrers David Cecil.

Die Häuser anderer Leute mögen ebenfalls unordentlich sein, aber sie vermitteln den Eindruck, als wüßten sie, was Sache ist, worum es bei Häusern geht und womit sie noch davonkommen können. So war Davids Haus. Es war gemietet (nachgemachtes 18. Jahrhundert) und groß genug für eine fünf-, sechs- oder siebenköpfige Familie inklusive Köchin und Kinderfrau. Rachel Cecil fuhr gern mit dem Fahrrad einkaufen, aber sie haßte das Kochen. Ganz besonders verabscheute sie Zwiebeln, was das Essen in der Linton Road nicht gerade aufregend machte, obwohl das Reden und Trinken immer ein großes Vergnügen war. Das von David bevorzugte Getränk war eine Mischung aus trockenem und süßem Wermut mit so viel Gin, wie man sich während seiner ekstatischen Höhenflüge heimlich eingießen konnte. Nicht, daß er dauernd monologisiert hätte. Er hatte die Angewohnheit, plötzlich auszurufen: «Was meinen Sie?» und dann mit einer Konzentration, die einen fast verlegen machte, dem zu lauschen, was man zu sagen hatte, was selten sehr interessant war. Aber er war nicht nur ein äußerst angenehmer Gesprächspartner, sondern er munterte einen auch in einer Weise auf und inspirierte einen wie Champagner – oder wie es Champagner zumindest tun soll, denn bei mir habe ich eine solche Wirkung nie feststellen können.

Genauso wie er einen aufforderte, sich mehr Gin einzugießen, wenn man wollte, und einem seine Genehmigung mit einer geistesabwesenden Handbewegung erteilte, wenn er es zufällig bemerkte, genauso lag es auch an ihm, wenn man geistreich war. Trat dieser Fall ein, dann war das sein Tun, auch wenn man glaubte, man selbst sei so witzig. Er war wie Falstaff – nicht nur selbst spaßig und vergnüglich, sondern auch der Grund dafür, daß andere voller Spaß und Vergnügen waren. Wie der Herzog in *Maß für Maß*, der sagt, daß es ihm mehr Freude mache, andere Menschen lachen und sich freuen zu sehen, als selbst zu lachen und sich zu freuen. Vielleicht war Shakespeare auch ein bißchen so, obwohl es möglicherweise etwas zu bedeuten hat, daß es der verkleidete Herzog ist, der dies von sich behauptet. In Wirklichkeit könnte er ein ziemlich selbstgefälliger Bursche gewesen sein, den nur interessierte, wie er in seinen eigenen Augen und in denen seiner Untertanen wirkte.

Iris war in vieler Hinsicht wie der Herzog, aber zweifellos und ganz aufrichtig mehr daran interessiert, andere glücklich zu sehen, als selbst glücklich zu sein. Aber beides gehörte zusammen, und das war richtig so. Iris fragte andere Leute mit Vorliebe, was sie machten und was sie dachten, und man gab ihr immer bereitwillig Auskunft.

Daran erinnerte ich mich, selbstverständlich. Aber ich konnte mich nicht an *sie* erinnern, wie sie es tat. An David Cecil konnte ich mich dagegen sehr gut erinnern – wie er aussah, wie er vogelgleich den Kopf wandte, an seinen Tonfall, seine Gesten. Die Iris aus jenen Tagen jedoch ist fort.

Konnten sich andere besser an sie erinnern als ich? Viel besser? Wahrscheinlich. Würde sie für mich jetzt immer die alzheimerkranke Iris bleiben? Ich wußte es nicht. Der Weg schien noch so weit zu sein. Und ich hatte keine Ahnung, wie und ob die frühere Iris jemals zurückkommen würde, ja nicht einmal, ob ich sie überhaupt zurückhaben wollte. Daseinslosigkeit konnte sich nicht groß verändern, selbst für die Hinterbliebenen nicht. Sie beschäftigten sich nur noch mit sich selbst und damit, wie ihr Alleinsein zu verkraften war.

Vielleicht ist das der Hauptgrund, warum ich mich jetzt nicht mehr an Iris, wie sie früher gewesen war, erinnern konnte.

Erinnerungen können auch zu einer Obsession werden, nehme ich an, aber ich dachte gerne an David Cecil und an das, was er gesagt, die Geschichten, die er erzählt hatte. Er mochte Christopher Woodforde sehr gut leiden, den boshaften Geistlichen vom New College, der sich manchmal wegen irgendeiner Sache über ihn ärgerte und ihn dann immer mißbilligend mit «*Lord* David» anredete. Christophers Urur … urgroßvater war *der* Pfarrer Woodforde gewesen, Autor des *Tagebuchs eines Landpfarrers*, das sich hauptsächlich damit befaßt, was er jeden Abend aß.

Sein moderner Verwandter war wegen seiner scharfen Zunge nicht übermäßig beliebt im College, aber er und David Cecil kamen sehr gut miteinander aus. Christophers Frau, die genauso scharfzüngig war, obwohl sie auch nett und gütig sein konnte, hatte David einmal mit einer Bemerkung über Dr. Cooke, den Dozenten für Chemie, erheitert. David hatte zu ihr gesagt, wie gut er Dr. Cooke leiden könne, der in der Tat ein äußerst liebens- und schätzenswerter Mann war. «Ich mag ihn auch sehr», erwiderte Mrs. Woodforde, «aber wissen Sie, immer wenn ich ihn sehe, stelle ich ihn mir in einem weißen Kittel vor, wie er mir eine Flasche Hustensaft einwickelt.»

Christopher Woodforde haßte den Rektor des College, und zwar in einem Ausmaß, das zu der Fähigkeit des Unglückseligen, andern auf die Nerven zu gehen, in keinem Verhältnis stand, obwohl er diesbezüglich einiges fertigbrachte. Als der Rektor starb, hielt Christopher bei der Beerdigung eine wohlgesetzte und bewegende Rede (wie viele boshafte Geistliche war er ein ausgezeichneter Prediger), zu der ihm hinterher Alan Bullock (jetzt Lord Bullock), der Dozent für Geschichte, gratulierte. Ihn giftig anblickend, zischte der Geistliche: «Ich hoffe, der Kerl schmort jetzt in der Hölle!» Bullock, ein gestandener Atheist mit aufgeklärten Ansichten, war über diesen unerwartet heftigen Ausbruch klerikalen Grolls äußerst bestürzt, auch wenn das seinen Respekt für den Geistlichen als einen Mann von – wie Hardy es nannte – «gesunden kirchlichen Ansichten» nicht minderte.

Kurz nach dieser Episode fiel David Cecil bei Christopher Woodforde in Ungnade und konnte das nie wiedergutmachen – er blieb von da an «Lord David», obwohl er das in seiner üblichen Unbekümmertheit überhaupt nicht mitbekam. David und Rachel hatten Woodforde zum Abendessen eingeladen. Dieser wußte sehr gut, daß es – verglichen mit seinem Abendessen im College – eine spärliche und unattraktive Sache werden würde, aber er mochte die Cecils und war bereit, ausnahmsweise einmal auf den soliden Komfort seines üblichen College-Abends zu verzichten. Außerdem war er gerührt. Seine Frau war vor kurzer Zeit gestorben, und ganz offensichtlich wollten ihm die Cecils helfen und dafür sorgen, daß er nicht allein im College saß und Trübsal blies.

Er traf pünktlich zur festgesetzten Stunde in der Linton Road ein. Als er die Gartenpforte öffnete, wurde die Haustür aufgerissen, und David und Rachel kamen in großer Eile heraus. Mit einer hastig hervorgestoßenen Entschuldigung eilten sie an ihm vorüber, und Rachel dankte ihm noch schnell, daß er sie habe besuchen wollen, und meinte, er müsse bald einmal wiederkommen.

«Es war ja nicht so sehr, daß sie es vergessen hatten», erklärte er mir später. «Worüber ich mich wirklich geärgert habe, war, daß ich das Abendessen im College versäumt hatte. Ich habe mein übliches Abendessen nicht bekommen und dann noch nicht einmal den Schlangenfraß, den mir die Cecils aufgetischt hätten.»

Er grollte den Cecils wegen dieses Vorfalls nicht direkt, kehrte jedoch wieder zu der förmlichen Anrede zurück, wenn er mit David Cecil sprach – ein Zeichen des Mißfallens, das dieser jedoch überhaupt nicht registrierte. Aber ohne jeden Zweifel konnte Christopher durchaus auch von Herzen hassen. Nachdem er das New College verlassen und Dechant von Wells Cathedral geworden war, lud er Iris und mich gelegentlich zu sich und seinem Sohn Giles in die Dechanei ein. Giles war ein seltsamer, aber sympathischer Junge, dessen Hobby – man sollte es wohl eher eine Berufung nennen – darin bestand, jedes Kino zu besuchen und zu dokumentieren, das eine Teestube besaß. Früher gab es diese kleinen Lokale in fast jedem Kino, inzwischen waren sie jedoch am Aussterben, und Giles' Passion war es, für die Nachwelt eine vollständige Liste der noch existierenden zu erstellen, bevor sie völlig verschwunden waren. Dabei verzeichnete er sorgfältig, welche Art süßer Brötchen sie servierten und ob die Serviererinnen Dienstkleidung trugen.

Sein Vater führte indessen einen grimmigen Kampf gegen die zittrigen alten Domherren im Innenhof, wobei er sich für seine anfallartigen Attacken einen besonders harmlosen und liebenswürdigen alten Herrn herausgepickt hatte. «Ich hasse diesen Mann», vertraute er Iris und mir an, als er seinen Feind im Innenhof vor uns her wackeln sah. «Ich werde dafür sorgen, daß er fliegt!» Christopher führte nicht näher aus, wie er dieses Wunder vollbringen wollte, und ich nehme an, daß der alte Kanonikus in glücklicher Unkenntnis des ihm angedrohten Schicksals dem Erdboden verhaftet blieb. Christopher war zwar nicht gerade die wandelnde Güte, aber man konnte sicher sein, daß die Drohungen und Verwünschungen, so alarmierend sie auch aus dem Munde eines bedeutenden Kirchenmannes (er hatte das Standardwerk über kirchliche Glasmalerei geschrieben) klingen mochten, niemals in die Tat umgesetzt wurden oder ernsthafte Konsequenzen hatten.

Ich mußte an Christopher Woodforde und die mißglückte Abendeinladung denken, als ich selbst unter der wohlmeinenden Verfolgung zu leiden begann, der Witwer offensichtlich ausgesetzt sind. Wenn ich mich in jenen Wochen vor einer gastfreundlichen Haustür einfand, erinnerte ich mich oft daran, was Christopher passiert war, und dachte dann, was für Glück er zumindest in einer Hinsicht gehabt hatte. Zwar hatte er auf sein Abendessen verzichten müssen, aber dafür war er dem Abend entgangen. Was für eine Erleichterung wäre es häufig gewesen, wenn meine vermeintlichen Gastgeber bei meinem Eintreffen mit dem eilig geäußerten Wunsch, mich bald wiederzusehen, fortgegangen wären. Ich wäre dankbar nach Hause spaziert und hätte mir mein übliches Abendessen aus Sardinen oder Rühreiern schmecken lassen. Etwas in der Art und ein paar Drinks, ein altes Lieblingsbuch und das Radio. Zwar genoß ich diese Dinge nicht mehr so wie früher, als Iris krank war, aber sie bereiteten mir immer noch Freude. Besonders wenn die Alternative ein eher mühsamer Abend am Tisch eines hilfsbereiten Freundes war.

Und jetzt waren die Einbrecher dagewesen.

Ihr Besuch war wie ein Tonikum. Auch kam er mir im Haus eines Witwers absolut richtig vor. Teil eines Rituals wie die Beerdigung oder die Totenwache oder der Gedenkgottesdienst. Und gehörte nicht auch die Verlesung des Testaments dazu?

Ich konnte mir richtig vorstellen, wie verantwortungsbewußte Einbrecher fast besorgt zueinander sagten: «Höchste Zeit, daß wir Mr. Bayley unseren Besuch abstatten. Muß doch schon ein Jahr her sein, daß seine Frau gestorben ist. Länger? Na bitte! Es wird ihn aufmuntern. Wir sollten es nicht mehr zu lange aufschieben. Hast du heute abend Zeit, George? Gut, dann paß mal auf ...»

Als wir noch zu zweit gewesen waren, hatten wir nie Einbrecher gehabt. Um uns herum hatte man in mehrere Häuser eingebrochen (wir waren bestens informiert), und einmal entdeckte ich Spuren eines nicht sehr überzeugenden Versuchs. Unsere Nachbarn hatten Alarmanlagen, aber ich scheute den damit verbundenen technischen Aufwand, das lästige Anschalten, wozu ich die Anlage zumindest teilweise hätte verstehen müssen, und den allgemeinen Ärger, wenn sie mal aus Versehen losging. Jemand schlug – nicht ganz ernsthaft – vor, daß wir uns eine Attrappe zulegen sollten. Das schien mir eine gute Idee zu sein. Ich hatte schon immer eine Schwäche für alles So-tun-als-ob gehabt, für einen erfolgreichen Schwindel, für etwas, das – in diesem Falle – so gut wie das Eigentliche war. Außerdem hätte es uns damals etwas zu tun gegeben, hätte uns wahrscheinlich einen ganzen Vormittag lang beschäftigt.

Das war vor zwei Jahren gewesen, bevor Iris das Stadium der Verwirrung und Verzweiflung erreicht hatte und es mir noch nicht in den Sinn gekommen war, die Türen von innen abzuschließen, weil es auch nicht nötig gewesen war. Iris ließ sich noch immer gerne im Auto umherfahren, und das war für uns beide besser, als zu Hause zu bleiben.

Wir fuhren zu einem riesigen Heimwerkermarkt am Stadtrand von Oxford. Dort, so hatte man mir gesagt, kaufe man diese komischen, in Korea oder vielleicht auch in Singapur hergestellten Dinger am besten. Nach endlosem Umherirren zwischen langen Reihen von Lampenschirmen, elektrischen Haushaltsgeräten und motorisierten Laubkehrmaschinen stießen wir schließlich auf einen Verkäufer, der zwar mit einigen Papieren beschäftigt, aber doch bereit war, uns anzuhören. Zunächst reagierte er verblüfft, dann mißbilligend. Er war ganz offensichtlich geneigt, die Idee unüblich und ungehörig zu finden. So eine hundsgemeine Idee brachte das ganze Heimwerkergewerbe in Verruf!

Das sah ich ein und schämte mich schon richtig wegen meines Begehrens. Aber schließlich gab der Verkäufer nach und deutete auf eine Reihe Pappkartons in einem Regal. Er bat mich allerdings, den Karton ungeöffnet zu lassen. Ich fragte mich, ob es ihm darum ging, die Sicherheit meines Hauses nicht zu gefährden, oder ob er sich, was wahrscheinlicher war, von diesem dubiosen Geschäft, das dem Ethos des Heimwerkermarktes völlig zuwiderlief, distanzieren wollte. Betreten zahlte ich bei einer jungen Kassiererin, und wir fuhren mit unserer Schachtel nach Hause.

Als ich das Ding auspackte, sah ich auf den ersten Blick, was der Verkäufer dagegen einzuwenden hatte. Kein Mensch – und schon gar kein Einbrecher – hätte sich davon in irgendeiner Weise täuschen lassen. Sogar das Zubehör und die Beschriftung, die versuchte, dem Gerät den Anschein von Echtheit zu geben, waren auffällig und übertrieben. «*Spyder Alarms*» stand da, und die abgebildete Spinne wirkte angriffslustig, ja drohend. Und doch hätte sie jeden Einbrecher kaltgelassen.

Die Einbrecher hatten sich wahrscheinlich nicht einmal die Mühe gemacht hinzuschauen. Sie waren gekommen, als ich mit meinem Bruder Michael und einem Freund ein, zwei Tage fortgewesen war. Ein paar Tage vorher hatte ein netter alter Mann den Efeu an einer angrenzenden Mauer beschnitten. Er hatte bei mir geklingelt und mich darauf hingewiesen, daß es vorteilhaft wäre, einen riesigen Busch, der an der Seite des Hauses emporwucherte, ein wenig zurückzuschneiden. Ich mußte ihm zustimmen, und er machte seine Arbeit gut und ohne mich im geringsten zu stören. Der Busch war so hoch, daß er eine Leiter nehmen mußte. Den Schnittabfall fuhr er mit einem uralten Lieferwagen ab. Eine ordentliche Arbeit, sauber und billig.

Als ich nach meiner zweitägigen Abwesenheit zurückkehrte, bemerkte ich anfänglich gar nicht, daß etwas anders war. Die Häuser von Witwern sehen vermutlich mit der Zeit immer so aus, als hätte sich nie etwas verändert und als könnte sich auch nichts verändern. Dann wollte ich eine Stehlampe anknipsen und stellte fest, daß sie nicht da war. Ja, natürlich, dachte ich, aus irgendeinem Grund ist sie ins Pastetenland gegangen. Kehrt wahrscheinlich nie zurück, aber ich komme auch ohne sie aus. Genaugenommen stand sie ziemlich im Weg. Ich hatte sie auch nur benutzt, wenn ich telefonieren mußte. Trotzdem, ein bißchen seltsam war es schon. Bei genauerer Betrachtung sogar ausgesprochen seltsam.

Erst als ich ins Schlafzimmer – in unser Schlafzimmer – hinaufging, bekam ich einen richtigen Schock. Die große Eichentruhe, die am Fenster stand und einen daran hinderte hinauszusehen und auf der sich Schichten von Büchern und alten Nummern der *London Review of Books* und Socken und allem möglichen abgelagert hatten – sie war nicht mehr da. Wo hatten wir sie her? Vor vielen Jahren aus einem Geschäft, das halb Trödelladen, halb Antiquitätengeschäft gewesen war. Billig. Deshalb hatten wir sie wahrscheinlich gekauft. Bei so was hatte Iris nie widerstehen können.

Was war drin gewesen? Keine Ahnung. Hatte seit Jahren nicht mehr hineingeschaut. Es hatte immer viel zuviel draufgelegen. Aber es mußte etwas drin gewesen sein, sogar eine ganze Menge, denn jetzt nahm ich massenhaft Sachen wahr, die vorher nicht dagewesen waren – Sachen, wie man sie halt so hat, die durchaus ordentlich im ganzen Zimmer verteilt waren. Nur dort, wo die große Truhe einmal gestanden hatte und es noch schmutziger war als im übrigen Zimmer, dort lag nichts. Mit einem Gefühl der Befreiung – schön, daß man sich jetzt so ungehindert bewegen kann! – ging ich zum Fenster, um es aufzumachen. Aber es war bereits offen. Komisch, dachte ich. Das Sicherheitsschloß hing an einer einzigen Schraube richtig elegant herab. Sonst war nichts beschädigt.

In dem Augenblick fiel mir Mr. Sullivan ein, der nette alte Mann, der den Busch beschnitten hatte. Nein, bestimmt nicht. Und wie in aller Welt? Aber es sah ja wirklich so aus. Jetzt ging ich etwas aufmerksamer durchs Haus, und da merkte ich erst, wieviel verschwunden war. Zwei große Eichentruhen, von denen die eine unsere Schallplattensammlung von alten 78ern und LPs enthalten hatte, die jetzt säuberlich auf dem zerschlissenen Wohnzimmerteppich aufgestapelt war. Der französische Gobelinsessel, den mir Iris vor zehn Jahren zu meinem vierundsechzigsten Geburtstag geschenkt hatte. Sogar mein alter Freund, der Windsor-Stuhl in der Küche, an dessen Arm ich zweimal hängengeblieben war, als ich morgens Tee hatte machen wollen. Nach und nach entdeckte ich immer mehr Lücken – kleine Tische, Vasen, Schmuckgegenstände, ein paar Bilder.

Der Fernseher und der Videorecorder, mit dem ich niemals zu Rande gekommen war, standen noch in ihrer Ecke, unberührt und unbegehrt.

Aber wie gut, daß Iris nicht mehr sah, daß alle ihre Schätze fort waren! Sie hätte sich so darüber aufgeregt. Mehr als das. Sie wäre entrüstet gewesen, traurig, unglücklich, eine Zeitlang sogar wütend. Ihre Wut hätte sie hinuntergeschluckt, um mich nicht zu erschrecken, aber das hätte es nur schlimmer gemacht. Das alles natürlich nur, wenn der Einbruch vor ihrer Krankheit stattgefunden hätte. Zum Ende hin hätte sie nichts davon gesehen oder bemerkt. Und ich hätte ihr nichts gesagt.

Und dann stellte ich mit Verblüffung fest, daß ich selbst gar nichts empfand. Nicht nur mit Verblüffung, sondern auch mit Bestürzung. Mir war das alles egal. Die Sachen waren weg. Sie interessierten mich nicht. Interessierte mich überhaupt noch etwas? Das Verschwinden unserer Sachen ließ diese Frage plötzlich und auf erschreckende Weise bedeutungsvoll erscheinen.

Ich schob sie beiseite und dachte über die Sachen selbst nach. War es nicht eine Erleichterung, daß so viel weg war, besonders die beiden großen Truhen? Aber es mußte doch ungeheuer mühsam gewesen sein, sie aus dem Haus zu kriegen! Und warum in aller Welt hatten die Diebe sie haben wollen? Später erfuhr ich, daß antike Eichenmöbel, sogar nicht ganz so antike, heutzutage äußerst wertvoll sind. Na gut. Um so besser für den netten Mr. Sullivan.

Konnte man sicher sein, daß es Mr. Sullivan gewesen war? Es war durchaus denkbar, daß er seinen Freunden einen Tip gegeben, den Lieferwagen gestellt und mit seiner Ortskenntnis geholfen hatte. Und mir fiel ein, daß ich ihm den Schlüssel zu dem Vorhängeschloß am Seitentor gegeben hatte, damit er kommen und gehen konnte, wie er wollte. Er hatte sich entschuldigt, weil er das Schloß verloren hatte – es mußte ihm irgendwo heruntergefallen sein –, und hatte ein neues gekauft. Den Schlüssel hatte er mir gegeben. *Einen* Schlüssel, wie ich jetzt begriff. Den anderen mußte er behalten haben.

Als – ein oder zwei Tage später – die Polizei vorbeikam und man wissen wollte, ob ich irgendeine Ahnung hätte, fragte ich zögernd, ob ich einen Verdacht aussprechen könne. «Aber natürlich», sagten sie. Und nachdem ich ihnen von dem zu stutzenden Busch erzählt hatte und davon, wer diese Arbeit verrichtet hatte, lachten sie leise, und einer von ihnen sagte müde: «Oh, Mr. Sullivan! Den kennen wir ...»

Ich wollte sie fragen, warum sie in diesem Fall nichts gegen ihn unternähmen. Aber dann fiel mir ein, daß in England ein Verdacht, und sei er noch so groß, nicht ausreicht. Außerdem machten die beiden Polizisten ganz entschieden den Eindruck, als wollten sie lieber nichts gegen Mr. Sullivan unternehmen. Es würde viel zuviel Arbeit verursachen und wäre auch ziemlich unsportlich.

Statt dessen rieten sie mir, die Hilfe eines Betreuers in Anspruch zu nehmen. Sie würden das auch sehr gerne für mich arrangieren. «Was für einen Betreuer?» fragte ich. «Wegen des Schocks», erklärten sie.

Als sie fort waren, dachte ich darüber nach. Hatte ich einen Schock erlitten? Die Antwort war doch wohl nein – absolut nicht. Was geschehen war, kam mir wie ein völlig natürlicher, ja unvermeidlicher Teil meiner neuen Existenz vor – meinen neuen Lebensstil konnte man es ja wohl kaum nennen. Was immer mir von jetzt an geschähe, egal, ob Gutes, Schlechtes oder etwas dazwischen (Krebs, ein zu Schrott gefahrenes Auto, eine Riesenerbschaft, ein Bestseller, Monate und Jahre stiller, absoluter Langeweile), irgendwie wäre es mir alles egal.

Und aus irgendeinem Grund fand ich die Aussicht nicht einmal deprimierend. Sie erfüllte mich – wie schon der Verlust der Möbel – mit einer gewissen Erleichterung. Da gab es anderes, was sich im Laufe meiner Witwerschaft eingestellt hatte, dem ich durchaus nicht so gleichmütig gegenüberstand. Zum Beispiel, daß mein Verlangen nach einem Drink am Abend allmählich aufgehört hatte. Und die Vorfreude. Jetzt goß ich mir apathisch und ohne das Bedürfnis danach zu haben etwas ein: Na schön, von mir aus, warum nicht. Das war nun wirklich nicht die richtige Einstellung.

Der Drink war Teil meines früheren Tagesablaufs gewesen, welcher darin bestanden hatte, mich um Iris zu kümmern, was meinem Leben Realität verliehen hatte. Jetzt war es nur noch ein Existieren, und eins war so real oder irreal wie das andere, ob es nun Dinge oder Menschen waren.

Wenn ich doch nur wirklich unabhängig wäre, frei von dieser Nervosität und den Ängsten und den Wutanfällen, die plötzlich so schlimm geworden waren ... Wieso hatte ich sie vorher nicht gehabt, als Iris krank war? Warum konnte ich nicht endlich auf schickliche Weise Witwer sein, ein Dasein führen, das doch bestimmt von Kargheit und würdevoller Leere geprägt war? Wie das Leben eines Mönchs, besonders das eines Trappisten.

Im Unterschied zum Unterrichten oder Theaterspielen war das Witwersein kein Beruf. Das hatte ich schon begriffen. Wenn es das nur gewesen wäre! Wieviel angenehmer wäre es, wenn es ein anerkannter Beruf wäre, einer «*in which men engage – / The army, the navy, the church or the stage* ...» «den Männer ergreifen – / Das Heer, die Marine, die Kirche oder die Bühne ...». War das Leben nicht glücklicherweise wie in einer jener Opern von Gilbert und Sullivan? Ich hätte mich gerne als Witwer *betätigt* – ein anspruchsvoller, aber befriedigender Beruf nach der vorausgegangenen anstrengenden Ausbildung.

Aber auch wenn es kein Beruf war, mußte es doch eine ideale Verhaltensweise geben. Eine Art zu leben, nach der ich streben konnte, eine platonische Vision des Verwitwetseins.

Iris, die Plato so intensiv studiert hatte und so gut über ihn Bescheid wußte, hätte jetzt sicher ihren Spaß gehabt.

Aber so, wie die Dinge lagen, war es vermutlich das gleiche unordentliche, wilde, verwirrte Hin und Her, das alle Hinterbliebenen durchmachen.

Wie würde ich dahinterkommen? Ich wollte gar nicht dahinterkommen.

Jetzt ist es ungefähr ein Jahr her.

Mir fehlten die Anfälle von Kummer, die früher mit der Plötzlichkeit von Asthma oder Zahnschmerzen gekommen waren. Nur daß jeder Anfall von einem unbeschreiblichen physischen Glücksgefühl begleitet war. In gewisser Weise mehr wie Sex als wie Trauer – und doch wieder so heftig und qualvoll, daß man bei jedem Anfall das Gefühl hatte, er sei ohne die Tränen und das Schluchzen, die ihn begleiteten, nicht zu ertragen. Ich war sicher, daß manche Leute die gleichen Qualen litten, ohne jene lindernden Symptome zu haben, aber ich begriff nicht, wie sie das fertigbrachten.

So wie bei den meisten anderen Dingen im Leben auch war es unmöglich, genau zu wissen, wie andere Menschen den Verlust eines geliebten Menschen erfahren. Jede Erfahrung ist etwas Persönliches, egal, wie universal sie ist, und doch muß diese Erfahrung ein Sonderfall sein. Ich weiß noch, wie ich zwischen den Anfällen dachte, daß alle Witwen und Witwer die gleichen Symptome an den Tag legen müßten, genauso wie Patienten, die an der gleichen Krankheit leiden.

Der Zustand des Verwitwetseins ist eindeutig bestimmt. Weniger klar bestimmt ist vermutlich jenes wunderbare Gefühl, am Leben zu sein, das der Kummer seinem Patienten schenkt. Dieses Lebendigsein vermißte ich inzwischen, ein Jahr nach Iris' Tod, mehr als alles andere.

Ich vermißte auch andere Symptome des Lebendigseins – die rasende Wut und Verzweiflung, die mich vor Iris' Tod manchmal genauso überfielen wie hinterher der Kummer. Und auch die Anfälle von Liebe in den Monaten vor ihrem Tod, die so wunderbar und physisch waren wie nur irgendeine Erfahrung im Leben.

Leben – das war's. Seit der Kummer angefangen hatte nachzulassen, hatte ich nicht mehr gelebt, und deshalb fehlte er mir so sehr.

Und doch klingt es immer falsch, wenn man auf diese Weise von «dem Leben» spricht. D. H. Lawrence neigte dazu, und seine Jünger und Bewunderer redeten immer davon, «auf der Seite des Lebens» zu stehen, was immer das heißen soll. Lawrence *war* lebendig, und wie, und man spürt das nicht nur an seinen Worten und seinem Stil, sondern auch an dem, was er empfindet, als ob er und das Leben identisch seien. Aber über das Leben in ehrfürchtiger Weise zu sprechen ist etwas anderes. Das Leben verschwindet dahinter.

Ich hatte das Gefühl, daß ich mit dem Nachlassen des Kummers, den ich jetzt so sehr vermißte, nicht nur aufgehört hatte zu leben, sondern daß ich auch nicht mehr leben wollte. Ich hatte das andere vorgezogen – das Warten aufs Sterben. Aber die Ruhe des Todes, mit der meinen Alltag zu verbringen ich gehofft hatte, wollte sich nicht einstellen. Einen schönen, ruhigen, geregelten Alltag mit seinen Gewohnheiten und unbedeutenden Ereignissen – das war es, was ich, wie ich mir immer wieder vorsagte, wollte. Aber daraus wurde nichts. Was vielleicht ganz natürlich war. Statt dessen nichts als Ärger, wie es mir jetzt vorkam, Ärger in den verschiedensten Formen.

Das Beste an meinem Witwerdasein, so hatte ich gedacht, war, daß ich mich bei allem, bei jeder Sache und in jeder Minute, noch während sie andauerte, still darauf freuen konnte, daß es gleich vorüber sein würde. Erwartung als Selbstzweck, als Ziel und Mittelpunkt des Bewußtseins?

Aber was war mit jenem gefallenen, so überzeugend klingenden Engel Belial? Er wollte auch eine ruhige Zeit haben, aber er dachte an eine Zeit schlichten intellektuellen Genusses, an eine Zeit für jene «Gedanken, die durch die Ewigkeit wandern». Die schienen mir jedoch – wie jene Ausbrüche des Schmerzes – nicht mehr Teil meines Alltags zu sein. Schwer zu sagen, warum das so war. Vielleicht weil sie etwas Spontanes waren, wie auch der Schmerz? Meine Vision eines idealen Lebenssystems sah vor, daß nichts mehr spontan war. Alles sollte vorher geplant sein, von mir, für mich.

Die größte Gefahr für ein solches System liegt in seiner Verwundbarkeit. Ich hatte Margot und Mella seit Jahren gekannt oder zumindest seit langer Zeit. Wie hätte ich wissen sollen, daß sie sich auf einmal so verhalten würden? Mein eigenes Verhalten als Reaktion auf das ihre war, meine ich, viel vorhersehbarer. Vorhersehbar schon, aber auch ungemein schäbig. Trotzdem, hätte ich mich wirklich anders verhalten können? Wohl nicht. Das Haus des Witwers hatte um jeden Preis unversehrt bleiben sollen. Wenn man mir diesen Wunsch zugesteht, folgt daraus alles andere.

Im Laufe des letzten Jahres war ich, wie ich selber fand, unsympathischer geworden und, was noch schlimmer war, langweiliger. Langweilig für mich selbst, unnett in meinem Inneren. (Genauso ist es auch möglich, unfies zu sein.) Iris und ich waren früher mit größtem Vergnügen «böse». Sie oder ich sagten dann zum anderen: «Böses Ding», und das war eine Beruhigung und ein Kompliment, obwohl Iris oft zum Schein protestierte und sagte: «Ich bin kein böses Ding!» Worauf ich erwiderte: «Natürlich bist du kein böses Ding.» Für Iris als Philosophin bedeuteten *gut* und *böse* natürlich mehr als für mich.

«Es ist ein bißchen wackelmaus», pflegte ich zu Iris zu sagen, die das Wort mir zuliebe in ihren Wortschatz aufnahm. Wörter mit der Nachsilbe -maus waren in Ordnung und gefielen uns mehr um ihrer selbst willen als wegen ihrer Bedeutung. «Wackelmaus» bezeichnete etwas, was man erfolglos zu tun versucht, woraufhin man zu dem Schluß kommt, daß es der Mühe ohnehin nicht wert ist. Ich war zweifelsohne ein Wackelmausmensch, während für Iris Wackelmauserei nur für uns als Paar und für unsere gemeinsamen Aktivitäten akzeptabel war. Je «mauser» diese waren, desto besser, denn das bedeutete alles das, was wir als selbstverständlich hinnahmen und zusammen taten, ohne es überhaupt zu bemerken.

Iris lebte jedoch in ihrer eigenen Welt und folglich fern aller Maus-Aktivitäten. Was nicht hieß, daß sie jemals «unmaus» war. Aber ihre Arbeit war überlegt und geheimnisvoll, was sie von dem gewöhnlichen Maus-Treiben trennte. Für mich war das Bewußtsein ihres völlig gesonderten Lebens eine Quelle der Freude und Entspannung, der nichts sonst in unserer Ehe gleichkam. Wie das Prinzip, das John Sparrow auf Hunde anwandte: Es war fast so gut wie überhaupt nicht verheiratet zu sein.

Ich hatte Iris einmal aufgezogen und gesagt, sie habe wohl, als sie geheiratet habe, ihr Ordensgelübde abgelegt. «Du hast recht», hatte sie geantwortet. «Es war so ein schöner Augenblick. Dich zu heiraten bedeutete, daß ich das Leben und dieses ganze Theater mit der Liebe und all das aufgeben und mich meiner Arbeit widmen konnte.»

Natürlich eine Übertreibung, aber es stimmte schon, daß Iris' Lebensgefühl, sosehr es sich auch von dem Dostojewskis oder D. H. Lawrence' unterschied, auf seine Art genauso bejahend war und Lieben, Leiden, Mitleiden, Quälen und Gequältwerden einschloß – alles, was Leidenschaft und Ekstase, Schuldgefühle, Jammer und Begehren ausmacht, und vor allem auch das «Theater mit der Liebe», wie sie es genannt hatte. Sie hatte das Leben voll ausgeschöpft, und jetzt wollte sie darüber schreiben.

Was sie denn auch tat. Für mich reichte das Leben mit Iris, so wie sie bei mir und für mich war, völlig aus. Jahr um glückliches Jahr, jedenfalls für mich, während wir immer «enger und enger auseinanderrückten».

Ich verspürte kein Verlangen nach einem reicheren oder absoluteren Leben. Aber als Iris sehr krank war und nach ihrem Tod, da fing das Lebendigsein an – die Wut, das Leiden und der Kummer. Es überraschte mich nicht gerade, aber ohne bewußt darüber nachzudenken, kam ich zu dem Schluß, daß ich all das irgendwie loswerden mußte. Ich mußte unbedingt zu jenem nach einem festen Muster ablaufenden Leben stiller, leerer, einsamer Gewohnheiten finden.

Was mir niemals gelang. Und während des ganzen Traras mit Mella und Margot hatte ich des öfteren diese Anfälle von Panik und dem Gefühl der Leere, die mir deutlich machten, daß ich im Grunde genommen doch nicht allein gelassen werden wollte.

Was sollte ich also machen? Mein Ideal war gewesen, ein Witwer in meinem eigenen Haus zu sein, mit meinen eigenen Lebensgewohnheiten und Gedanken. Um mir diese Daseinsform sicher zu erhalten, hatte ich mich Mella und Margot gegenüber schändlich benommen. Und jetzt sah es so aus, als erstrebte ich meine ideale Lebensweise schließlich doch nicht.

Aber das *mußte* ich! Denn was blieb mir sonst? Selbst jene Gedanken, die durch die Ewigkeit wandern und auf ihrem Weg auf so interessante Themen stoßen wie das Krag-Jörgensen-Gewehr oder die historische Schlacht bei Svolder, ja, selbst diese Gedanken hatten in letzter Zeit ihren Reiz verloren. Das war schade, denn die Schlacht bei Svolder interessierte mich wirklich.

Sie wurde im Jahr 1000 geschlagen, also tausend Jahre vor unserem langweiligen Millenniumswechsel. Der ungestüme und ruhmreiche Wikinger Olaf Tryggvesson, der in seiner Jugend das englische Heer auf der Marsch von Essex bei Maldon geschlagen hatte, hatte sich danach in Norwegen sein Königreich aufgebaut. Aber am Ende verschleuderte er es wieder, nämlich im Zuge einer verrückten Expedition, die dem Ziel diente, dem dänischen König, seinem Schwiegervater (dessen Tochter er gegen seinen Willen geheiratet hatte), noch eine große Mitgift abzuknöpfen. Er wußte, daß sich Sven Gabelbart, also der dänische König, mit dem König von Schweden und Unzufriedenen aus dem eigenen Königreich verbündet hatte, aber das war ihm gleichgültig – selbst dann noch, als deutlich wurde, daß er seinen Gegnern bei der Insel Svolder in die Falle gegangen war, und als er die Größe ihrer Flotte sah.

Egal, er würde sie mit seinem großen Schiff, das den Namen «Lange Schlange» trug (es war das größte Langschiff des Nordens), zurückschlagen. Und wenn er scheiterte? Nun, dann scheiterte er und ging heldenhaft kämpfend, wie es einem Wikinger wohl anstand, hinab nach Walhalla. (Er erinnerte sich hin und wieder daran, daß er eigentlich zum Christentum bekehrt worden war und daß er seine Raubzüge nach England aufgegeben hatte, weil England ein christliches Land war. Bei seinem letzten Kampf dürfte er daran jedoch nicht gedacht haben.)

Sein Kamerad und Leibwächter Einar Tamberskelver stand neben ihm auf dem Achterdeck seines Schiffes, das weit über den Rest seiner kleinen Flotte emporragte. Einar war ein ausgezeichneter Bogenschütze und hatte mit seinen tödlichen Pfeilen schon viele Gegner niedergestreckt. Aber ein im Dienst der schwedischen Flotte stehender Finne – wie alle Finnen ein geschickter Zauberer – schaffte es, Einars Bogensehne mit einem magischen Pfeil zu durchbohren. Zwischen mächtigen Hieben auf dänische und schwedische Köpfe erkundigte sich Olaf, was das für ein lauter, schwirrender Ton gewesen sei, den er da eben gehört habe.

Von der Sehne nahm den Pfeil
Einar, und er sprach:
«Dies war deines Landes Heil,
das unter Deiner Hand zerbrach.»

Longfellow hat diesen Teil der alten Sage in seinem Gedicht sehr gut wiedergegeben. Als das größte Kriegsschiff des Nordens dann vom Feind systematisch geentert und seine Besatzung überwältigt wurde, streckte Olaf einen letzten Gegner nieder, sprang mit dem Schwert in der Hand und in voller Rüstung vom Heck ins Wasser und ward nie wieder gesehen. Lange hat man nach ihm gesucht und für ihn gebetet. Nach der Schlacht wurde Norwegen von den Schweden und Dänen erobert, aber obwohl Olafs Landsleute – zu Christus und Odin betend – seine Rückkehr erflehten, «kam Olaf Tryggvesson nie in sein Königreich zurück».

Plötzlich erschien mir das alles überwältigend traurig. Warum? Mir waren andere Könige, Prinzen oder Kronprätendenten, die nie wieder in ihr Land zurückkehrten, vollkommen wurscht. Als Olaf bei Svolder ertrank, lebte sein Vater da noch? Der schlaue alte Fuchs Trygve vom Wik, dem Fjord, der nach Oslo hinaufführte. Das mag der Grund dafür sein, daß die Wikinger Wikinger heißen, obwohl diese These umstritten ist.

Ach ja? wie Iris sagen würde. Und was ging mich das an? Aber wenn ich es aufgab, mich für derartige Gedanken zu interessieren, wo käme ich dann hin? Ich wünschte, Olaf hätte seine letzte Schlacht gewonnen. Er hatte – natürlich im eigenen Interesse – versucht, für seine neue Frau die Mitgift einer Königin zu bekommen. Ihr Vater muß jener Sven Gabelbart gewesen sein, der später König von York wurde und dessen Sohn, der große Knut, sich selbst zum König von England erklärte. König von Dänemark war er natürlich auch. Wer war es gewesen, der mir einmal gesagt hatte, in einer Zeile der dänischen Nationalhymne werde diese Tatsache noch immer rühmend erwähnt? «Einst beherrschten wir England!»

Wie sehr wünschte ich, ich könnte dies alles Iris erzählen. Zu ihr davon sprechen, wie ich es früher getan hatte, vor vielen Jahren. Es störte sie nie, wenn ich ihr Sachen vorschwatzte, die ohne jede Bedeutung waren. Sie sagte immer, daß sie es gern habe. Sie pflegte dazusitzen und mich lächelnd anzuschauen, während ich sehen konnte, daß sie an etwas Wichtiges dachte, an etwas Lohnendes. Das war mir stets eine große Freude.

Eigenartig, daß in der Zeit von Iris' Krankheit solche umherwandernden Belialsgedanken mein großer Trost waren – ja, mein größtes Vergnügen. Glaubte ich, daß ich sie immer noch mit Iris teilte? Nein, das glaubte ich nicht. Erst als sie nicht mehr da war, wünschte ich sie mir herbei, um diese Gedanken mit ihr zu teilen.

Olafs neue Frau, seine dritte, war eine dänische Prinzessin. Ich bildete mir ein, seine erste sei eine Wendin gewesen. Zweifelsohne eine wendische Prinzessin. In jenen Tagen hielten sie viel von königlichem Geblüt – waren von seiner Wichtigkeit ganz selbstverständlich überzeugt, sofern sie zufällig selbst welches in ihren Adern hatten. Die Aristokratie der Wikinger blutete in Bürgerkriegen aus.

Das wurde allmählich zu einem Alptraum. Wikingeraristokratie hin, Wikingeraristokratie her, ich hatte das Gefühl, daß *ich* verblutete. Was ist neuerdings los mit mir? fragte ich mich. Ich mochte diese Frage weder Mella noch Margot stellen, diesen beiden geisterhaften Gestalten aus einer Vergangenheit, die mir ferner war als Iris. Ich schien jeden Sinn für Vergangenheit zu verlieren – und damit zugleich all die Gedanken, die mich eingesponnen hatten, als ich mich um Iris kümmerte. Ich hatte geglaubt, ich könne mich auch jetzt, wo Iris fort war, auf sie verlassen. Wie es schien, konnte ich das nicht. Und ich konnte mich nicht einmal mehr daran erinnern, wie lange Iris nun schon tot war.

Alles drehte sich in meinem Kopf, und ich wußte, daß ich dem ein Ende zu machen hatte. Es mußte doch etwas übriggeblieben sein, an das ich mich halten konnte. Zum Beispiel das letzte Weihnachtsfest? Nein, das letzte Weihnachten ganz bestimmt nicht. Was war mit dem davor? Und jetzt erinnerte ich mich natürlich äußerst lebhaft an alle beide, aber ganz besonders an jenes, an das ich mich nicht hatte erinnern wollen. Mein Bruder Michael war gekommen, um uns mit dem Auto abzuholen. Und am Morgen des Weihnachtstages, als er sich wie üblich in die Old Church in Chelsea aufgemacht hatte, wollte ich mit Iris unseren gewohnten Spaziergang zu den Kensington Gardens unternehmen.

Aber Iris war in diesem Jahr um so vieles schwächer – oder in jenem, wie ich jetzt annehme. Im Jahr 1998. Wir erreichten die Kensington Gardens zwar, die nicht weit entfernt waren, aber dort angekommen, mußten wir uns erst einmal hinsetzen. An die Serpentine war gar nicht zu denken. Wir setzten uns, lehnten uns aneinander und hielten uns bei der Hand. Ich sagte zu Iris: «*Poujin*?»

Ich lächelte sie dabei an und hoffte, sie würde mir antworten. Es war das Wort, das sie selbst vor drei Monaten, also vier Monate vor ihrem Tod, erfunden hatte. Das war im Auto gewesen – sie hatte sich mir zugewandt, mir die Hand aufs Knie gelegt und mit einiger Emphase Laute oder Wörter hervorgebracht, von denen zwei wie *Poujin* klangen. Sie hielt dieses Wort anscheinend für sehr wichtig, und als sie es vor sich hin sprach, sah sie glücklich aus.

Aber jetzt konnte ich noch so oft und hoffnungsvoll «*Poujin*?» sagen, in Iris' Blick und Gesicht war kein Anzeichen eines Wiedererkennens zu sehen. Der Klang des Wortes hatte sich verflüchtigt und würde nicht wiederkehren.

Iris blickte leer in die Ferne. Aber ein Weilchen später schien sie irgend etwas anzuschauen.

Und das tat sie wirklich. Es war das Albert Memorial, das frisch gewaschen, gereinigt, angestrichen und vergoldet worden war, so daß es im matten Wintersonnenschein wie ein orientalischer Tempel leuchtete. Als wir in den Park gekommen waren und uns einen Sitzplatz gesucht hatten, war es neblig gewesen, und deshalb hatten wir das Denkmal nicht bemerkt. Und ich hatte sowieso jeden Gedanken daran aufgegeben, daß Iris überhaupt noch etwas wahrnehmen würde. Ich war davon ausgegangen, daß sie es nicht mehr konnte.

Aber da hatte ich mich geirrt. Sie hatte den von der Sonne vergoldeten Rücken des Prinzgemahls gesehen, riesengroß und eingehüllt in seine geschrubbte, neue herrscherliche Majestät, aber von London fortblickend. Auf seinem Stuhl oder Thron oder was immer sitzend, schaute er ruhig über die grünen Flächen des Parks hin, als seien es seine Ländereien in Deutschland.

Ich fragte mich, wie es wohl abgelaufen war, jenes Weihnachtsfest in Windsor. Man hatte wahrscheinlich bei einem großen, langweiligen Galadiner gesessen, als Albert die ersten fiebrigen Symptome des Typhus spürte. Wenn denn Typhus von fiebrigen Symptomen begleitet wird. Ich konnte mich diesbezüglich nur an Virginia Woolfs ersten und besten Roman halten, an *The Voyage Out*, dessen Heldin, Rachel, an Typhus stirbt. Sie ist frisch verlobt und sehr glücklich, gleichzeitig ist ihr schwindelig, und sie fühlt sich ziemlich wirr. Sie hat Kopfschmerzen. Sie legt, um diese zu lindern, die Hand auf die Metallkugel, die ihr Bett ziert, und stellt bald fest, daß sie unangenehm heiß geworden ist.

Virginia Woolf kannte sich aus, denn ihr Bruder Thoby war an Typhus gestorben – im Haus der Familie dort irgendwo auf der anderen Seite des Parks.

Iris verlor das Interesse am Prinzgemahl. Wahrscheinlich war es nur sein vergoldeter Rücken gewesen, der ihre Aufmerksamkeit erregt hatte. Ich drückte sie an mich und sagte noch einmal «*Poujin*?», aber für sie war es jetzt nur irgendein unverständliches Wort, das ich da äußerte. Ihr Gesicht verzog sich, und die Angst, die sich an diesem Weihnachtsmorgen noch nicht gezeigt hatte, kehrte zurück und überschattete ihr Gesicht wie Wolken, die sich vor die Sonne zu schieben beginnen.

Und da kamen tatsächlich Wolken. Mich fröstelte, aber Iris schien die Kälte nicht zu spüren.

Ich lächelte sie, wie ich hoffte, aufmunternd an. Sie war immer jung gewesen und sah immer noch jugendlich aus, so als würde sie niemals alt werden. Dieses schreckliche Kindsein war über sie gekommen, als sei sie Peter Pan. Peter Pan bleibt ewig jung – und eine halbe Meile entfernt saß der vor sich hin brütende Prinzgemahl und sah aus, als sei er niemals jung gewesen. Die Ehe mit einer Königin hatte dem Ärmsten diese Chance genommen.

Die in dem allen liegende Ironie schien in diesem Jahr schlimmer zu sein als im Vorjahr, als ich noch dort neben der Statue an der Serpentine munter vor mich hin plaudern konnte – nicht so sehr in der Hoffnung, daß sich Iris an der Plauderei beteiligen würde, sondern in dem durch ihre Blicke und ihr Lächeln (wie furchtsam und unsicher beide auch geworden sein mochten) bestärkten Gefühl, daß mein Gerede sie noch genauso beruhigte wie früher.

Das war vorbei. Als wir so zusammen dahinspazierten, redete ich geistesabwesend mit mir selber, ohne Iris auch nur einmal anzusehen, um festzustellen, ob meine Worte irgendeine Wirkung hervorriefen. Aber dann riß ich mich doch zusammen und fragte sie, ob ihr der Anblick Alberts in seinem frisch vergoldeten Mantel Freude gemacht habe.

Konnte der Name Albert noch irgendeine Assoziation ausgelöst haben, irgend etwas, was das Gehirn, so verstopft und verklebt von seinen eigenen fremdartigen Verwachsungen, wie es war, trotzdem noch erkennen konnte, auf das es noch zu reagieren vermochte? Hatte Iris einmal einen Albert gekannt? Das schien unwahrscheinlich. Der Name, einst so königlich, ja sogar erhaben, daß viktorianische Eltern aller Schichten ihn ihren Kindern gaben, hatte einen starken Niedergang erlebt. Für Iris konnten Alberts – in welcher Form auch immer – bestimmt keine besondere Bedeutung gehabt haben.

Aber wer weiß? Sie blickte verständig und interessiert drein und nickte mit dem Kopf.

«Kennst du irgendwelche Alberts, Liebling?» fragte ich hoffnungsvoll.

Iris wiegte den Kopf, noch immer lächelnd. Zwei große Tränen quollen unter ihren Lidern hervor und glitten dann ihre Wangen hinab.

Dieser Anblick war ungeheuer beruhigend, war so befriedigend, wie ein sehr viel intimerer körperlicher Vorgang bei mir selbst. Ich faßte sie um die Taille, drehte mich ein Stückchen tanzend mit ihr im Kreis und küßte sie auf beide Wangen. Dann gingen wir Arm in Arm weiter.

Aber warum Albert? «Peter Pan?» sagte ich voller Hoffnung. Und dann: *«Poujin?»* Iris reagierte weder auf das eine noch auf das andere. Es war Albert, der es ihr angetan hatte. Ein fescher Name? Früher einmal könnte er durchaus von dem Glanz und der süßen Wehmut einer ersten Liebe umgeben gewesen sein.

Aber doch sicherlich nicht für Iris? Nur dann, wenn sie in jenen alten viktorianischen Zeiten gelebt hätte – aber dann hätte sie jetzt über hundert Jahre alt sein müssen und nicht bloße neunundsiebzig.

Ein «Betreuer» zu sein ist in gewissem Sinne eine Sache ohne alle Neugier. Das Interesse für das Verhalten der Person, die man betreut, scheint einzutrocknen und abzusterben, so als bleibe nichts übrig, als sich um diesen Menschen zu kümmern, so wie er eben ist, und ihn ganz mechanisch und ohne besondere Aufmerksamkeit zu pflegen. Gleichwohl war ich einen Augenblick lang fasziniert von Iris' Reaktion auf den Namen Albert. Es war, als spiele man ohne Kenntnis und System an einem Automaten und schaffe es trotzdem, daß er plötzlich eine große Menge Münzen oder Spielmarken ausspuckt. Eine Zeitlang hatte ich gehofft, daß *Poujin*, dieses von Iris erfundene Wort, sich als ähnlich gewinnbringend erweisen könnte, aber das war, wie sich herausstellte, nicht der Fall.

Trotzdem hielt ich an *Poujin* fest. Iris hatte mir das Wort geschenkt, auch wenn sie selbst es nicht haben wollte. Ich hatte das natürlich völlig unbegründete Gefühl, daß sie mir damit etwas über unsere augenblickliche Beziehung hatte mitteilen wollen. Ich war ihr Poujin, was je nachdem ein Ehemann oder Betreuer sein konnte, ja vielleicht in den Tagen Alberts sogar ihr «junger Mann» oder, bei einer Veränderung des Geschlechts, ihre «beste Freundin». Es war zumindest ein stärkeres und irgendwie ausdrucksvolleres Wort als der tödlich langweilige und nichtssagende Begriff des «Betreuers» mit seinem Anflug von wohlfahrtsstaatlicher Korrektheit. Ich erwähnte das

Wort einmal bei einem unserer Treffen, und da schlug Dr. Jacoby vor, daß wir alle nicht mehr länger Betreuer, sondern fortan Poujins sein sollten.

Unser letztes Weihnachten. Auch Albert muß ein letztes Weihnachten erlebt haben – in Windsor, wo die Kanalisation so schlecht war. Der Königin war das egal gewesen, oder sie hatte es gar nicht bemerkt. Sie hätte jede Menge Krankheitserreger aus der Kanalisation verkraften können.

Weihnachten 1998 hatte Iris – ohne daß ich es damals wußte – nur noch weniger als zwei Monate zu leben. Wollte sie leben? Oder war sie – unbewußt, wie es vielleicht Albert gewesen war – bereit, das Leben verrinnen zu lassen?

Ungefähr Mitte Januar hörte sie auf zu essen und zu trinken. Nichts konnte sie dazu bewegen, auch nur einen Teelöffel Wasser zu sich zu nehmen. Und dabei war sie so heiter. Sie lächelte mich auf fast schalkhafte Weise an, während ich drängte und schmeichelte. Das konnte kaum Todesverlangen sein, denn Iris war längst über den Punkt hinaus, wo sie noch irgendeinen Wunsch oder ein Verlangen empfinden – oder ausdrücken – konnte. Sie wollte nicht sterben. Aber sie schien geheime Befehle empfangen zu haben, die sie sofort mit stiller Freude erfüllt hatten. Sie konnte tun, was sie ihr nahelegten, konnte den Anforderungen bis ins kleinste entsprechen.

Und so brachte ich sie nach Vale House, in dieses wundervolle Heim. Es war immer voll belegt, und ich hatte Glück, sie dort unterbringen zu können. Man bekam nur einen Platz, wenn ein Heimbewohner starb. Ich sah keine andere Möglichkeit, wenn ich auch fürchtete, daß sie sich elend fühlen, ja vielleicht sogar aufsässig werden könnte (was sie noch nie gewesen war) und ich dann irgend etwas anderes, irgendeine andere Lösung würde finden müssen. Aber Iris war glücklich. Wenn ich morgens erschien, erhellte sich ihr Gesicht wie das eines Engels, was aber wohl nicht meinetwegen geschah, sondern weil sie so glücklich war und dieses Glücklichsein zu erkennen gab wie ein Kind. Sie gestattete sich sogar, die heimlichen Befehle, die sie erhalten hatte, mit einer gewissen Lockerheit zu befolgen. Sie verweigerte immer noch alles, was wir ihr einzuflößen versuchten. Aber wenn die irische Krankenschwester und ich an ihrem Bett saßen, wartete sie, bis wir uns angeregt unterhielten und sie nicht mehr beachteten, griff dann ganz plötzlich nach dem Löffel, den einer von uns in der Hand hielt, und schlürfte etwas Milch daraus. Sie blickte dann unnachahmlich verschlagen drein. Sie wollte einerseits, daß wir es nicht bemerkten, und andererseits, daß wir bewunderten, was sie da getan hatte und wie schlau sie dabei zu Werke gegangen war.

Aber nach einer Weile – einer sehr kurzen Weile – schien sie zu finden, daß sie uns lange genug amüsiert hatte. Sie war so fröhlich und höflich wie immer, aber es konnte keinen weiteren Kompromiß mehr geben, auch nicht, um uns ein Vergnügen zu bereiten. Es war Zeit zu gehen.

Und sie ging. Kein Todesverlangen – wie hätte da eines sein können? Aber jede unheilbare Krankheit kann augenblicksweise einen solchen Eindruck erzeugen – und vor allem die Alzheimersche. Das Gehirn und der Körper scheinen so weit voneinander entfernt. Und der Körper, so hat es den Anschein, gibt seine eigenen Anweisungen und verhält sich so, als wolle er sagen: Ich bin zwar durchaus noch in der Lage weiterzumachen, aber warum sollte ich?

Niemand möchte *wirklich*, was er möchte. Oder, um es anders auszudrücken, jeder verwirft unbewußt das Bild seiner selbst und seines Handelns, von dem er weiß, daß es das wünschenswerteste und beste für ihn wäre. Ich hatte damals, vor all den Jahren, genau gewußt, daß es ein großer Fehler wäre, Iris zu heiraten. Eine ernstzunehmende instinktive Einsicht in meinem Wesen sprach dagegen.

Aber offensichtlich hatte ich es doch getan. Ich war gesprungen. Ich war gesprungen, wo ich hätte stillstehen sollen. Ich hatte es getan, obwohl ich sicher, ganz sicher gewesen war, daß Nichtstun das einzig Richtige für mich gewesen wäre.

So waren die vierundvierzig Jahre, die den Großteil meines Erwachsenenlebens ausmachten, dadurch bestimmt gewesen, daß ich das getan hatte, was ich, wie ich ganz sicher wußte, nicht hatte tun wollen. Gut. Das ist natürlich eine bekannte und banale Geschichte. Unendlich viele Menschen hatten sich genauso verhalten oder verhielten sich genauso und mit dem gleichen befriedigenden Ergebnis. Ein gelebtes Leben, das man in gar keiner Weise bereut, kann nur zufriedenstellend gewesen sein – für die, die es gelebt, und in den Augen derer, die es zufällig miterlebt haben.

Jetzt war ich – als Witwer – wieder in der Lage, tun zu können, was ich wollte. Und diesmal mußte ich keine Wahl treffen. Ich konnte all das tun, von dem ich wußte, daß ich es gern tun wollte, ohne daß ich mit einer Alternative konfrontiert oder gar von ihr bedrängt wurde. Es gab einfach keine Alternative. Selbst Mella und Margot hatten mich, so verwirrend ihre Liebesdienste auch gewesen waren, nur an der Oberfläche von dem Wunsch abgelenkt, mein eigenes Witwerleben zu führen.

Aber Witwer, so fand ich heraus, führen kein Leben. Sie warten darauf, daß etwas geschieht. Und wenn etwas geschieht, dann entsteht große Unordnung, der zu entkommen sie augenblicklich versuchen müssen.

Das war jedenfalls die Erfahrung, die ich gemacht hatte. Ich hatte versucht, aus meinem Witwersein ein Leben – fast ein «Leben» – zu machen, und das hatte zu diesem Schwindelzustand angstvoller Unruhe geführt, den ich, wie ich feststellte, mehr und mehr mit jenem Zustand angstvoller Unruhe verglich, in den Iris mit dem Einsetzen der Alzheimerschen Krankheit hineingeraten war.

So blasphemisch dieser Vergleich auch sein mochte, ich konnte nicht anders, als meinen Zustand so zu sehen. Tag und Nacht verfolgte mich jetzt der Klang dessen, was wir früher zueinander gesagt hatten, das Lächeln auf ihrem Gesicht während der letzten Tage ihres Lebens, die Art und Weise, wie sie an jenem letzten Nachmittag in ihrem Bett gelegen hatte – an jenem letzten Nachmittag, an dem sie noch als sie selbst dagewesen war. Von da an war sie Erinnertes gewesen, Bilder im Kopf, Wörter in Büchern.

Und diese Erinnerungen lasteten immer bedrängender auf mir. Zum erstenmal sehnte ich mich danach, andere verwitwete Menschen zu fragen, ob es bei ihnen auch so gewesen war oder immer noch war. Aber zufällig wußte ich zu der Zeit von niemandem, der kürzlich einen solchen Verlust erlitten hatte – was, wie mir bewußt wurde, eigentlich überraschend war, wenn ich an mich und meine Altersgruppe dachte. Warum starb augenblicklich niemand? Aber es spielte keine Rolle, denn auch wenn ich jemanden gekannt hätte, der sich in meiner Lage befand, wäre ich ihm ganz bestimmt nicht mit Fragen dieser Art gekommen. Oder mit sonst irgendwelchen Fragen. Die Hinterbliebenen sollten sich ihre Privatsphäre und die – in ihren Augen – Einzigartigkeit ihres Status um jeden Preis erhalten. Sie ist ein Privileg, das nicht angetastet werden darf.

Ich mochte mich immer verzweifelter fühlen, aber ich wurde auch immer aufgeblasener – zweifellos weil ich außer mir selbst niemanden hatte, mit dem ich mich beschäftigen konnte. Eigentlich brauchte ich deshalb jetzt eher *mehr* Behelligung von anderen Leuten, selbst von solchen wie Mella und Margot. In meinem netten, stillen Witwerreich, von dem ich angenommen hatte, daß es das war, was ich mir wünschte, stieg die Depression von Tag zu Tag, so unmerklich wie die Flut.

Ich ging jetzt ans Telefon, wann immer es klingelte. Ich saß da und hoffte auf einen Anruf. Und schließlich kam auch einer! Eine nette Frauenstimme, die irgend etwas von Brüssel sagte. Ich fühlte mich sofort wieder bedrängt, aber jetzt war ich fast glücklich darüber. Was die Frau sagte und wollte, wurde mir allerdings nicht klar.

Nachdem wir – wahrscheinlich beide erleichtert – den Hörer aufgelegt hatten, überkam mich das Gefühl, daß mir dieses Abenteuer für einen Tag reichte – ja, sogar für mehrere Tage. Gleichwohl hoffte ich, Genaueres zu erfahren, und wurde nicht enttäuscht. Am nächsten Morgen kam ein Brief mit einer belgischen Briefmarke darauf, die in Brüssel abgestempelt worden war. Dem Himmel sei Dank für die Post! Es gab sie also noch!

Im Kopf des Briefbogens stand «Saint Amour» zu lesen. Wer war Saint Amour? Vielleicht würde der Träger dieses ironischen Namens kommen und alle meine Witwerprobleme lösen.

Wie sich jedoch herausstellte, handelte es sich um eine Art Theaterunternehmung, und ich wurde eingeladen, an einer Reihe von Veranstaltungen «zum Thema Liebe» mitzuwirken. Es ging darum, daß Autoren (vor allem flämische) aus ihren Werken vortrugen, und man schlug vor, daß ich ein paar Auszüge aus meinen Erinnerungen an Iris las.

Natürlich wollte ich die Einladung höflich dankend ablehnen. Ein anderer Gedanke kam mir überhaupt nicht, und ich war mir meiner Entscheidung so sicher, daß sich das Gefühl der Belästigung und des leichten Schwindels legte und ich wieder ganz ruhig wurde.

Dieser unnatürliche Zustand der Ruhe hatte ungeahnte Folgen. Die muß er jedenfalls gehabt haben, denn ich fand mich eine Woche später in Brüssel wieder, wo ich das Hotel Metropole betrat.

Wie war ich dorthin gekommen? Das schien ich selber kaum zu wissen. Aber ich entsann mich, daß ich zum Telefonhörer gegriffen und mit traumartiger Leichtigkeit Saint Amour in Brüssel erreicht hatte. Ehe ich noch wußte, was geschah, hatten sie die Reise schon arrangiert, und alles war so einfach. Der Zug glitt unter dem Ärmelkanal hindurch. Nordfrankreich sah so weit und verlassen aus wie Sibirien, und ich betrachtete es beifällig, während ich einen Wein trank und eines dieser langen, knusprigen «Sandwiches» aß, von denen ich immer – irrtümlicherweise – angenommen hatte, sie hießen in Frankreich *tartines*. Die Landschaft paßte zu meiner Stimmung, und das taten auch das Sandwich und der Wein.

Aber wie war es dazu gekommen? Ich hatte gedacht, ich würde das Haus des Witwers nie wieder verlassen, zumindest nicht freiwillig. Und da saß ich nun in einem Zug, der durch Frankreich fuhr! Und war darüber recht glücklich. Vielleicht hatte Iris das alles arrangiert? Ich hielt mich an diese Vorstellung.

Trotzdem sank mir der Mut, als ich das Metropole betrat. Es war, als müßte ich nach den Ferien zurück in die Schule – und das war mehr als sechzig Jahre her. Mein Witwertum verflüchtigte sich auf der Stelle. Da war die ganze Unbeholfenheit des ersten, neuen Schultages, der auf die unglückliche Ankunft mit der Bahn folgte. Na gut, das Metropole war keine Schule. Es war weitläufig, reich verziert und voller Jugendstil und monotoner Riesenspiegel. Aber es muß dieses Gefühl der Rückkehr in die Schule gewesen sein, das mir mein Witwertum so plötzlich ausgetrieben hatte.

Erinnerungen an die Schule tauchten auch weiterhin auf. Als ich ausging, um irgendwo etwas zu essen (es war inzwischen acht Uhr vorbei), bekam ich in einem Café, das *The Rugbyman* hieß, ein schlichtes, aber zufriedenstellendes Mahl. Als Vorspeise servierte man eine große Portion winziger brauner Krabben in der Schale. Als ich sie pulte (ich hatte inzwischen einen Riesenhunger), verströmten sie den Duft salziger Marschen und sandiger nördlicher Strände – Gerüche aus meiner Kindheit. Zu den Krabben trank ich belgisches Weißbier, ein blasses, aber wohlschmeckendes Gebräu. Den Rand des großen Glases hatte man geschmackvoll mit einer Zitronenscheibe dekoriert. Das Getränk sah aus wie Ingwerbier und paßte haargenau zu dem Bild des Süßwarenladens der Schulzeit, war aber, wie ich bald feststellen konnte, sehr viel stärker.

Am nächsten Vormittag wurden unsere Namen in der Lobby des Metropole von den Lehrern von Saint Amour laut verlesen, und wir meldeten uns jeweils als anwesend. Der Name unserer Unternehmung schien mir jetzt wunderbar zu der neuen Schule zu passen, in die ich in meiner neuen Gestalt als noch heranwachsendes und unverwitwetes Geschöpf geschickt worden war. Es mußte eine dieser frei erfundenen Anstalten sein, von denen man früher in Schulgeschichten zu lesen pflegte. Das zum Schuljahrsende in Saint Amour aufgeführte Stück – es gab immer ein wildes Gerangel um das Privileg, mitspielen zu dürfen, ja um sich vielleicht sogar als großer Star hervorzutun! Ich erinnerte mich, was ich vor langer Zeit über die Taten des «schlimmsten Mädchens von St. Chad» und all die fesselnden Ereignisse in der Schule St. Dominic gelesen hatte.

Die Rolle der Hausmutter wurde während der Woche, in der unsere Lesungen stattfanden, von einer dunkelhaarigen, auffallend großen jungen Frau wahrgenommen, der ich den Namen «Todesengel» verlieh. Sie war für unser leibliches Wohl zuständig und fuhr den Minibus, mit dem wir in die Städte gelangten, wo unsere Lesungen stattfanden, hatte zugleich aber auch die Aufgabe (gewiß keine leichte), pflichtvergessene Leute, die mit Lesen an der Reihe waren, aus den nahegelegenen Bars und Cafés herbeizuholen.

Als die Woche ihren Fortgang nahm und die Autoren-Vorleser mit ihrer Rolle vertrauter wurden, mußte der Todesengel immer schwerer arbeiten – manchmal erschien er, wenn ich gerade das Glas an die Lippen heben wollte, und bugsierte mich schleunigst in die Unterweltregionen des Theaters zurück. Aber als ich mich erst an seine leicht sinistre Erscheinung und seinen gebieterischen Zeigefinger gewöhnt hatte, mochte ich den Todesengel richtig gern. Ich stellte fest, daß das Lächeln, mit dem mich die junge Frau bedachte, von Tag zu Tag nachsichtiger wurde, was wahrscheinlich daran lag, daß ich als letzter auf dem Programm stand und somit das Ende unserer abendlichen Arbeit ankündigte. Meine Zuneigung schien angesichts der Internatsatmosphäre, in der wir lebten, nur um so passender – zweifellos hatte ich unter den übrigen Teilnehmern unbekannte Rivalen. Unsere Gruppe verstand sich prächtig, und wie eine Busladung Schüler riefen wir ihr im Chor einen herzlichen Abschiedsgruß zu, wenn sie uns – weit nach Mitternacht – beim Metropole absetzte.

Die Veranstaltung selbst blieb mir weitgehend unverständlich, was teilweise darauf zurückzuführen war, daß keiner von uns viel davon mitbekam, von den eigenen Auftritten einmal abgesehen. Der Förderung der flämischen Kultur dienend, hieß das Ganze *Behoude de Begeerte*, eine volltönende, wohlklingende Bezeichnung, die so etwas wie *Haltet an den Leidenschaften fest* bedeutete. Das Thema war nämlich die Liebe in ihren verschiedenen Ausdrucks- und Erscheinungsformen. Ein lebhafter junger Flame machte den Anfang und las ein Stück aus seinem Buch, in dem es um die Zuneigung (und vielleicht auch mehr als die Zuneigung) zwischen einem Großvater und seiner Enkeltochter ging. Dann folgte die Geschichte eines anderen Schriftstellers über seine Passion für sein Auto. Weitere Auszüge behandelten Themen wie die Schwärmerei zwischen Mädchen und die von jüngeren für ältere Männer, und alles gipfelte in dem Bericht eines französischen Bestsellerautors über die Freuden der Liebe im Whirlpool. Auf ihn folgte dann ich mit der letzten Programmnummer, und ein Rezensent bezeichnete mich freundlich als «Nestor der Gesellschaft».

Während wir lasen, erschien auf einer riesigen Leinwand über unseren Köpfen eine französische Übersetzung unserer Worte. Unsere unsichtbaren Zuhörer müssen verwirrt und nicht selten gelangweilt gewesen sein, aber sie blieben uns trotzdem freundlich gesinnt und spendeten uns gegen Ende kräftig Beifall, wenn es ihnen nämlich dämmerte, daß der endlose Abend – die Veranstaltung dauerte über drei Stunden – bald vorbei sein würde. Es war seltsam, auf einem Klappstuhl in der Dunkelheit zu sitzen, während der Todesengel ganz in der Nähe im gespenstischen Licht einer schwachen blauen Birne auf das Stichwort für mich wartete. Die gemessenen französischen Laute auf der Bühne verebbten, und ich machte mich bereit, einem Publikum, das ich nicht sehen konnte, von den Freuden und Leiden vorzulesen, die mit der Pflege von Iris verbunden gewesen waren, einer Alzheimerpatientin, die ich in der Tat sehr geliebt hatte.

Wieder in England, mochte ich kaum glauben, daß dieses seltsame Intermezzo tatsächlich stattgefunden hatte. Ich hoffte (wie sich herausstellen sollte, vergeblich), daß mir jetzt das Haus des Witwers real vorkommen würde und daß die Unterbrechungen meines platonischen Systems eines Witwerseins – eine Vorstellung, an der ich immer noch festhielt – verschwinden würden wie der Tanz jener chinesischen Schatten. Mella, Margot, Saint Amour und *Behoude de Begeerte*, das alles hatte es doch bestimmt nicht wirklich gegeben?

Das einzig Reale war eine riesige Dauerwurst, eine Salami, die ich an meinem letzten Tag in Brüssel gekauft hatte. Die Versuchung war einfach zu groß gewesen. Ihre bloße Größe und ihr Gewicht machten sie zu einem tröstlichen Objekt. Sie zu Hause in der Küche traurig streichelnd, dachte ich an Audi, wie sie in der Abteilung für Fleisch- und Wurstwaren ihres örtlichen Supermarkts mit

Kennerschaft herumgesucht hatte. «Ich möchte etwas haben, was schwer genug ist, um damit einen Schweden zu erschlagen», hatte sie, wie immer engelhaft lächelnd, bemerkt. Es war anscheinend eine uralte, gutnachbarliche norwegische Redensart.

Und Gewicht – ja, das wollte ich haben, das brauchte ich, damit ich nicht ins Nichts davongeweht wurde. Ich hatte einmal gehofft, dieses Gewicht würde sich im Haus finden – im behaglichen, eintönigen Reich alter, aus dem Chaos geretteter Lieblingsbücher, weniger Tonbänder und CDs, des Radios und des gelegentlichen Krimis im Fernsehen. Und der Alzheimer-Abende. Aber all diese einstmals so vertrauten Dinge schienen jetzt noch weniger wirklich als etwa Mella, das verschwundene heimatlose Kind. Oder auch als Margot, wenn ich es recht bedachte. Oder Saint Amour.

Außer der Wurst schien noch etwas anderes gewichtig und lohnend, ja sogar wahr zu sein. Ich hatte es vor meiner Abreise aus Belgien noch geschafft, ein Museum zu besuchen, und hatte dort die Heilige Jungfrau auf ihrem Totenbett gesehen, wie sie van der Goes auf seinem Gemälde dargestellt hat. Sie glich Iris auf dem Totenbett. Vielleicht sehen wir alle auf unserem Totenbett so aus, aber zu der Zeit dachte ich nur an Iris. Leider hatte ich es versäumt, eine Postkarte von dem Bild zu kaufen, das mir beim Betrachten Trost geschenkt hatte.

Vor langer, langer Zeit waren wir auf unserer Hochzeitsreise durch Italien eher zufällig auf die kleine Stadt Borgo San Sepolcro gestoßen und hatten dort im Rathaus das von Piero della Francesca stammende, die Auferstehung Christi zeigende Fresko gesehen. Und als ich so vor dem Bild der Jungfrau stand, erinnerte ich mich an diesen so ganz anderen Augenblick in ihrem Leben, an den Triumph ihres Sohnes über den Tod: Die muskulöse Gestalt, die mühelos aus dem Grab steigt, den Blick der runden, dunklen Augen ins Nichts gerichtet – ein Blick, der erfüllt ist von einer unauslotbaren, rätselhaften Leere, der den Betrachter jedoch mit einer unheimlichen Kraft durchbohrt. Er lebt, aber seine Mutter stirbt. So war der Eindruck. Die Freunde, die Maria auf dem Bild von van der Goes umstehen, unterstreichen nur die Einsamkeit der zentralen Figur, die verloren daliegt in ihrem graublauen Mantel der Daseinslosigkeit.

Der Dichter W. H. Auden war auch einmal in Belgien gewesen und hatte ein denkwürdiges Gedicht mit dem Titel *Musée des Beaux Arts* geschrieben. Auch daran erinnerte ich mich. Auden hat wohl Breughels Bild *Landschaft mit dem Sturz des Ikarus* gesehen und daraus die Schlußfolgerung abgeleitet, daß «sie niemals irrten, die alten Meister». Sie verstanden etwas von der Einsamkeit und Losgelöstheit, in der wir alle, ganz in Anspruch genommen von unserer eigenen Existenz, leben. Auf Pieros Fresko schlafen die Soldaten, die das Grab bewachen, als Jesus aufersteht. Auf Breughels Bild segelt das Schiff, dessen Besatzung gesehen haben muß, wie der Knabe Ikarus vom Himmel stürzt, ruhig weiter. Van der Goes' sterbender Maria scheinen ihre Freunde gleichgültig zu sein und weit entfernt.

Trotz all ihrer Schönheit und Denkwürdigkeit vergaß ich diese Bilder, sobald ich wieder in meinem Haus war. Auch Iris war nicht dort – weder als die, die sie gewesen, noch als die, die sie geworden war. Nicht einmal die Iris auf ihrem Totenbett, die ich täglich so oft vor meinem geistigen Auge sah und die ich auf dem Gemälde zu sehen gemeint hatte. Das alles war fort, und damit die Erinnerung an die Liebe.

Was blieb, war die belgische Wurst – lang, hart und schwer. Sie erinnerte an Mellas Pastete. Und an unsere große Pastete aus längst vergangenen Tagen, jene, die als erste im Pastetenland verschwunden war.

Plötzlich klopfte es laut an der Tür. Die Klingel war immer noch nicht repariert worden. Es war noch ziemlich früh, gerade acht Uhr vorbei.

Seit meiner Rückkehr aus Belgien waren drei Wochen vergangen. Mein Zustand erregter Verletzlichkeit war wieder der alte. Ich hatte mir angewöhnt, die Türen abzuschließen, wie ich es zu Iris' Zeiten getan hatte. Jetzt verriegelte ich sie in dem Versuch, mich in meinem Haus sicher zu fühlen.

Die Erinnerung war wie ein Krebsgeschwür zurückgekehrt, um mich aufzufressen. Auch sie begrüßte ich. Wo wäre ich ohne sie?

Ich mochte nicht einmal aus dem Fenster schauen. Was für ein Ungemach erwartete ich? Da gab es nichts zu erwarten, weder Gutes noch Schlechtes.

Brüssel war ein Traum gewesen. Gleichwohl sah ich den Todesengel und sein Lächeln immer noch ganz deutlich vor mir – aber jetzt gab es nur noch die Gewißheit der Öde in all ihren bleischweren Formen. Der Fluch des Witwers. Es würde Unruhe geben. Sie würde sich wahrscheinlich in der vorhersehbaren Gestalt eines hilfreichen Menschen zeigen. Die Unruhe war ein freundliches Klopfen an der Tür. Desgleichen die Angst.

Mir schoß der Gedanke durch den Kopf: Wie aufregend und zugleich voller Angst war doch das Kino einmal gewesen! Die Entdecker oder Soldaten schlichen auf Zehenspitzen durch den Dschungel. Ich empfand ihretwegen immer eine Art Verzweiflung, die sowohl aus Erregung als auch aus Hoffnungslosigkeit bestand. Trotz all der Vorsichtsmaßnahmen, die sie trafen, mußte das Schreckliche unweigerlich doch geschehen – Indianer würden sie aus dem Hinterhalt überfallen, die bärtigen Stammeskrieger würden hervorgestürzt kommen. Ich wußte, daß am Ende die Guten den Sieg davontragen würden, aber darum ging es nicht. Das eigentlich Schlimme war und blieb die schreckliche Gewißheit, daß sie bald in arge Schwierigkeiten geraten würden.

Diese Freuden und Ängste gehörten der fernen Vergangenheit an. Inzwischen verfiel das Haus um mich herum – es befand sich in einem Endstadium, als ob es ebenfalls am Krebsgeschwür des Erinnerns leide.

Und dann war erneut das Klopfen an der Tür zu hören – wie jenes Klopfen ans Tor in *Macbeth*. Unruhe, die jemand brachte. Wahrscheinlich waren es keine Indianer oder Stammeskrieger. Nein, wohl jemand viel Schlimmeres …

IV DIE VERTREIBUNG

9. Margot und Mella kehren zurück

Wahrscheinlich war es nur ein Paket. Höchstwahrscheinlich sechs von Iris' Romanen in türkischer oder japanischer Sprache. Solche Exemplare trafen regelmäßig ein und vergrößerten das Durcheinander auf dem Fußboden – woanders war kein Platz für sie. Gleichwohl begrüßte ich die Ankunft dieser Bände, ja, ich schlug sie sogar voller Neugier auf. Als ob Iris' Worte in dieser unbekannten Sprache eine andere Bedeutung bekommen haben könnten und mir deshalb etwas Wunderbares und Neues offenbaren würden – nicht mit Blick auf die unverständliche Sprache, in der sich ihre Worte wiederfanden, sondern mit Blick auf Iris.

Ich erinnerte mich an den Augenblick etwa drei Monate vor ihrem Tod, als genau dasselbe passiert war. Das Gehämmere an der Tür war ungefähr zur gleichen Zeit erklungen. Iris schlief noch, und ich saß lesend neben ihr im Bett. Ich hatte die Schreibmaschine auf dem Schoß, aber zu dieser guten Morgenstunde gönnte ich es mir, ein paar Seiten in einem mir vertrauten Buch zu lesen – in einem alten Lieblingsbuch –, und ich konnte mich dann schon darauf freuen, beim Abendessen darin weiterzulesen.

Es war eine friedliche Zeit, die Zeit zwischen sechs und neun Uhr morgens, bevor ich aufstehen und versuchen mußte, Iris behutsam dazu zu überreden, Tee zu trinken, Haferbrei zu essen und noch ein wenig im Bett liegen zu bleiben. Danach wurde der Tag mühsam.

An jenem Morgen hatte ich durch die Scheibe der Haustür gesehen, daß ein Mann mit einem großen Paket davorstand. Ich gab ihm mit Gesten zu verstehen, er solle es auf die Treppe stellen. Denn die Tür war noch abgeschlossen. Das mußte sie sein, weil Iris sonst hinausgelaufen und in den Straßen der Umgebung verschwunden wäre. Das war schon mehrere Male vorgekommen.

Mimisch sein Bedauern ausdrückend, gab mir der Paketbote durch das Glas hindurch zu verstehen, daß er eine Unterschrift brauche. Mir war inzwischen klargeworden, daß ich vergessen hatte, den Schlüssel mit herunterzubringen. Deshalb hatte ich ihm ja auch signalisiert, er solle das Paket auf der Treppe abstellen. Der Schlüssel steckte in meiner Hosentasche, aber ich hatte die Hose noch nicht angezogen, nur mein Hemd und meinen Morgenmantel.

Ich war nach oben geschlichen, hatte den Schlüssel geholt, ohne Iris aufzuwecken, und dann den Mann hereingelassen. Es war ein netter Mann, wie ich mich erinnerte, und wir plauderten ein Weilchen über das Wetter, obwohl ich mir dort an der Haustür durchaus meines hosenlosen Zustands bewußt war. Als ich wieder nach oben kam, war Iris wach und der friedliche Teil des Morgens vorbei. Iris war mit entschlossener Miene aufgestanden, wie sie das öfter tat, aber die Zielstrebigkeit verflüchtigte sich sofort wieder oder wurde abgelenkt, denn sie fing an, im Zimmer umherzuwandern und Stücke ihrer Krimskrams-Sammlung zur Hand zu nehmen – Kieselsteine, kleine Stöckchen, eine einzelne Socke oder eine Tasse.

Sie war natürlich vollständig angezogen, so wie sie es gewesen war, als sie sich am Vorabend schlafen gelegt hatte. Schon vor langer Zeit, fast schon vor einem Jahr, hatte ich den Versuch, sie vor dem Schlafengehen auszuziehen, aufgegeben. Es kam uns beiden entgegen, wenn sie ihre Kleider anbehielt, so wie sie es zu mögen schien. Wie es uns beiden auch zupaß gekommen war, daß ich irgendwann meine Versuche aufgab, sie zu waschen.

An diese Dinge erinnerte ich mich lebhaft, als ich zur Haustür ging, um hereinzulassen, was zu dieser Tageszeit – es war gegen acht – nur die tägliche Post oder ein Paket sein konnte. Das Erinnerte stand mir so lebendig vor Augen, daß ich mir auch – wie so oft, als Iris noch lebte – die Frage stellte, warum sie eigentlich immer gelassen werden wollte, wie sie war, also angekleidet und ungewaschen. Konnte es wirklich daran gelegen haben, daß ich diesen Zustand ebenfalls vorzog (ich meine, was mich selbst anging) und Iris auf diese sonderbare Weise ihre Sympathie und Solidarität mit mir zum Ausdruck brachte? War es ein Aspekt unserer engen Verbundenheit, der voll zur Geltung gekommen war?

Was immer die Gründe dafür sein mochten, ich war sicher, daß es Iris lieb gewesen war, nicht behelligt und umsorgt zu werden, soweit es um Kleidung und Hygiene ging. Sie konnte tun, was sie wollte und wie es ihr am liebsten war, so als sei sie keine Kranke und keine Patientin, sondern ein ganz normaler Mensch. Ich hatte tatsächlich immer das Gefühl gehabt, daß sie glücklich und froh darüber war, wenn sie nicht bemuttert wurde. Sie schien dies manchmal durch ein verständig wirkendes Lächeln zu verstehen zu geben oder dadurch, daß sie mich streichelte und liebkoste.

Als ich jetzt zur Haustür ging, war mir so, als halte ich noch ihre Hand.

Bei den Alzheimer-Treffen hatte ich darauf hingewiesen, daß es besser für den Patienten und auch für den Betreuer sein könnte, wenn man die Dinge einfach so laufen ließ, wie geschildert. Ja, besser für alle. Und ich hatte mich gefreut und geehrt gefühlt, als Dr. Jacoby bei einem unserer Treffen dies noch einmal zusammengefaßt und gemeint hatte, es könne dies durchaus eine gute Lösung sein. Er habe es, sagte er, sehr oft erlebt, daß man in Familien, die einen Alzheimerkranken selbst betreuten, zu sehr auf Sauberkeit und Gepflegtheit bestanden habe. Das könne dann bei allen Beteiligten zu Streß und Ermüdung führen. Auch zu Uneinigkeit, und das in einer Situation, die so schon schwierig genug sei.

Als ich zur Haustür ging, um zu öffnen, war ich voll und ganz mit diesen Gedanken beschäftigt und einigermaßen geistesabwesend. Ich konnte das freundliche Gesicht von Dr. Jacoby vor mir sehen, wenn er uns besucht hatte, und Iris' Gesichtsausdruck, wenn sie ihm dann wie ein Kind mit strahlendem Gesicht entgegengelaufen war.

In Erinnerungen versunken, bückte ich mich, um den Riegel der Haustür zurückzuschieben. Ich hatte nicht einmal durch die Scheibe geschaut, um zu sehen, wer draußen stand.

Es waren nicht sechs von Iris' Romanen in türkischer oder japanischer Sprache. Nein, es war Mella. Und es war Margot. Beide zusammen.

Sie standen Schulter an Schulter nebeneinander und lächelten mich an.

Mella sah recht gut aus – ordentlich frisierte Haare, fast glänzend, der Gesichtsausdruck vielleicht eher gespannt und erwartungsvoll als glücklich, in jedem Falle aber fröhlich. Margot – wie üblich – eine starke, ruhige und lächelnde Erscheinung.

Ich glotzte die beiden an. Sie wirkten durchaus massiv, so solide wie die belgische Wurst, die ich inzwischen aufgegessen hatte. Oder waren sie doch nur Ausgeburten meines Hirns? Eines Hirns, das durch das Leben in diesem Haus, durch alle seine Ängste und Einbildungen und Sorgen verstört war?

Als ich sie so anstarrte (wobei mir sicher der Mund töricht offenstand), kam mir der groteske Gedanke, der bestimmt durch unsere Alzheimer-Treffen und die Gespräche dort angeregt war, Mella könnte erwarten, daß ich sie wusch, wie Iris es nicht getan hatte. Es war angenehm und friedlich gewesen, Iris all den Wirbel um die Hygiene zu ersparen. Mella dagegen war inzwischen vielleicht anspruchsvoller geworden. Sie könnte darauf bestehen, daß sie gewaschen wurde.

«Oh, kommt doch herein», hörte ich mich sagen.

Als ich die Worte aussprach, hatte ich die Vision einer Flucht. Ich würde nach Brüssel zurückkehren. Ich würde dort nach dem Todesengel suchen. Und zusammen würden wir dann in ein fernes tropisches Land davonfliegen. Der Engel würde sich mit irgendeiner Theaterunternehmung beschäftigen, und ich würde ihn dabei unterstützen, ihm helfen. An den warmen Abenden würden wir dann nach getaner Arbeit beieinandersitzen, den Baumfröschen lauschen und den schweren Duft dunkler Blüten und des Sambesischlamms riechen.

Wie würden ruhig sein. Wir würden glücklich sein.

«Wir kommen geradewegs von Heathrow», verkündete Margot.

Die Art, wie sie sprach, hatte etwas Sprudelndes und Unvertrautes, so als habe die Beziehung zu Mella, wie immer diese war oder geworden war, ihre ganze Persönlichkeit verändert. Meine auch? Ich war mir nicht sicher. Solche Dinge sollen ja, wie es heißt, anderen Menschen stärker auffallen als einem selbst.

Margot plapperte irgend etwas von Barcelona. Wieso Barcelona?

«Mell lag so sehr daran, sofort in ihre Wohnung zu kommen», fuhr Margot fort. «Man weiß in Oxford ja nie. Die Leute stellen ja hier alles mögliche an.»

«Das kann man wohl sagen», bemerkte Mella.

«Du hast sie vermißt, nicht wahr, Darling?»

Margot klang halb angsterfüllt, halb flehend. Wenn ich nicht so erpicht darauf gewesen wäre, die beiden wieder loszuwerden, dann hätte ich dem vielleicht mehr Aufmerksamkeit geschenkt. Überhaupt allem, was da vor sich ging.

«Wie ich gehört habe, ist es eine sehr hübsche Wohnung», fühlte ich mich bemüßigt zu sagen.

Es gab also wirklich eine Wohnung. Die Pförtnerin des College hatte recht gehabt. Zweifellos stimmte auch die Sache mit ihren zwei Kindern Darren und Damian, von denen Mella in ihren Unterhaltungen mit mir eines als das ihre ausgegeben hatte.

Mella machte keine Anstalten, sich an unserem Gespräch zu beteiligen, was mir zu Bewußtsein brachte, wie steif es war und wie untypisch für Margot. Wir beide führten uns auf wie ein Paar in einem Thriller, das, von dem schweigenden Gangster mit der Pistole bedroht, versucht, wegen der arglosen Menschen im Nebenraum ganz natürlich zu sprechen. Der Gangster hatte das Heft in der Hand. Seit ich das Paar vor mir zum letztenmal gesehen hatte, mußte Margot – vermutlich ganz ohne es zu wollen – der Jüngeren zu einer fürchterlichen Selbstsicherheit verholfen haben.

Margot und ich sahen uns unverwandt an. Und während wir uns so angespannt anstarrten, kam mir ganz plötzlich die Erleuchtung. Margot hatte vor Mella Angst! Deshalb waren sie hier. Wo immer sie gewesen waren, ob in Barcelona oder sonstwo, Margot hatte es geschafft, Mella hierherzulotsen, um sie loszuwerden. Sie hatte vor Mella Angst! Ja, es sah ganz so aus, als haßte sie sie inzwischen regelrecht. Und zu denken, daß ich einmal Angst vor Margot gehabt hatte!

Wie verwirrend das alles war. Ich erinnerte mich irgendwie benommen (und kaum erstaunt), daß es Mella gewesen war, die gesagt hatte, sie hasse Margot. Wie sollte man wissen, woran man mit den beiden war? Meine Rolle, die ich in diesem Trio spielte, schien zu einem Nichts zusammengeschrumpft zu sein. Das hätte mich eigentlich erleichtern und befriedigen sollen, aber ich erkannte trübsinnig, daß dem keineswegs so war. Ich mochte ja gehofft haben, den beiden entfliehen zu können, aber das bedeutete noch nicht, daß ich jetzt von dem, was da zwischen ihnen vorging, ausgeschlossen sein wollte.

Mella strahlte noch immer über das ganze Gesicht. Ihr bloßer Anblick machte, daß ich mich müde fühlte.

«Tja, ich muß mal weiter», sagte Margot. Ihre Stimme

hatte etwas schauderhaft Unbekümmertes. Unsere Blicke trafen sich, dann sah sie schnell weg. Das war leicht gesagt, aber würde der Gangster sie gehen lassen?

«Der Himmel weiß, was zu Hause los ist», fuhr Margot fort. «Meine armen Tiere müssen sich alle schrecklich vernachlässigt fühlen. Jimmy und George und der arme kleine Esel und die Hühner, die du so magst, Johnny ...»

Sie brach ab und nahm ihre Reisetasche auf. Mellas Blick wanderte ohne Neugier zwischen uns hin und her.

Sollte ich versuchen, auf und davon zu gehen – nicht mit dem Todesengel, sondern mit Margot? Das war eine grausige Aussicht, auch wenn ich sie ebenso wie ihre Leghornhennen, diese großen, getüpfelten Ungeheuer, durchaus mochte. Und wenn ich es recht bedachte, auch den armen kleinen Esel. Ja, selbst Jimmy und George, dieses greise Pferdepaar, das den ganzen Tag auf der Koppel umherwanderte und mit trauriger, pferdemäßiger Geduld Gras mampfte.

Nein, dem war ich nicht gewachsen. Außerdem deutete ganz und gar nichts darauf hin, daß Margot bei ihrer Flucht einen Gefährten brauchte.

Unter wortreichem Abschied und guten Wünschen («Ihr *müßt* mal kommen! Beide, jederzeit!») verschwand Margot nach draußen. Sie winkte schwungvoll, ohne sich noch einmal umzudrehen. Einen Augenblick später fuhr ein Auto davon.

«Na, was für ein Segen», sagte Mella. «Verdammtes Weibsstück!»

Zeigte sie jetzt ihr wahres Gesicht? Aber hatte man überhaupt ein wahres Gesicht? Das verdammte Weibsstück war ihr sehr nützlich gewesen – und hatte das auch sein wollen. Dessenungeachtet hatte Mella sie ausgebeutet. Einmal hatte sie sogar gesagt, sie hasse Margot. Davor hatte sie um Margot einen Riesenwirbel gemacht – und wahrscheinlich danach auch noch. Kostenlose Reise nach Barcelona? Warum hatte sie ausgerechnet nach Barcelona gewollt?

Mit einem Timing, das schon fast unheimlich war, beantwortete Mella diese Frage. «Ich hab's irgendwie mit dem Gaudí», bemerkte sie leichthin. «Margot mag ihn auch oder behauptet es wenigstens. Ich konnte wirklich nicht mehr weiterleben, ohne die Sagrada Familia gesehen zu haben.»

Was war das denn nun wieder? Aber Mella konnte mich nicht mehr überraschen – sie deprimierte und ermüdete mich nur. Sie gab mir das Gefühl, nie wieder irgend jemanden sehen zu wollen.

Hatte ich – von Iris abgesehen – jemals irgendwen wirklich gekannt? Hatte ich Iris je wirklich gekannt? *Natürlich hatte ich das!*

Aber vielleicht entzog sich Mella ja auch in ungewöhnlichem Maße allem Kennen? Selbst Margots Verhalten hatte mich heute erschreckt. Lag es einfach daran, daß ich in meinem einsamen Zustand heutzutage keine Vorstellung mehr davon hatte, welches Verhalten man von Menschen erwarten konnte? Oder was sie wollten oder wie sie lebten? Diese Fragen waren früher offensichtlich nicht wichtig gewesen, oder sie hatten gar nicht existiert. Als es nur uns beide, Iris und mich, gegeben hatte, da hatte alles und jeder einen Sinn ergeben. Und wenn nicht, dann war das nicht meine Sache.

Ich bemerkte eine sehr effizient aussehende Reisetasche, dick und wohlverschlossen, die neben der Küchentür auftauchte. Mitten in all dem Durcheinander sah sie ordentlich und entschlossen aus. So, als sei sie gekommen, um zu bleiben.

Wie lange schien das schon her zu sein, daß Mella in den Schnee hinausgelaufen und verschwunden war!

Ohne ihre ordentliche Reisetasche zu beachten, schlenderte Mella aus der Küche. Ich hörte sie die Treppe hinaufgehen. Wahrscheinlich mußte sie mal, was nur natürlich war. Margot hatte es viel zu eilig gehabt, um noch aufs Klo zu gehen. Ihr einziger Gedanke war gewesen wegzukommen. Im Erdgeschoß gab es keine Toilette, was wahrscheinlich, wie Iris und ich manchmal gemutmaßt hatten, daran lag, daß das Haus von zwei unverheirateten Damen und für sie gebaut worden war. Es gab sonst keine weiteren Hinweise auf die Existenz dieser beiden Damen (ein sanftmütiges, zurückgezogen lebendes Paar?), aber in jenen Tagen hatten wir sie uns gerne vorgestellt.

Mellas Stimme war von oben zu hören, aber ich konnte nicht verstehen, was sie sagte. Mein Haus erschien mir plötzlich schrecklich, geradezu überwältigend gezähmt. Überall um mich herum waren – zusätzlich zu der üblichen Unordnung – schwache, aber erkennbare Spuren von Mellas früheren Aufräumversuchen zu sehen – Versuche, die wesentlich wirkungsvoller gewesen waren als die von Margot. Diese war, wie ich mich entsann, über Anfänge eigentlich nie hinausgelangt.

Ich war noch immer wie gelähmt. Wieder wurde Mellas Stimme vernehmbar, und diesmal klang sie ziemlich fordernd. Mella schien meine Anwesenheit zu wünschen.

Sie stand im Schlafzimmer und hielt eine einzelne Socke in der Hand. Ihre Worte hörten sich mild und erläuternd an, so als teile sie mir etwas mit, was ich zu meinem eigenen Besten unbedingt wissen sollte.

«Siebzig Prozent Wolle und dreißig Prozent Nylon sind besser, weißt du», sagte sie. «Das hier ist eine Wollsocke, und sieh dir bloß das Loch an – da sind die Motten drin.»

Wieder eine andere Seite an Mella. Mir war sie lieber. Wie ich bald erkannte, eine gefährliche, wenn nicht gar verhängnisvolle Vorliebe! Mella schien entspannt und friedlich zu sein, als habe sie erst vor kurzem einen großen Sieg errungen. Zweifellos über Margot. Ich war danach eine leicht zu lösende Aufgabe. Mit mir würde sie keine Probleme haben.

Sie war jetzt die Freundlichkeit und das Wohlwollen in Person, bereit, mir meine straffällig gewordene Socke durchgehen zu lassen. Man konnte von Männern nicht erwarten, daß sie mit derlei Dingen fertig wurden. Sie brauchten ja auch Schweinepasteten und andere weibliche Gefälligkeiten.

Ich fragte mich geistesabwesend, was für Lügen – oder Wahrheiten – sie Margot über unsere Beziehung erzählt haben mochte. Aber warum sollte sie sich damit abgeben? Nichtsdestoweniger fühlte ich mich bei dem Gedanken ein wenig gekränkt. Zweifellos hatte die beiden ihre eigene Beziehung – zumindest am Anfang – vollständig in Anspruch genommen.

Aber was war da schiefgegangen? Irgend etwas mußte passiert sein. Beide hatten nichts Feministisches an sich, nichts deutete auf eine Solidarität hin, die die Männer ausschloß. Hatten sie sich deshalb gestritten? Wenn sie denn gestritten hatten. Oder war ich nur begriffsstutzig und gönnerhaft?

Wie immer die Wahrheit aussah, es hatte ganz den Anschein, als sei Margot nicht bereit gewesen, Mella und ihre Gesellschaft auch nur noch einen Augenblick länger zu dulden. Sie hatte sie um jeden Preis loswerden wollen. Hatte diese plötzliche Reise nach Spanien, die mit fast flitterwochenhafter Fröhlichkeit angetreten worden war, mit einem Zerwürfnis geendet? Hatte Margot die Nase voll gehabt von Heiligen Familien – und auch von lahmen Enten? Sehnte sie sich jetzt danach, zu ihren echten Tieren zurückzukehren, zu den Hühnern, den alten Pferden und dem Esel?

Mit einiger Anstrengung wandte ich meine Aufmerksamkeit wieder Mella zu. Sie war ein Phänomen, von dem man sich nicht befreien konnte, zumindest ich nicht und erst recht nicht in diesem Augenblick. Wie ich Margot beneidete! Aber im Unterschied zu ihr wußte ich nicht, wohin ich hätte fliehen sollen.

«Was ist mit deiner Wohnung?» fragte ich. «Bist du schon dort gewesen?»

Ich wußte, daß dem nicht so war. Margot hatte ja gesagt, daß sie geradewegs von Heathrow gekommen waren, und Margot war eine Frau, deren Wort man trauen konnte. Im Gegensatz zu meinem? Im Gegensatz zu Mellas? Vielleicht waren Mella und ich in Wahrheit Seelenverwandte. Zwei vom gleichen Schlag?

Was war mit der Pförtnerin, die mir von Mellas Wohnung erzählt hatte? Sie schien wie Margot eine vertrauenswürdige Frau zu sein, also konnte doch wohl kein Zweifel bestehen, daß es diese Wohnung gab und Mella darin wohnte. Aber warum hatten sich die beiden dann nicht auf direktem Weg dorthin begeben, statt schnurstracks zu mir zu kommen?

Grimmig dachte ich, daß ich den Grund kannte. Margot hatte die Sache ordentlich über die Bühne bringen wollen. Es war so etwas wie eine Übergabezeremonie gewesen, wie ich sie von der Armee her kannte, bei der die Zuständigkeit in aller Form von der einen Person auf die andere übertragen wird. Margot hatte dafür gesorgt, daß mir das nicht entging. Von jetzt an war Mella mein Problem.

Margot mochte ja aufrichtig sein, zumindest verglichen mit Mella und mir, und deshalb anderen Menschen gegenüber vertrauensvoll, aber es fiel mir doch schwer zu glauben, daß sie nach ein paar Tagen in Mellas Gesellschaft Mella die Geschichte von ihrem Dasein als unbehaustem Waisenkind noch abgenommen hatte. Selbst in diesem Augenblick konnte ich mich nur über die Art und Weise wundern, in der sie sich hatte täuschen lassen.

Es schien eine Ewigkeit her zu sein, daß Mella im Schnee verschwunden war. Als armes, herumirrendes Waisenkind war sie durchaus glaubwürdig gewesen, und deshalb war auch ich in einem bestimmten Sinn von ihr getäuscht worden. Was hatte sie dann gemacht? Margot erobert? Oder besser, sie zurückerobert und verhext? Am Ende war Margot so klug gewesen, Reißaus zu nehmen und in ihrem Auto nach Hause zu entfliehen.

Ich aber war zu Hause! Oder besser, in meinem Haus. Was sollte ich also jetzt machen?

«Ich fahre dich hin», sagte ich. «Nach Hause.»

Mella sagte darauf nichts, und wir standen weiter im Schlafzimmer herum. Sollte dies von nun an das Zentrum unseres Lebens sein? Ich warf einen verzweifelten Blick auf das zerwühlte Bett, die Bücher, meine Schreibmaschine, das abgenutzte alte Gummikissen, das mir als Rückenstütze diente, wenn ich im Bett saß und tippte. Wie zweckmäßig und glücklich alle diese Dinge aussahen. Wie liebte ich sie, und wie sehr sehnte ich mich danach, wieder bei ihnen zu sein! Die Gegenstände im Haus, die immer dagewesen waren und auf die ich mich verlassen konnte, wie ich mich einmal auf Iris' Gegenwart verlassen hatte, waren noch genauso, wie sie am Morgen gewesen waren, als ich im Bett gesessen und gelesen hatte. Würde ich dazu je wieder in der Lage sein?

Von der vertrauten Gegenwart der Dinge hypnotisiert, bemerkte ich kaum, daß Mella überhaupt nicht auf meinen Vorschlag eingegangen war. Als sie es schließlich tat, erfüllten mich ihre Worte mit einem erneuerten Gefühl der Beunruhigung. Und nicht nur der Beunruhigung, sondern auch der Verzweiflung.

«Oh», sagte sie nämlich, «du meinst meine Wohnung? Die habe ich aufgegeben. Ich hatte sie nur monatsweise gemietet, und der Vermieter hat mich ständig wegen der Miete genervt. Furchtbar unangenehmer Kerl.» Sie ließ meine Socke zu Boden fallen.

«Aber was ist mit deinen Sachen?» rief ich aus und versuchte, die Panik aus meiner Stimme herauszuhalten.

«Meine Sachen?» sagte Mella geduldig. «Meine Sachen sind alle in der kleinen Tasche, die unten steht. Die Wohnung hatte ich natürlich möbliert gemietet.»

Sie hob die Socke wieder auf und besah sie sich kritisch, schnupperte daran, drehte das Äußere nach innen oder umgekehrt (ich konnte es nicht sehen) und ließ sie noch einmal auf den Fußboden fallen.

«Lohnt nicht, sie zu waschen», sagte sie beiläufig, als ob es da eine Menge anderer Dinge gebe, die es wert sein könnten und derer sich bald anzunehmen ihr ein Vergnügen sein werde. «Ich muß mal», fuhr sie fort. «Hab in Heathrow nicht dran gedacht.» Sie verschwand in Richtung Bad.

War ich, ohne es zu wissen, schon zu einer Entscheidung gelangt, als das Paar vor meiner Haustür erschien? Wie dem auch sein mochte, dieser Augenblick brachte eine Offenbarung.

Ich muß das Haus verlassen, dachte ich. Ich muß es auf der Stelle verlassen. Mein Fehler war gewesen, mich so verzweifelt an mein Leben hier zu klammern. Es war dieses Haus, das Haus des Witwers, das die Probleme verursachte – auch wenn ich noch so sehr glaubte, es zu lieben und zu brauchen. Auch wenn ich es noch so sehr mit den Tröstungen der Vergangenheit füllte. Denn Iris war nicht mehr darin. Iris war nicht mehr da, wie sie es nach ihrem Tod anfangs noch gewesen war. Sie existierte jetzt nicht mehr, existierte nur noch in meinem Kopf und auch dort ja nur noch rein imaginär.

Ich erinnerte mich – welch ein Augenblick, um sich zu erinnern! – an das wichtige Verfahren, für das sie im Krieg, als sie im Schatzamt arbeitete, zur Expertin geworden war: «Angenommene Beförderung in absentia». Beamte, die eingezogen worden waren, wurden, was ihr Gehalt und ihre Karriere anbetraf, so befördert, als gingen sie nach wie vor daheim ihrer alten Tätigkeit nach.

Jetzt war Iris «in absentia», und ihr imaginäres Dasein verblaßte, siechte dahin, entschwand meinem Gedächtnis. Nur nicht in den Augenblicken der Trauer und der Freude, in denen die spontane Erinnerung die wirkliche Iris freisetzte, die heraussprang und mich überraschte.

Aber im Haus war sie nicht mehr. Das stand fest. Unvorhergesehene Augenblicke der Trauer und der Freude konnte ich, wenn ich sie denn weiterhin erlebte, überall erleben.

Das Haus war zu einer Festung geworden, wie man sie in alten Zeiten gebaut hatte. Ein gefährlicher Ort, weil er das Feuer des Feindes auf sich zog.

Ich mußte das Haus verlassen! Wenn ich blieb, würde ich niemals jenen Frieden und jene Ruhe finden, die ich mir wünschte – wenn ich sie mir denn wünschte. Ob ich es nun tat oder nicht, die Lösung lag jetzt so klar auf der Hand, daß ich mich erhoben fühlte – so als habe man mir plötzlich eröffnet, ich könne fliegen.

Die Angst davor, das Haus verlassen zu müssen, die mich nach Iris' Tod überkommen hatte, die Angst davor, irgendwohin gehen zu müssen – wie absurd erschien sie mir jetzt!

Ich mußte aus meinem eigenen Haus fliehen, so wie Iris immer wieder versucht hatte, daraus zu entfliehen. Und manchmal, wenn ich nicht aufgepaßt hatte, war es ihr auch gelungen. Hatte sie dort in der unbekannten Wildnis der Demenz auch das Gefühl gehabt, ihr Zuhause verlassen zu müssen? Irgendwie schon …

Jetzt ging es also darum und nur darum wegzukommen, Iris nachzuahmen, in ihre Fußstapfen zu treten.

Ich lief schnell und leise nach unten, holte meinen Mantel. Meine Brieftasche steckte im Mantel. Ich zog die Haustür leise hinter mir zu. Wie oft waren Iris und ich so zu unseren kleinen Gängen aufgebrochen – nur daß ich in jenen Tagen die Haustür erst hatte aufschließen müssen, damit wir hinausgelangen konnten.

Sollte ich sie jetzt von außen abschließen? Besser nicht. Mella hätte mich hören können. Nachdem ich also die Tür langsam und leise zugezogen hatte, lief ich davon.

10. Der Abschied

Und das war in gewissem Sinne das Ende – das Ende der Geschichte.

Aber die Geschichte vom Haus des Witwers geht noch ein bißchen weiter.

Ich würde mit dem Zug nach London fahren. Selbst das simple Geschäft des Fahrkartenkaufs (simpel vielleicht, aber auch absurd langsam und ermüdend) war zu einer Strafe geworden, seit ich allein war und gelegentlich aus irgendeinem Grund nach London reisen mußte. Jetzt jedoch lief alles mit fabelhafter Leichtigkeit ab, ganz so als flöge ich wirklich.

Ich hatte eine Kreditkarte und Geld in der Brieftasche. Ich war von zu Hause fortgegangen. Ich konnte tun und lassen, was ich wollte.

Als jedoch der kleine Zug in Richtung Reading ratterte, stellten sich die meisten meiner Ängste wieder ein. Wo sollte ich hin? Wo konnte ich bleiben? Ich mochte ja in der Lage sein zu fliegen, aber der Gedanke, ein Londoner Hotel zu betreten, war dann doch zuviel.

Iris hatte früher in London eine winzig kleine Wohnung gehabt, eigentlich eher eine Bude, und zwar ganz oben in einem hohen, ziemlich billig gebauten Haus an einem Platz in Kensington. Unzählige Stufen. Kein Lift. Die Dielenbretter waren so dünn, daß sie schon beim leichtesten Schritt knarrten, und Iris pflegte in Socken umherzuschleichen, weil sie Angst hatte, die Mieter darunter zu stören. Aber sie liebte diese Behausung. Sie war von großem Nutzen, wenn sie Freunde besuchte, und überaus wichtig in unserer Anfangszeit, als ihre Mutter noch lebte. Auch ich wohnte bei den seltenen Gelegenheiten, die mich nach London führten, gerne dort, vor allem zur Weihnachtszeit oder anläßlich unserer regelmäßigen Spritztouren, wenn wir uns in der Gloucester Road etwas zu essen und zu trinken besorgten und dann ein ausgedehntes Picknick veranstalteten.

So hoch das Haus war, die Platanen auf dem Platz unten waren noch höher, und im Sommer schauten ihre großen, sich hellgrün von dem schwarz-gelben Muster der mächtigen Stämme abhebenden Blätter bei uns zum Fenster herein.

Nach Iris' Tod gab ich die Bude auf. Ich konnte es nicht über mich bringen, sie zu benutzen – sie war das Gegenteil von meinem Haus. Es war Iris' Wohnung, und sie hatte dort ihr eigenes Leben gelebt, hatte tagsüber Freunde besucht und war am Abend nach oben und in ihr Bett zurückgeschlichen. Ich pflegte sie morgens, als Wecker fungierend, aus Oxford anzurufen und liebte es, ihr verschlafenes, glückliches «Wauwau» zu hören, mit dem sie sich meldete.

Ich hätte die Wohnung jetzt, wo ich mein Zuhause verlassen hatte, gut als Ausgangsbasis gebrauchen können. An dem Punkt, den ich erreicht hatte, stand ich zu meinem Haus, wie ich nach Iris' Tod zu der kleinen Wohnung gestanden hatte.

Was sollte ich jetzt tun? Ich hatte keine Ahnung.

Aber dann hatte ich plötzlich doch eine Idee. Es lag auf der Hand, war so offenkundig, wie es die Notwendigkeit der Flucht gewesen war.

Ich wollte Audi anrufen und sie fragen, ob ich eine Weile bei ihr auf Lanzarote bleiben dürfe. Sie war so lieb gewesen zu sagen, ich könne, wenn ich wolle, bei ihr wohnen, hatte mich aber nie gedrängt oder damit genervt.

Ich griff in die andere Innentasche meines Mantels. Audis lange Telefonnummer stand in meinem Taschenkalender, zusammen mit anderen, die ich mir unmöglich hätte merken können. Gottlob war das Büchlein da. Weshalb sollte ich also jetzt nicht statt nach London, vor dem ich mich instinktiv fürchtete, direkt nach Gatwick fahren, mir ein Ticket kaufen und das nächste Flugzeug nehmen? Ich wußte, daß es am Flughafen ein Hotel gab – ich hatte es gesehen, als ich – vor ewig langer Zeit, wie es schien – das letzte Mal von Gatwick aus geflogen war.

Ich bestieg also den Zug von Reading nach Gatwick. Als ich mich auf meinem Sitz niederließ, durchzuckte mich der Gedanke: Gott im Himmel, mein Paß!

Mein Paß mußte noch im Haus liegen. Bei Mella. Vielleicht hatte sie ihn schon gefunden und konfisziert!

Der Zug kroch unaufhaltsam in Richtung Gatwick dahin, in Richtung Freiheit. Aber was nützte die Freiheit ohne Paß? Ich saß da, war von aller Hoffnung verlassen. In Gatwick angekommen, würde ich sofort einen Gegenzug besteigen und wieder nach Hause zurückfahren müssen. Wenn Mella noch dort war und mein Haus besetzt hielt (und ich war sicher, daß sie es tat), würde sich die Frage stellen, wie ich an meinen Paß herankommen sollte.

Plötzlich hatte ich eine Eingebung. Der Paß war noch neu, ein dürftiges kleines, rotes Ding, das an die Stelle des alten dicken, blauen Dokuments getreten war, das alle Fremden «bat und ersuchte», mir als Untertan Ihrer Majestät behilflich zu sein und sich meiner anzunehmen. Von so etwas konnte heutzutage natürlich keine Rede mehr sein.

Und jetzt erinnerte ich mich wieder. Bei unserer letzten Reise nach Frankreich, wo wir (das heißt Iris und ich, umsorgt von Peter Conradi) Natasha Spender in ihrem Haus in der Provence besuchen wollten, war ich mit meinem bereits ungültig gewordenen Paß aufgebrochen. Wir waren dann in aller Unschuld durch die Paßkontrolle gerauscht. Man hatte einen kurzen Blick auf das Paßbild geworfen und uns das Dokument dann höflich zurückgereicht. Aber auf der Heimreise hatte Peter das Ablaufdatum entdeckt, und diesmal drückten wir uns schuldbewußt an dem Beamten vorbei, der sich aber auch dieses Mal nicht groß mit uns abgab.

Immerhin hatte ich kurz nach unserer Rückkehr trotz all meiner Probleme – Iris' Zustand verschlechterte sich von Tag zu Tag – daran gedacht, einen neuen Paß zu beantragen.

Als dann die Einbrecher gekommen waren, hatten sie zwar alles Geld, das in der Küchenschublade lag, an sich genommen, nicht jedoch den neuen Paß – glücklicherweise, denn ich wußte vom Hörensagen, daß ein gestohlener Paß einen beträchtlichen Wert hat. Dafür war ich den Einbrechern zutiefst dankbar. Aber für den Fall, daß sie wiederkamen oder andere Einbrecher das Haus heimsuchten, hatte ich den neuen Paß vorsichtshalber in meine Brieftasche getan, in die er bequem hineinpaßte.

Aber war er auch noch dort?

Gott sei Dank, er war es. Er war deshalb noch dort, weil ich ihn vollkommen vergessen hatte. Jetzt konnte mich nichts mehr erschüttern. Sich vorzustellen, ich wäre zahm nach Hause zurückgekehrt, und der Paß hätte die ganze Zeit in meiner Brieftasche gesteckt!

Das Glück blieb mir treu. Der Charterflug nach Lanzarote an diesem Tag war zwar ausgebucht, aber es gab am Tag darauf zwei oder drei weitere. Ich stand auf der Warteliste und hatte gute Chancen, mit einem von ihnen mitzukommen. Ich bekam im Hotel ein Zimmer, und es gelang mir, Audi anzurufen.

Es war erst drei Uhr nachmittags. Der Tag schleppte sich dahin. Ich ging ruhelos in dem kleinen Hotelzimmer auf und ab, legte mich aufs Bett und versuchte mich zu entspannen, nur um gleich wieder aufzustehen. Ich fühlte mich jetzt wieder nüchtern – die ganze Hochstimmung angesichts meines Aufbruchs von zu Hause war verflogen.

War es gemein gewesen, Mella zu verlassen? Natürlich war das gemein gewesen, aber es hatte etwas geschehen müssen. Und ich verspürte Mella gegenüber eine heimliche Dankbarkeit, weil sie mich dazu gezwungen hatte, einen Entschluß zu fassen. Dank ihrer hatte ich keine andere Wahl mehr gehabt. Sie mußte damit gerechnet haben (bewußt oder unbewußt), daß ich mich mit ihrer Annexion des Hauses – und meiner Person – abfinden würde. Zweifellos hatte sie geglaubt, ich würde das alles hilflos als vollendete Tatsache akzeptieren und sie bei mir wohnen lassen, jedenfalls für den Augenblick.

Aber nein! Was immer Mella war, so war sie nicht! Sie war keine Intrigantin, keine Abenteurerin, keine Frau, die sich nur auf Kosten anderer durchs Leben schlug. Es stimmte schon, daß ich in der angespannten Situation, als wir zu dritt im Flur standen, kurz eine Ganovin in ihr gesehen hatte, die uns die Pistole an den Kopf hielt. Aber letztendlich war das arme Mädchen doch nur eine von Ort zu Ort, von Mensch zu Mensch, von Augenblick zu Augenblick flatternde Nachtmotte. Wenn ich mehr für sie hätte tun können, hätte ich vielleicht auch mehr Mitleid gehabt – Mitleid, keine Schuldgefühle. Aber ich wußte, daß ich nur immer so weitermachen konnte wie zuvor – Kaffee und Keks, die Zeit im Bett, der Spaziergang um den Block. Vielleicht hätte ich damit schon mehr für sie getan? Soviel mehr, wie ich nur fähig war? Mich überkam tatsächlich eine Anwandlung wehmütiger Nostalgie, ja des Heimwehs nach all dem, was wir zusammen gemacht hatten. War das der gewohnte Gang gewesen, die Ruhe und der Frieden, die ich eigentlich für mich erstrebt hatte?

Aber war es das, was Mella wollte? Es überkam mich – wie so oft, seit ich allein war – das Gefühl, daß ich von niemandem wirklich etwas wußte. Wie stand es mit Margot? Ihr Verhalten Mella gegenüber war gewiß alles andere als vernünftig gewesen. War auch sie auf der blinden Suche nach einer Freundin, einer Begleiterin, einer Gefährtin? Nach einem Puffer, der all die Einsamkeit und

Angst, die Kümmernisse des Alleinseins abmilderte? Sie hatte sich in Mella geirrt, aber wie denn auch nicht? War es mir nicht ähnlich gegangen? Ich war immer noch überzeugt, daß Mella kein schlechter Mensch war, nicht einmal eine Ränkeschmiedin. Aber was konnte das helfen? Es war nicht Mellas Schuld, daß sie diese Wirkung auf die Menschen hatte, denen sie begegnete – oder besser, auf die Menschen, die feststellten, daß sie ihr begegnet waren.

Ich stand auf, lief umher und legte mich wieder hin. Mir war nicht einmal nach einem Drink zumute, nach einem Abendessen erst recht nicht. Ich hatte jetzt größere Sorgen. Was tat Mella gerade? Hatte sie aufgegeben und war gegangen? Irgendwie wagte ich das nicht zu hoffen.

Als ich so in meinem teilnahmslosen kleinen Zimmer im Airport-Hotel umherschlich, versuchte ich mir auszumalen, was in meinem Haus vor sich gehen könnte. Ich war einigermaßen sicher, daß Mella noch dort war, aber was trieb sie? Nach all den Aufregungen des Tages konnte ich mich nicht einmal mehr an meine eigene Telefonnummer erinnern, aber ich hatte klugerweise vorgesorgt und sie vorn in meinem Taschenkalender notiert.

Das Telefon im Haus in Oxford klingelte und klingelte, aber niemand kam an den Apparat. Das beruhigte mich jedoch keineswegs. Es war doch klar, daß Mella, wenn sie dort auf der Lauer lag, nicht ans Telefon gehen würde. Sie würde einen Anrufer, der ja ein Freund von mir hätte sein können, nicht auf das aufmerksam machen wollen, was im Haus vor sich ging.

Ich legte auf, wartete eine Weile und versuchte es erneut. Immer noch keine Antwort. Dann kam mir der Gedanke, es bei meiner Nachbarin zu versuchen, die Schlüssel zum Haus hatte. Ihre Nummer stand ebenfalls in meinem Taschenkalender. Sie war eine hilfsbereite, gutherzige Dame. Ich sagte, es tue mir sehr leid, sie zu behelligen, aber ich glaubte, die Hintertür nicht abgeschlossen zu haben, und sei ein oder zwei Tage fort. Ich erwähnte die

Einbrecher und bat sie, freundlicherweise doch mal nach der Hintertür zu sehen.

Ich wollte schon auflegen, aber da fiel mir noch ein, ihr zu sagen, daß ich sie in einer Viertelstunde wieder anrufen würde.

Wie würde sie wohl mit Mella fertig werden, falls Mella noch da war? Ich sagte mir (und das war nicht hinterhältig gemeint), daß meine Nachbarin zu jenen Menschen gehörte, die an Herausforderungen ihre Freude hatten. Sie würde auch ihre Freude daran haben, vernünftig und energisch zu reagieren. Ihretwegen mußte ich mir also keine allzu großen Sorgen machen, auch wenn durchaus vorstellbar war, daß Mella einen Weg fand, sich meiner Nachbarin anzuschließen, wie sie das am Anfang bei Margot getan hatte. Oder war es wahrscheinlicher, daß meine Nachbarin Mellas Anwesenheit vernünftig und energisch hinnahm, wenn auch mit stillschweigender Mißbilligung? Es ging sie ja schließlich nichts an, wenn ich in meinem Haus eine Art Geliebte beherbergte – eine, die es vorzog, nicht ans Telefon zu gehen.

Endlich war es Zeit zurückzurufen. Meine Nachbarin klang nicht überrascht. Ja, sagte sie, die Hintertür sei offen gewesen. Sie habe sie abgeschlossen.

Noch ein Stückchen unverdientes Glück! Aber in meine Erleichterung mischte sich schon bald wieder Besorgnis. Zunächst einmal hätte ich mich Mella gegenüber nicht so verhalten dürfen, wie ich es getan hatte! Ich hätte sie vielmehr mit Entschiedenheit bitten sollen, das Haus zu verlassen, um dann meine Entschiedenheit durch das Angebot, ihr unter die Arme zu greifen, abzumildern. Obwohl ich außer einer finanziellen Unterstützung, die sie gar nicht zu brauchen schien und die sie möglicherweise entrüstet abgelehnt hätte, keine andere materielle Möglichkeit sah, ihr von Nutzen zu sein.

Aber eine andere Möglichkeit war noch sehr viel beunruhigender. Angenommen, sie war nur kurz fortgegangen, um sich etwas zu essen zu kaufen? Und vielleicht hatte sie einen Schlüsseldienst bestellt, um die Schlösser auswechseln zu lassen? Solch eine Dreistigkeit und kühne Entschlußkraft schien Mella zwar nicht ähnlich zu sehen, aber was wußte ich schließlich schon von ihr? Ich wußte nur, daß Margot als die warmherzige, vernünftige und aufrichtige Frau, die sie vermutlich war, von Mella endgültig die Nase voll gehabt und sie mir wieder ausgehändigt hatte.

Während der Nacht, die endlos war, versuchte ich es mit dem, was man einmal «folgerichtiges Denken» genannt hat. Alle meine Befürchtungen und Illusionen schienen mir jetzt glasklar zu sein.

Aber um vier Uhr in der Frühe verschwamm in meinem Kopf wieder alles. Es tauchten Traumbilder und Traumdinge auf, obwohl ich wußte, daß ich noch wach war. Mella kam ins Zimmer. Sie sah wie eine Eule aus, hatte einen scharfen Schnabel und runde, anklagend blickende Augen. Sie brachte, wie ein Paket, ein Gedichtfragment mit, das meiner Meinung nach aus dem *Verlorenen Paradies* stammte.

Wie wenn ein Greif sich durch die Wildnis schlägt,
Dem Arimasper nach …

Wer war dieser Arimasper? Ich versuchte, Mella zu fragen, aber sie antwortete nicht, sondern sah mich nur mit großen, klaren, gelben Augen an.

«Wie geht's dem Arimasper heute morgen?»

Audi sah amüsiert aus und klang auch so. Ich hatte ihr am Abend zuvor, am Abend meiner Ankunft, von dem Arimasper und von Mella erzählt und auch davon, wie ich mein Haus verlassen hatte. Ich war müde gewesen, hatte viel geredet und viel roten Rioja getrunken. Ein Flug nach Lanzarote verläuft nie reibungslos, und das Flugzeug ist immer voll – und diesmal hatten wir auch noch Verspätung.

Aber Audi sah ganz so aus, als amüsiere sie noch etwas anderes – etwas, was ich ihr nicht erzählt hatte, sondern was sie selbst gefolgert haben mußte.

Es war ein ruhiger Morgen. Ausnahmsweise mal kein Wind. Irgendwo weit weg konnten wir einen Wiedehopf rufen hören. Der säuberliche Bergkegel, der sich blaß im Sonnenlicht erhob, war von einem zarten, zimtfarbenen Hauch überzogen, der im unteren Teil der kahlen Hänge in dunklere Farben überging.

Audi hatte der Geschichte meines fluchtartigen Aufbruchs von zu Hause mit geduldiger Nachsicht zugehört. Durch die Benebelung eines leichten Kopfwehs hindurch dachte ich immer wieder daran, wie auch Iris manchmal geflohen war und die Demenz durch ihr Aus-dem-Haus-Laufen hinter sich ließ, wenn ich vergessen hatte, die Tür abzuschließen. Wenn ich sie dann fand oder sie von sich aus zurückkam, zeigte ihr Gesicht immer einen seltsam boshaften, zugleich aber auch befriedigten Ausdruck, als habe sie etwas gefunden oder gesehen, über das sie weder zu mir noch zu sonst jemandem sprechen konnte.

Audi brachte unser Frühstück auf die Terrasse hinaus, wo ich dem fernen Wiedehopf lauschte und nachdenklich den Berg betrachtete. Obwohl er keine dreihundert Meter hoch war, machte ihn seine Form eher zu einem Berg als zu einem Hügel. Ich fand es erholsam, ihn anzuschauen, und dabei legte ich von Zeit zu Zeit die Hand auf meine Stirn. Das mußte es gewesen sein, was Audis Belustigung über den Anblick und das Benehmen des Arimaspers ausgelöst hatte. Ich fragte mich jetzt, ob auch er im Alkohol Zuflucht vor den Gedanken an seine Verfolger gesucht hatte.

Am Vorabend war Audi, nachdem ich ihr von ihm und von meinem Traum erzählt hatte, auf die Suche nach ihrem Milton gegangen – es war ein kommentiertes Exemplar. Ich hatte keine Ahnung, wo der Arimasper zu finden sein könnte, hatte jedoch das Gefühl, daß es im *Verlorenen Paradies* sein müsse. Als wir so beieinander saßen, plauderten und unseren Wein tranken, machte sich Audi – eine geborene Gelehrte – daran, ihn mit stiller Beharrlichkeit zu suchen. Und da war er – in Buch II. Ein einäugiger Skythe, der das Gold des Greifen gestohlen hatte und dann von jenem Fabeltier, das halb Adler und halb Löwe ist, unerbittlich über Berge und durch Täler, durch Ebenen und Wüsten verfolgt wurde.

War Mella wie ein Greif? Arme Mella – ich konnte kaum mehr glauben, daß es sie gab, ob nun als wirkliches Mädchen oder als ein legendäres Ungeheuer, das mich vielleicht immer noch verfolgte. Aber Mella existierte im Unterschied zum Greifen sehr wohl, und ich war ihr entkommen. Oder war es eher so, daß ich sie verlassen hatte? Wie auch immer, es war eigentlich nicht fair, sie zu einem Ungeheuer zu machen – nur waren Träume nun einmal unfair, ebenso wie das jeweilige Leben und die Gewohnheiten, die sie widerspiegelten.

Hätte ich mich nicht mit Mella auseinandersetzen, mit ihr Kompromisse schließen, mit ihr diskutieren und vor allem den Versuch machen müssen, etwas über sie in Erfahrung zu bringen? Sie schien nie über sich selbst sprechen zu wollen, aber ich hatte sie auch nie dazu ermutigt. Ich hatte nur an meinen eigenen Zustand gedacht und an das, was ich als meine Bedürfnisse angesehen hatte. Das Witwersein hatte mich zum egoistischen Monstrum gemacht!

Natürlich stand es mir, wenn mir denn danach zumute war, völlig frei zu meinen, daß Witwer ein natürliches Recht hätten, egoistische Monstren zu sein. Witwen auch. Aber was war mit Margot? Hatte sie nicht ihr Bestes für Mella getan, und zwar nicht nur, um ihre eigenen Bedürfnisse zu befriedigen, welche immer das waren, sondern auch aus Güte? Mella hatte ihr eine Menge Lügen aufgetischt, das war schon richtig. Sehr viel mehr als mir.

Ich konnte mir selbst einreden, daß ich Mella hatte verlassen müssen – alles andere hätte zu nichts geführt. Das mochte ja durchaus auch stimmen, obwohl es mir nicht so recht schmecken wollte. Entwickelte ich am Ende doch noch ein Gewissen? War das das eigentliche Problem? Wie dem auch sei, ich hatte Audi mein Herz ausgeschüttet.

Sie hatte mir geduldig zugehört und schließlich gemeint, sie könne, da sie beide Damen nicht kenne, kaum etwas zu all dem sagen. Aber das war mir Beruhigung genug, und während wir uns weiter unterhielten, schien eine große, irgendwie komische Friedlichkeit über uns zu kommen. Vielleicht waren ja alle meine Probleme und Schwierigkeiten als Witwer gar nicht so ernst gewesen.

Vielleicht war es ja auch einfach nur der spanische Rotwein – aber es hatte wirklich den Anschein, als hätten sich alle Ängste und Verluste auf wunderbare Weise in Luft aufgelöst.

Eine Woche später gingen wir abends nach dem Essen hinaus in den Garten. Audi wollte mir einen nur nachts blühenden Kaktus zeigen, der, wie sie hoffte, aufgeblüht war. Am Himmel stand ein Halbmond, aber trotzdem war es sehr dunkel, und sie nahm mich bei der Hand, um mich über den *picon*, die Lavaerde, zu lotsen, die in der Dunkelheit samtschwarz war und sich wie kleine Dünen in Wellen zwischen den Akazien und verhutzelten Zitronenbäumen ausbreitete.

Dann machte Audi die Taschenlampe an, und wir hatten eine geisterhafte Erscheinung vor uns, eine dunkle Säule, die über dreieinhalb Meter hoch und mit gespenstisch wirkenden weißen Blüten bedeckt war. Sie würden, sagte Audi, nur diese eine Nacht blühen und am Morgen schon wieder dahinsein.

Wir standen schweigend Hand in Hand, während der Lichtstrahl von Audis Taschenlampe über die riesigen

Geisterblüten glitt, die sich im Nachtwind bewegten. Während ich sie wie gebannt betrachtete, wanderten meine Gedanken zum Anfang des Jahres zurück. Diese Blüten waren wie ein Tanz der gesegneten Geister. Ich glaubte zwar nicht an gesegnete Geister, aber ich glaubte, daß Iris wieder einmal bei mir war, daß sie sich uns im warmen Atem der Nacht zugesellt hatte.

Einen Augenblick später schien sie uns noch näher zu sein. Eine riesige afrikanische Nachtmotte kam aus der Dunkelheit über unsere Köpfe geflogen und umflatterte im Licht der Taschenlampe die Kaktusblüten. Ich mußte an Iris' seltsame Gabe denken, diese zarten Nachtgeschöpfe zu sich zu rufen, ihnen Beistand zu leisten und sie auf die Bahn zu bringen, der sie folgen sollten. Einmal hatten die Ober eines Hotelrestaurants während des Abendessens vergeblich versucht, einen solchen Nachtfalter, der über den Köpfen der Speisenden hin und her flatterte, mit ihren Servietten aus der Luft zu holen. Aber dann flog der Falter schnurstracks auf Iris' Hand, sie trug ihn zum Fenster, und wir sahen alle zu, wie er in der Dunkelheit verschwand.

Audi und ich sprachen an jenem Abend sehr lange miteinander, ebenso an den Tagen, die folgten, und während wir uns unterhielten, kam Iris uns beiden immer näher. Es war schwer gewesen, mit dem Schmerz zu leben, aber weitaus schlimmer waren seine Nachwirkungen gewesen und all die Probleme und Schwierigkeiten, die sich ergeben hatten. Jetzt war das alles verschwunden, Iris war da, wir drei waren beisammen, wie wir in der Vergangenheit so oft beisammen gewesen waren.

Mir wurde klar, daß Audi dies alles wußte. Und bald wurde auch klar, daß sie – ebenso wie ich – den wahren Grund kannte, warum ich zu ihr gekommen war, warum ich das Haus des Witwers verlassen hatte.

Anmerkungen

S. 15, Z. 10: Ein von Rudyard Kipling geprägter Ausdruck in seinem gleichnamigen Gedicht *«The White Man's Burden»*.
S. 23, Z. 6: Die große römische Straße von Dover über Canterbury nach London und von da über St. Albans und Dunstable nach Wroxester am Severn.
S. 23, Z. 18: Thomas J. Jackson (1824–63), einer der Südstaatengeneräle im amerikanischen Bürgerkrieg (1861–65), der diesen Spitznamen aufgrund seiner unerschütterlichen Haltung in der Schlacht von Bull Run (1861) erhielt. Es hieß, er habe mit seiner Brigade *like a stone wall*, «wie eine Mauer», gestanden.
S. 23, Z. 22: Jefferson Davis (1808–89), Präsident der konföderierten Staaten Amerikas während des Bürgerkriegs
S. 48, Z. 28, 29: Buch Hiob 5,7
«... sondern der Mensch wird zu Unglück geboren, wie die Vögel schweben, emporfliegen.» (Luther)
«Der Mensch ist zur Mühsal geboren, wie Feuerfunken, die hochfliegen.» (Einheitsübersetzung)
«Der Mensch erzeugt sich selbst das Unheil, wie Funken hoch emporfliegen.» (Luther, überarbeitet)
S. 52, Z. 18: *«The Life and Opinions of Tristram Shandy Gentleman»* («Leben und Meinungen des Tristram Shandy»), unvollendeter Roman von Laurence Sterne (1713–68), erschienen in neun Bänden 1759–67.
S. 84, Z 10, 11: Das Zitat heißt genau: *«Anybody, who hates children and dogs can't be all bad.»* Zitiert als Ausspruch des amerikanischen Schauspielers W. C. Fields in der *Radio Times* vom 12.8.1965.
S. 84, Z. 16, 17: Figur aus Charles Dickens' Roman *«The Old Curiosity Shop»*. («Der Raritätenladen»)
S. 89, Z. 13: Von *barnacle*, «Rankenfußkrebs», besonders «Entenmuschel». (Übertragen: eine «Klette», ein lästiger Mensch.) Hier ist eher von «Seepocken» die Rede, engen Verwandten der Rankenfußkrebse, die an Objekten – manchmal auch Tieren – haften, und von «Walkrebsen».
S. 98, Z. 24: Anfang eines Tischgebets. Fortsetzung: «... danken wir dir, o Herr.»

S. 107, Z. 12, 13: Der *porter* eines College war nicht nur Pförtner, sondern auch Hausmeister/Verwalter.
S. 121, Z. 2: Formulierung aus einem Sonett John Miltons auf seine verstorbene Frau
S. 125, Z. 23: Sarah Gamp, Figur aus Charles Dickens' Roman *«Martin Chuzzlewit»*
S. 128, Z. 26: *Poohsticks:* Aus A. A. Milne, *«The House at Pooh Corner»* («Pu baut ein Haus»). Es geht darum, wessen Stöckchen als erstes unter einer Brücke hindurchtreibt.
S. 131, Z. 12: *Oxford Committee for Famine Relief* bekämpft den Hunger in der Dritten Welt und unterhält im ganzen Land Second-Hand-Läden.
S. 134, Z. 12: Britischer Barrister, Dramatiker und Romancier.
S. 135, Z. 19: J. B. Priestley, 1894–1984. In Deutschland bekannt u. a. durch «Ein Inspektor kommt».
S. 136, Z. 26: Friedrich Freiherr von Hügel, 1852 (Florenz) – 1925 (London). Schrieb *«The Mystical Element of Religion»*, 2 Bde., 1908.
S. 146, Z. 20: A(lfred) E(dward) Housman, 1859–1936, englischer Lyriker und Altphilologe
S. 150, Z. 1: W(ystan) H(ugh) Auden (1907–73), in England geborener und in die Vereinigten Staaten übersiedelter Dichter, Dramatiker, Kritiker und Librettist
S. 154, Z. 14: John Milton, *«Paradise Lost»* («Das verlorene Paradies»), II, 146
S. 155, Z. 3, 4: *Maß für Maß*, III, I. 118
S. 161, Z. 14: Alfred Lord Tennyson, 1809–92, *«The Princess»*, *A Medley*
S. 170, Z. 31: William Percival French
S. 171, Z. 9: Man hat sie zu einer Sammlung von Psalmenmelodien (Antwerpen 1540) zurückverfolgt.
S. 177, Z. 16: Samuel Taylor Coleridge (1772–1834), englischer Dichter der Romantik
S. 185, Z. 15: Der erwartete Messias der Muslime. Es gab mehrere Träger dieses Titels. Der, der die Revolte im Sudan (1881–98) anführte, hieß Muhammad Ahmad (1844–85).
S. 186, Z. 9: Berühmtester Feldherr Kaiser Justinians; rettete 559 Konstantinopel vor dem ersten Ansturm der Hunnen
S. 195, Z. 10: Englischer Romancier (1905–2000)
S. 200, Z. 16: Lord David Cecil (1902–86), Biograph und Literaturwissenschaftler
S. 212, Z. 18, 19: Sir W(illiam) S(chwenk) Gilbert (1836–1911), Dramatiker, Humorist und Librettist, der die Libretti für eine Reihe von komischen Operetten geschrieben hat, die in den angelsächsischen Ländern äußerst berühmt und beliebt sind. Der Komponist war Sir Arthur (Seymour) Sullivan (1842–1900).

S. 213, Z. 33: D(avid) H(erbert) Lawrence (1885–1930) schrieb Romane, Erzählungen, Gedichte, Essays, Dramen und Reisebücher. In Deutschland vor allem durch «Lady Chatterley» bekannt.

Inhalt